KLASSISCHE
VERKEHRSFLUGZEUGE

76 historische Typen aus aller Welt werden beschrieben und farblich dargestellt

Tom Singfield

NARA-Verlag

Dieses Buch ist Steve Piercey gewidmet,

der mit seinem Enthusiasmus zahllose

Menschen in aller Welt für klassische

"Propliner" begeisterte. Er war ein guter Freund,

und ich vermisse ihn.

Klassische Verkehrsflugzeuge
© 2002 NARA-Verlag

ISBN 3-925671-34-X

NARA-Verlag

Postfach 1241
D-85388 Allershausen
Tel.: 08 166 / 85 30
Fax: 08 166 / 85 30
E-Mail: info@nara-verlag.de
http://www.nara-verlag.de

Klassische Verkehrsflugzeuge ist die deutschsprachige
Ausgabe von Classic Airliners, erschienen erstmals 2000 im
Verlag Midland Publishing. Die Übersetzung aus dem
Englischen erfolgte durch Dr. Martin Bach.

Alle Rechte, insbesondere das Recht der Übersetzung,
Vervielfältigung und Verbreitung, vorbehalten. Kein Teil des
Werkes darf in irgendeiner Form, ohne schriftliche
Genehmigung des Verlages, reproduziert oder unter
Verwendung elektronischer Systeme gespeichert,
verarbeitet, vervielfältigt oder verbreitet werden.

Design Konzept und Layout
© 2000 Midland Publishing
© 2002 NARA-Verlag

Gedruckt in China

Foto auf der vorhergehenden Seite: Auf diesem
vor der Auslieferung im Jahr 1959 entstandenen
Bild trägt Northwest Airlines erste L-188C Electra
(N121US) noch die alte Leitwerksbemalung.
(Lockheed Martin Corporation)

Inhalt

Inhalt 3	Douglas DC-4. 82
	Douglas DC-6. 84
Aero Spacelines Guppy 8	Douglas DC-7. 86
Aérospatiale/BAC Concorde 10	Douglas DC-8-10/20/30/40/50. 88
Airspeed AS.57 Ambassador 12	Fairchild F-27 & FH-227. 90
Antonow An-2 & SAMC Yunshuji Y-5 14	Fokker F.27 Friendship 92
Antonow An-8. 16	Grumman G-64 & G-111 Albatross. 94
Antonow An-10. 18	Grumman G-159 Gulfstream 1 & G.1C. 96
Antonow An-12. 20	Handley Page Hermes. 98
Antonow An-22. 22	Handley Page Dart Herald. 100
Antonow An-24. 24	Hawker Siddeley HS.121 Trident 102
Armstrong Whitworth AW.650 Argosy 26	Iljuschin Il-12. 104
Aviation Traders ATL98 Carvair 28	Iljuschin Il-14. 106
Avro 685 York. 30	Iljuschin Il-18. 108
BAe 748 & HAL 748. 32	Iljuschin Il-62. 110
BAe (BAC) One-Eleven 34	Junkers Ju 52/3m, AAC1 & CASA 352L. 112
Boeing 307 Stratoliner 36	Lockheed Model 18 Lodestar 114
Boeing 377 Stratocruiser 38	Lockheed Constellation 116
Boeing 707 40	Lockheed Super Constellation & Starliner 118
Boeing 720 42	Lockheed L-188 Electra. 120
Boeing 737-100/200. 44	Martin 2-0-2 & 4-0-4. 122
Boeing 747-100/200. 46	NAMC YS-11 124
Breguet Br 761, 763 & 765. 48	Nord 260, Nord 262 & Mohawk 298 126
Bristol 170 Freighter, Wayfarer & Superfreighter 50	SAAB 90 Scandia. 128
Bristol Type 175 Britannia 52	Saunders ST-27 130
Canadair DC-4M North Star 54	Scottish Aviation Twin Pioneer 132
Canadair CL-44 & Yukon. 56	Short Sunderland, Sandringham & Solent 134
Convair 240, 340 & 440 58	Sud-Est SE-210 Caravelle. 136
Convair 540, 580, 600, 640 & 5800. 60	Tupolew Tu-104 138
Convair 880 & 880M. 62	Tupolew Tu-114 140
Convair 990 & 990A 64	Tupolew Tu-124 142
Curtiss C-46 Commando 66	Tupolew Tu-134 144
Dassault Mercure 68	Tupolew Tu-144 146
de Havilland D.H.106 Comet. 70	VFW-Fokker VFW 614. 148
de Havilland D.H.114 Heron 72	Vickers Viking. 150
de Havilland Canada DHC-4 Caribou. 74	Vickers Viscount. 152
Douglas DC-2. 76	Vickers Vanguard & Merchantman 154
Douglas DC-3. 78	Vickers VC-10 & Super VC-10 156
Douglas Super DC-3 (DC-3S) 80	Vought-Sikorsky VS-44A. 158

Abkürzungen und Glossar

APU Auxiliary Power Unit: Hilfsenergieaggregat
CofA Certificate of Airworthiness: Nationales (oder internationales) Lufttüchtigkeitszeugnis
FAA Federal Aviation Administration: Amerikanische Bundesbehörde für Zivilluftfahrt
FSU Frühere Sowjetunion: Die Staaten, die bis zu deren Auflösung 1991 die Sowjetunion bildeten
GAZ Gosudarstvennyi Aviatsiya Zavod: Staatliche Flugzeugfabrik in der Sowjetunion
GE General Electric: Triebwerkshersteller aus den USA

ICAO International Civil Aviation Organisation: Internationale Zivilluftfahrt-Organisation
MTOW Maximum Take-off Weight: Maximale Startmasse
P&W Pratt & Whitney: Triebwerkshersteller aus den USA
P&WC Pratt & Whitney Canada: Kanadische Tochtergesellschaft von P&W
RR Rolls-Royce: Triebwerkshersteller aus Großbritannien

Der eleganteste aller Propliner, die Lockheed Constellation, ist nicht mehr im kommerziellen Einsatz zu finden. Vern Raburns von einem Schrottplatz in Arizona gerettete und nun in Kalifornien stationierte "MATS" L-749 ist ein herausragendes Beispiel für die zunehmenden Bemühungen, klassische Verkehrsflugzeuge in flugfähigem Zustand zu erhalten. (Lockheed Martin)

Einführung

Groß ist heutzutage das Interesse an "klassischen" Verkehrsmitteln jeglicher Art, an Flugzeugen, Automobilen, Bussen, Eisenbahnen oder Schiffen, was zur Folge hat, daß Autoren und Verlage laufend neue Bücher, Zeitschriften und Videos herausbringen, die die Sehnsucht nach einer Prise Transport-Nostalgie erfüllen sollen. Mit diesem Werk möchte ich einen Überblick über die klassischen Verkehrsflugzeuge bieten und den Luftfahrtenthusiasten ebenso wie den Liebhaber alter Technik ansprechen. Alle, die das Buch einmal zur Hand nehmen, werden sicherlich ihre Freude an den vielen Farbfotos haben, und vielleicht stoßen auch die Informationen über die "Überlebenden" einer vergangenen Ära auf Interesse.

Etliche Leser können sich wahrscheinlich noch an jene Zeiten erinnern, als die meisten Airliner am örtlichen Flughafen Sternmotoren besaßen und es die Aufgabe des Wachdienstes war, die Türen der Flugzeuge am Abend abzuschließen! Die frühen Tage der klassischen Verkehrsflugzeuge aber, als sich so unvergleichliche Maschinen wie ein Pan American Airways Stratocruiser oder eine BOAC Britannia auf dem Rollfeld ein Stelldichein gaben, liegen heute wohl schon jenseits des Erinnerungsvermögens vieler, wozu sich auch der Autor zählen muß, und trotzdem, oder gerade deshalb, sehen wir uns gerne Bilder dieser Maschinen an und wollen mehr über sie erfahren. Für die Fans moderner Airliner leben Leute wie ich, die der Anblick und der Klang eines hustend und qualmend zum Leben erwachenden Kolbenmotors begeistert, vermutlich in der Vergangenheit, ich dagegen bin der Ansicht, daß die heutigen Verkehrsflugzeuge, zuverlässig, effizient, mit hoher Geschwindigkeit und voller High Tech, schnell uninteressant werden können und bei weitem nicht so faszinierend sind wie die Klassiker, die dieses Buch vorstellt.

Ein wachsendes Angebot an organisierten Touren für Luftfahrtinteressierte ermöglicht es dem Enthusiasten, in (fast) jeden Winkel der Erdkugel zu reisen, um klassische Verkehrsflugzeuge aufzuspüren, zu fotografieren und mit ihnen zu fliegen. Aber nicht nur auf solchen Reisen bieten sich Gelegenheiten für die begehrten Mitflüge, auch auf vielen Flugveranstaltungen im In- und Ausland werden Rundflüge mit alten Passagierflugzeugen offeriert. Innerhalb der letzten Jahre kamen Flugzeugliebhaber so in den Genuß von Flügen mit Typen wie Iljuschin Il-14 und Il-18, Junkers Ju 52/3m, Convair 580, Lisunow Li-2, Lockheed Constellation, Scottish Aviation Twin Pioneer, Vickers Viscount, Antonow An-2 sowie Douglas DC-3, DC-4 und DC-6.

Ich kann jedem, der sich für klassische Verkehrsflugzeuge interessiert, nur dringend dazu raten, sich einmal einen solchen Flug zu gönnen, insbesondere mit einem der restaurierten kolbenmotorgetriebenen Proplinern. Hier lebt die "gute alte Zeit" der Luftreise wieder auf, und vergleichen Sie dieses Erlebnis dann einmal mit einem Flug in einem modernen Airliner mit seiner engen, die Beine einquetschenden Bestuhlung... Die geplagten Passagiere von heute, eingezwängt in ihre Airbusse oder Triple Sevens, mögen es vielleicht nicht immer zu würdigen wissen, aber sie verdanken den früheren Konstrukteuren viel, die, nicht selten mit unzulänglichen Werkstoffen, untauglichen Triebwerken, absonderlichen Vorgaben von Fluggesellschaften und der Einmischung von Seiten des Staates ringend, die Maschinen entwickelten, die heute als "klassische Verkehrsflugzeuge" gelten.

Das vorliegende Werk schließt an mein 1998 erschienenes Buch "Verkehrsflugzeuge Weltweit" an und folgt einem ähnlichen Konzept, jedem Typ sind nun allerdings drei Abbildungen gewidmet und die noch existierenden Exemplare werden ausführlicher beschrieben. Ich habe versucht, gute Farbbilder zu finden, die die einzelnen Flugzeugmuster jeweils zu verschiedenen Zeitpunkten ihres Lebenslaufs zeigen, in der Phase ihrer Einführung, im Liniendienst und schließlich ein Foto eines "Überlebenden". Die Verwirklichung dieses Vorhaben erwies sich für einige Maschinen als äußerst schwierig und für andere als schlicht unmöglich: Es gibt beispielsweise offenbar keine Farbfotos von Junkers Ju 52/3m der BEA, und ebenso scheint die Zahl qualitativ hochwertiger Farbbilder von An-10 oder Il-12 in Aeroflot-Diensten gegen Null zu tendieren!

Der Titel dieses Buchs führte unter meinen Kollegen zu mancher Diskussion über die Definition eines "klassischen Verkehrsflugzeugs". Auch wenn das Attribut "klassisch" heutzutage überstrapaziert wird scheue ich mich nicht davor, die hier vorgestellten Flugzeuge so zu bezeichnen. Jeder hat sicherlich seine eigenen Favoriten unter den klassischen Airlinern, und obwohl die in diesem Werk vertretenen Typen natürlich in gewisser Hinsicht eine subjektive Auswahl des Autors darstellen, so wird der Leser darunter die Flugzeuge finden, die zweifelsohne als "klassisch" gelten müssen, andere wurden aufgrund ihres Alters, ihrer Seltenheit oder ihrer Bedeutung für den Luftverkehr mit einbezogen. Grundgedanke war es, nur Muster zu berücksichtigen, die sich nicht mehr in Produktion befinden, die über Sitze für mindestens 15 Passagiere verfügten und von denen irgendwo in der Welt noch wenigstens ein Exemplar existiert. Diese Kriterien führten dazu, daß zum Beispiel die SAAB Scandia Aufnahme fand, denn in einem Museum hat eine Maschine bis heute überlebt, während andere Typen, darunter die SE-161 Languedoc, HPR.1 Marathon, Handley Page H.P.42, SE-2010 Armagnac, S.R.45 Princess, Avro Tudor, Handley Page Halton oder die D.H.95 Flamingo, leider außer acht gelassen werden mußten, weil kein einziges dieser Flugzeuge erhalten geblieben ist. Wie der Leser sicherlich bemerken wird fehlen ein paar Airliner, die sich eigentlich für das Buch qualifiziert hätten - dies ist auf eine erforderliche Beschränkung des Umfangs oder die schlechte Qualität des verfügbaren Bildmaterials zurückzuführen. Neben den Strahlverkehrsflugzeugen der ersten Generation wurden auch Jets wie die Boeing 737, die Boeing 747 und die Concorde einbezogen, da sie Meilensteine in der Entwicklung der kommerziellen Verkehrsluftfahrt darstellen und deshalb gewiß ebenfalls Anspruch auf das Prädikat "klassisch" erheben können.

Meine persönliche Nummer Eins unter den klassischen Verkehrsflugzeugen ist ohne Frage die schier unvergängliche Douglas DC-3. Kein anderes Muster kann auf eine so lange und bemerkenswerte Laufbahn zurückblicken, und es freut mich zu sehen, daß die DC-3 auch heute noch mehr ist als nur ein Museumsstück und in aller Welt noch immer Dutzende im gewerblichen Einsatz stehen. Alle derzeitigen Betreiber sind sich durchaus im Klaren, daß die DC-3 ein bejahrter Entwurf ist, viele schätzen jedoch die zeitlosen Qualitäten der Dakota, ihre Zuverlässigkeit, ihre Sicherheit, die niedrigen Wartungskosten und die Wirtschaftlichkeit. Sie mögen ihre Maschinen vielleicht nicht mit einer aufwendigen Bemalung verzieren und täglich polieren, und vielleicht werden die Flugzeuge nicht immer bestmöglichst gewartet, aber sie fliegen ihre DC-3, um damit Geld zu verdienen, und dafür möchte ich allen meine Hochachtung aussprechen! Erfreulicherweise wächst weltweit das Interesse an der Erhaltung klassischer Verkehrsflugzeuge in flugfähigem Zustand. Viele alte Airliner stehen aus rein kommerziellen Motiven noch im Dienst, zunehmend tritt jedoch auch ein neuer Typus von Betreibern in Erscheinung, zu dessen Bestreben es gehört, diesen gemeinhin oft nur wenig beachteten Flugzeugen und dem signifikanten Beitrag, den sie zum Aufbau eines weltumspannenden Luftverkehrsnetzes geleistet haben, die gebührende Anerkennung zu verschaffen. Einigen dieser beifallswürdigen Unternehmen gelingt es, auf gewerblicher Basis zu operieren, aber genauso gut kann man ein restauriertes Verkehrsflugzeug im Besitz einer Gruppe von Luftfahrtenthusiasten finden. Wurde das Bild von Flugveranstaltungen bisher meist von historischen und modernen Militärmaschinen bestimmt, so ändert sich dies allmählich: Immer öfters können die Besucher nun eine Reihe wunderschön restaurierter klassischer Verkehrsflugzeuge bewundern und mit ihnen bisweilen auch Rundflüge unternehmen. Organisationen und Unternehmen aus aller Welt wie dem South African Airways Historic Flight (heute: South African Historic Flight), der Lufthansa Traditionsflug GmbH, Airliners of America, Air Atlantique/Atlantic Airlines, der Dutch Dakota Association, Le Caravelle Club, Save A Connie Inc. (heute: The Airline History Museum At Kansas City), dem Mid-Atlantic Air Museum oder der australischen Historical Aircraft Restoration Society gebührt ein dickes Lob für ihre erfolgreichen Bemühungen,

Bei laufenden Motoren führt die Besatzung der Braniff International Airways Convair 340 N3429 die letzten Checks durch, während im Hintergrund Delta Air Lines Convair 440 N4823C auf die Freigabe zum Rollen wartet. (Sammlung Jay Miller)

klassische Airliner für künftige Generationen in flugfähigem Zustand zu erhalten.

Leider ist es für ein Buch dieser Art unvermeidlich, daß Informationen über noch existierende Maschinen schnell veralten können und sich Angaben über einen bestimmten "Überlebenden" als nicht mehr richtig erweisen. Selbstverständlich habe ich mich aber bemüht, die zuverlässigsten und aktuellsten Quellen für die Hinweise auf die erhaltenen Exemplare heranzuziehen und konnte hierbei auf die bereitwillige Hilfe zahlreicher Freunde und Kollegen mit Zugang zu verläßlichen Informationen zurückgreifen. Viele der Abbildungen stammen aus meiner Sammlung von Farbdias, die ich in den letzten 25 Jahren zusammengetragen habe. Da es mir leider nicht immer möglich war, die Fotografen dieser Bilder zu ermitteln, möchte ich mich bei all denen entschuldigen, deren Aufnahmen ohne Namensnennung Verwendung fanden und ihnen danken, wer immer sie auch sein mögen.

Ein besonderes Dankeschön für ihre Hilfe muß an die Gatwick Aviation Society sowie an Ken Ellis, Nick Webb und Tony Eastwood vom Aviation Hobby Shop gehen.

Außerdem bedanke ich mich für ihre Unterstützung und ihre Hilfe bei der Beschaffung von Informationen und Bildmaterial bei: Colin Ballantine, Erik Bernhard, Tony Best, Peter Bish, Bob Cook, Robert Cote, Bruce Drum, Nigel Eastaway, Bo Edwards (Lockheed Martin), A. Geneve, Mike Green, Jacques Guillem, Scott Henderson, Chris Herbert, Jon Hillier, Peter Hillman, Harry Holmes, Vince Horan, Dave Howell, Kevin Irwin, Tony Merton Jones (Propliner Magazine), Craig Justo (Aero Aspects), Steve Kinder, Bernard King, Fred Knight, Cliff Knox, Josef Krauthäuser, Andy Leaver, Phil Lo Bao, Philippe Loeuillet (Avimage), Chris Mak, Ian Malcolm (African Aviation Slide Service), Peter Marson, The Glen L Martin Aviation Museum, Matt Martin, Frank McMeiken, Rudolf Merison, Jay Miller, Richard Ness, Robert L North (New England Air Museum), Bob Ogden, Keith Palmer, Simon Pank (Rolls-Royce), Neville Parnell, Alain Peletier, Pierre-Alain Petit, Malcolm Porter, Patrick Vinot Prefontaine, Robert Ruffle, Trevor Scarr (Duxford Aviation Society), Bob Shane, Robbie Shaw, Graham Simons, der Familie Singfield, Terry Sykes, Julian Temple (Brooklands Museum), Henry Tenby, Frank Tyler, Christian Volpati, Ray

Wagner (San Diego Aerospace Museum), Bob Wall, Simon Watson, John Wegg und Jeff Whitesell.

Zuletzt möchte ich noch darauf hinweisen, daß die in diesem Buch genannten Adressen der Firmen dem Stand zum Zeitpunkt des Erscheinens des jeweils vorgestellten Flugzeugmusters entsprechen und somit heute nicht mehr für Briefe an die Unternehmen verwendet werden sollten!

Tom Singfield
Horsham, Sussex
März 2000

Oben: Es gibt wohl kaum einen zweiten Platz wie Sharjah... Nach dem Bezahlen einer Gebühr an die Flughafenverwaltung erhält jeder Zutritt zum Vorfeld, wo zahlreiche klassische Verkehrsflugzeuge aus nächster Nähe bewundert werden können. Hier ist der Autor vor einer Antonow An-12 der Samara Airlines zu sehen. (Kevin Irwin)

Unten: Glücklicherweise fielen nicht alle alten Verkehrsflugzeuge am Ende ihrer Laufbahn dem Schneidbrenner zum Opfer. In Duxford ist eine eindrucksvolle Sammlung von Proplinern und Jets aus britischer Produktion zu finden, die das Imperial War Museum und die Duxford Aviation Society aufgebaut haben. (Autor)

Länderkennzeichen an Flugzeugen

AP	Pakistan	I	Italien	TT	Tschad	4L	Georgien
A2	Botswana	JA	Japan	TU	Elfenbeinküste	4R	Sri Lanka
A3	Tonga	JU	Mongolei	TY	Benin	4X	Israel
A4O	Oman	JY	Jordanien	TZ	Mali	5A	Libyen
A5	Bhutan	J2	Dschibuti	T2	Tuvalu	5B	Zypern
A6	Vereinigte Arabische Emirate	J3	Grenada	T3	Kiribati	5H	Tansania
		J5	Guinea-Bissau	T7	San Marino	5N	Nigeria
A7	Katar	J6	St. Lucia	T9	Bosnien-Herzegowina	5R	Madagaskar
A9C	Bahrain	J7	Dominica			5T	Mauretanien
B	Volksrepublik China und Taiwan	J8	St. Vincent und die Grenadinen	UK	Usbekistan	5U	Niger
				UN	Kasachstan	5V	Togo
C	Kanada	LN	Norwegen	UR	Ukraine	5W	Samoa
CC	Chile	LV	Argentinien	VH	Australien	5X	Uganda
CN	Marokko	LX	Luxemburg	VN	Vietnam	5Y	Kenia
CP	Bolivien	LY	Litauen	VP-A	Anguilla	6O	Somalia
CS	Portugal	LZ	Bulgarien	VP-B	Bermuda	6V	Senegal
CU	Kuba	N	USA	VP-C	Cayman-Inseln	6Y	Jamaika
CX	Uruguay	OB	Peru	VP-F	Falkland-Inseln	7O	Jemen
C2	Nauru	OD	Libanon	VP-G	Gibraltar	7P	Lesotho
C3	Andorra	OE	Österreich	VP-L	Britische Jungferninseln	7Q	Malawi
C5	Gambia	OH	Finnland			7T	Algerien
C6	Bahamas	OK	Tschechische Republik	VP-M	Montserrat	8P	Barbados
C9	Mosambik			VQ-T	Turks- und Caicosinseln	8Q	Malediven
D	Deutschland	OM	Slowakische Republik			8R	Guyana
DQ	Fidschi			VT	Indien	9A	Kroatien
D2	Angola	OO	Belgien	V2	Antigua und Barbuda	9G	Ghana
D4	Kap Verde	OY	Dänemark			9H	Malta
D6	Komoren	P	Nordkorea	V3	Belize	9J	Sambia
EC	Spanien	PH	Niederlande	V4	St. Kitts und Nevis	9K	Kuwait
EI	Irland	PJ	Niederländische Antillen	V5	Namibia	9L	Sierra Leone
EK	Armenien			V6	Mikronesien	9M	Malaysia
EL	Liberia	PK	Indonesien	V7	Marshallinseln	9N	Nepal
EP	Iran	PP, PT	Brasilien	V8	Brunei	9Q	Demokratische Republik Kongo
ER	Moldawien	PZ	Surinam	XA, XB, XC	Mexiko		
ES	Estland	P2	Papua-Neuguinea	XT	Burkina Faso	9U	Burundi
ET	Äthiopien	P4	Aruba	XU	Kambodscha	9V	Singapur
EW	Belorußland	RA	Rußland	XY	Myanmar	9XR	Ruanda
EX	Kirgisien	RDPL	Laos	YA	Afghanistan	9Y	Trinidad und Tobago
EY	Tadschikistan	RP	Philippinen	YI	Irak		
EZ	Turkmenistan	SE	Schweden	YJ	Vanuatu		
E3	Eritrea	SP	Polen	YK	Syrien		
F	Frankreich	ST	Sudan	YL	Lettland		
F-O	Französische Überseeprovinzen	SU	Ägypten	YN	Nicaragua		
		SU-Y	Palästina	YR	Rumänien		
G	Großbritannien	SX	Griechenland	YS	El Salvador		
HA	Ungarn	S2	Bangladesch	YU	Jugoslawien		
HB	Schweiz (und Liechtenstein)	S5	Slowenien	YV	Venezuela		
		S7	Seychellen	Z	Simbabwe		
HC	Ecuador	S9	Sao Tomé	ZA	Albanien		
HH	Haiti	TC	Türkei	ZK	Neuseeland		
HI	Dominikanische Republik	TF	Island	ZP	Paraguay		
		TG	Guatemala	ZS, ZU	Südafrika		
HK	Kolumbien	TI	Costa Rica	Z3	Mazedonien		
HL	Südkorea	TJ	Kamerun	3A	Monaco		
HP	Panama	TL	Zentralafrikanische Republik	3B	Mauritius		
HR	Honduras			3C	Äquatorialguinea		
HS	Thailand	TN	Republik Kongo	3D	Swasiland		
HZ	Saudi-Arabien	TR	Gabun	3X	Guinea		
H4	Salomonen	TS	Tunesien	4K	Aserbaidschan		

Aero Spacelines Boeing 377MG Mini Guppy N1037V, der auf einem 1949 an Pan American Airways gelieferten Stratocruiser basiert und den Namen "Spirit of Santa Barbara" trug, besuchte im November 1969 den Flughafen London-Heathrow. Deutlich zu erkennen sind die Scharniere des abklappbaren Hinterrumpfs. (Sammlung Autor)

AERO SPACELINES GUPPY

Aero Spacelines Inc.
Van Nuys, Kalifornien
USA

In den frühen sechziger Jahren entwickelte John M. Conroy, Gründer des in Van Nuys ansässigen Unternehmens Aero Spacelines den Plan, ein herkömmliches Passagierflugzeug in einen Großraumfrachter für die amerikanische Raumfahrtindustrie umzubauen. Mußten größere Raketenkomponenten bisher von den Herstellerwerken in Kalifornien per Schiff zu den Erprobungszentren der NASA in Florida transportiert werden, so versprach die Beförderung mit einem Flugzeug gegenüber dem Seeweg durch den Panamakanal eine Zeitersparnis von mehreren Tagen und machte es zudem möglich, die sperrigen Lasten direkt zum Startgelände der Raketen zu liefern. Conroy erwarb nicht weniger als 27 ausgemusterte Boeing 377 Stratocruisers (siehe S. 38) und beauftragte die On Mark Engineering Company mit dem Bau des Pregnant Guppys, der seinerzeit als das größte Flugzeug der Welt galt: Zuerst wurde der Rumpf eines Stratocruisers um 5,08 m verlängert, anschließend erhielt die Maschine eine neu entworfene Rumpfoberschale mit einem Durchmesser von 6,20 m. Um diesen Frachter beladen zu können mußte der komplette Hinterrumpf mit dem Leitwerk abgenommen werden. Im September 1962 absolvierte der Pregnant Guppy seinen erfolgreichen Erstflug, und ab Juni 1963 kam er für den Transport von Teilen der Saturn-Trägerrakete zum Einsatz.

Der erste Super Guppy startete am 31. August 1965 in Van Nuys zu seinem Jungfernflug. Dieses Modell, das über einen noch längeren und geräumigeren Rumpf sowie Propellerturbinen verfügte, war aus einer der beiden von P&W T-34 Turboprops angetriebenen Boeing YC-97J entstanden. Durch den Einbau eines neuen Flügelmittelstücks stieg die Spannweite um 4,57 m, der riesige Rumpf und die höhere Motorenleistung machten eine Vergrößerung des Seitenleitwerks zur Verbesserung der Stabilität und der Steuerbarkeit notwendig. Zur schnellen und einfachen Beladung konnte die gesamte Bugsektion an Scharnieren nach links abgeklappt werden. Zwischen 1968 und 1983 wurden dann vier Exemplare der überarbeiteten Serienversion Super Guppy 201 fertiggestellt, zwei von Aero Spacelines und zwei von UTA Industries in Paris-Le Bourget. Alle vier flogen für Airbus Industrie und beförderten sperrige Baugruppen wie Tragflächen oder Rumpfteile zwischen den Airbus-Werken in Bremen, Hamburg-Finkenwerder, Manchester, Neapel, St. Nazaire und Toulouse. Inzwischen hat der europäische Flugzeugkonzern die Super Guppies außer Dienst gestellt, ihre Aufgabe übernahm der ebenso eindrucksvolle Airbus A300-600ST Super Transporter, der Beluga.

Drittes Guppy-Modell von Aero Spacelines war der B377MG Mini Guppy, der die R-4360 Double Wasp Sternmotoren und die Flügel des Stratocruisers beibehielt. Dieses im Mai 1967 zum ersten Mal geflogene Einzelstück besaß zur Beladung ein abklappbares Heck. Als letzte Variante folgte schließlich der B377MGT-101 Mini Guppy, dessen Rumpf und Tragwerk weitgehend dem B377MG entsprachen, der aber von vier Allison 501-D22C Propellerturbinen angetrieben wurde. Wenige Monate nach ihrem Jungfernflug im März 1970 stürzte diese Maschine noch vor der Indienststellung auf einem Testflug ab. Nicht verwirklicht wurden verschiedene Studien für weitere Guppy-Modifikationen, darunter ein Transporter mit sechs Allison-Triebwerken und der Colossal Guppy, welcher auf einem Boeing B-52 Stratofortress-Bomber basieren und einen Rumpf mit einem Durchmesser von über 12 m erhalten sollte! Von den insgesamt acht gebauten Guppies existieren noch sechs, wovon einer weiterhin im aktiven Dienst steht: Der erste, mit T-34 Turboprops ausgerüstete Super Guppy ist in NASA-Farben im Pima Air and Space Museum in Tucson, Arizona ausgestellt, der Mini Guppy kann im Tillamook Naval Air Station Museum in Oregon bewundert werden und je einen Super Guppy 201 findet man in Bruntingthorpe, Hamburg-Finkenwerder und Toulouse. Die vierte Maschine des Airbus Industrie-Quartets hat die NASA erworben, sie ist nun auf dem Los Alamitos Army Airfield in Kalifornien stationiert und kommt für Transportflüge im Rahmen des International Space Station (ISS)-Programms zum Einsatz.

Daten (des Super Guppy 201)

Spannweite: 47,62 m
Länge: 43,84 m
Motoren: Vier 3.666 kW Allison 501-D22C Propellerturbinen
Reisegeschwindigkeit: 407 km/h
Frachtzuladung: 24.494 kg
Frachtraum-Volumen: 1.100 m3

Letzter Betreiber des B377MG Mini Guppys, der 1981 das neue Kennzeichen N422AU erhalten hatte, war Erickson Air-Crane aus Central Point, Oregon. Im Jahr 1995 wurde das Flugzeug dann an das Tillamook Naval Air Station Museum übergeben. (Bob Shane)

Die Zukunft des im Februar 1999 in Toulouse fotografierten Super Guppys 201 F-BPPA scheint gesichert zu sein, er befindet sich in der Obhut der Ailes Anciennes Toulouse. Zur Sammlung dieser Vereinigung gehören noch einige weitere klassische Verkehrsflugzeuge, darunter eine Caravelle, eine DC-3 und eine Breguet Br 765 Sahara. (Bob Wall)

Dieses Foto des ersten Concorde-Prototyps F-WTSS entstand im Juni 1979 auf dem Flughafen Paris-Le Bourget. Das in Frankreich gebaute Flugzeug hob im März 1969 zu seinem Erstflug ab, einen Monat vor dem in Großbritannien gefertigten zweiten Prototyp G-BSST und wurde 1973 an das Musée de l´Air übergeben. (Jacques Guillem)

AEROSPATIALE/BAC CONCORDE

British Aircraft Corporation Ltd., Filton, Großbritannien
und Sud-Aviation, Toulouse, Frankreich

Im November 1962 unterzeichneten Frankreich und Großbritannien ein Abkommen über die Zusammenarbeit in der Entwicklung und der Produktion eines Überschallpassagierflugzeugs (SST - Supersonic Transport). Schon vorher wurde in beiden Ländern unabhängig am Projekt eines transsonischen Airliners gearbeitet, doch hatte man bald erkennen müssen, daß die Kosten die Kapazitäten eines einzelnen Unternehmens weit übersteigen. Die Partner wählten den Namen "Concorde" (Eintracht) für den neuen Entwurf, ein Flugzeug mit einem schlanken, Rumpf, einem nadelspitzen Bug und einem komplexen, spitz-bogigen Deltaflügel. Die Entwicklung und Fertigung eines überschallschnellen Passagierflugzeugs erwies sich als technisch ungemein kompliziert. Lange diskutierte man über die Geschwindigkeit, die die Concorde erreichen sollte: Bei einer Reisegeschwindigkeit zwischen Mach 2,5 und 3,0 entstehen durch aerodynamische Erwärmung sehr hohe Temperaturen, was es notwendig macht, beim Bau der Zelle in großem Ausmaß hitzebeständige Metalle zu benutzen, die jedoch überaus kostspielig waren. In einem Kompromiß zwischen Schnelligkeit und Wirtschaftlichkeit wurde die Reisegeschwindigkeit daher auf Mach 2,2 festgelegt, wodurch der Umfang der Verwendung von teurem Titan und korrosionsbeständigem Stahl begrenzt werden konnte. Schlechte Sichtverhältnisse der Piloten bei Start und Landung infolge der speziellen Bugform und des hohen Anstellwinkels waren ein weiteres Problem - die Konstrukteure lösten es durch eine absenkbare Rumpfnase. Als diffizil stellte sich auch die Entwicklung der Triebwerksgondeln und der Lufteinläufe heraus. Um das Flugzeug für den lukrativen Kundenkreis der Geschäftsreisenden interessant zu machen forderten die meisten potentiellen Käufer eine transatlantische Reichweite. Die von den Herstellern zugesicherten Leistungswerte veranlaßten eine Reihe großer Airlines, Optionen für insgesamt 80 Concorde aufzunehmen. Verzögerungen in der Konstruktionsarbeit schoben den Baubeginn bis zum Februar 1965 hinaus. Zwei Prototypen entstanden, einer in Toulouse und einer in Filton, und als erste startete am 2. März 1969 die französische Maschine zu ihrem Jungfernflug. Die Indienststellung der Concorde verzögerte sich bis 1976, und zu diesem Zeitpunkt waren von den Interessenten nur noch Air France sowie British Airways als Abnehmer verblieben. Das Ausbleiben weiterer Bestellungen und die enormen Kosten brachten den Herstellerfirmen letztlich hohe finanzielle Verluste ein und kosteten die Steuerzahler viel Geld. Über viele Jahre hinweg kämpften Umweltschutzgruppen dafür, den Einsatz der Concorde wegen des Lärms beim Start und des Überschallknalls verbieten zu lassen. Aufgrund des hohen Geräuschpegels erhielt das Muster auf vielen Flughäfen keine Landeerlaubnis oder es wurden strenge Auflagen erteilt, Flüge mit Überschallgeschwindigkeit über Festland waren fast überall untersagt, und trotz allem steht dieser Airliner seit mehr als 20 Jahren im Passagierdienst. Linienmäßig verkehrt die Concorde zwar nur zwischen Paris, London und New York, auf Sonderflügen oder im Rahmen von Airshows sind die Jets aber immer wieder auch auf anderen Flughäfen zu sehen. In den neunziger Jahren ließ British Airways ihre Concorde-Flotte für einige Millionen Pfund Sterling gründlich überholen und modernisieren. Der Absturz der Air France Concorde F-BTSC bei Paris am 25.Juli 2000, der 115 Menschen das Leben kostete, bereitete dem überschallschnellen Passagierluftverkehr vorübergehend ein Ende, aber nach umfangreichen Modifikationen nahmen der französische Nationalcarrier und British Airways anfangs 2002 den Flugbetrieb mit der Concorde wieder auf. Insgesamt wurden 20 Concorde gebaut, von denen heute noch 12 in den Flottenlisten der Air France und der British Airways stehen. Ein Exemplar ist abgestürzt, eines wurde verschrottet, zwei sind in Filton und Toulouse eingemottet und je eine Concorde ist in Duxford, Yeovilton, Paris-Orly sowie Le Bourget ausgestellt.

Daten

Spannweite: 25,56 m
Länge: 62.10 m
Mototren: Vier 170,2 kN Rolls-Royce/SNECMA Olympus 593 Mk. 610 Strahltriebwerke mit Nachbrenner
Reisegeschwindigkeit: 2.179 km/h
Passagiere: Maximal 144

Für einen Linienflug nach New York rollt die Concorde 102 G-BOAC auf dem Flughafen London-Heathrow vom Terminal 4 zur Startbahn. Die komplexe Form der Tragflächen und die absenkbare Nase, die die Sicht nach vorne stark verbessert, sind aus diesem Blickwinkel gut zu erkennen. (Autor)

Nur für etwa zehn Tage trug die Air France Concorde 101 F-BTSD im April 1996 diesen aufsehenerregenden Anstrich. Für eine Werbekampagne komplett in die neuen Pepsi-Farben umbemalt stattete der Jet auch dem Flughafen London-Gatwick einen Besuch ab. (Robbie Shaw)

Die Vorbesitzer von Dan-Air Londons Ambassador Mk.II G-AMAE waren BEA und die australische Butler Air Transport. Nach ihrem letzten Flug im Dienst der Dan-Air am 30. September 1970 wurde die Maschine nach Lasham überführt und dort im Dezember 1971 verschrottet. (Sammlung Graham Simons)

AIRSPEED AS.57 AMBASSADOR

Airspeed Ltd.
Christchurch Aerodrome
Hampshire, Großbritannien

Noch während der Zweite Weltkrieg tobte erarbeitete das von der britischen Regierung 1942 ins Leben gerufene Brabazon Committee Vorgaben für die Flugzeugtypen für den kommerziellen Luftverkehr der Nachkriegszeit. Zu den von dem Ausschuß konzipierten Modellen zählte unter anderem der Type IIA, der die Douglas DC-3/Dakota (siehe S. 78) auf Kurzstrecken innerhalb Europas ablösen sollte. Airspeed, ein kleines, auf dem Flugplatz Christchurch ansässiges Unternehmen, war eine der Firmen, die die schwierige Herausforderung annahmen, einen adäquaten Nachfolger für die bewährte und zuverlässige Dakota zu bauen.

Ganz richtig hatte Airspeed bald erkannt, daß die zu erwartende Entwicklung des innereuropäischen Luftverkehrs größere, schnellere und komfortablere Passagierflugzeuge erforderlich machen würde, und so wuchs der als AS.57 Ambassador bezeichnete Entwurf zu einem großen, in Ganzmetallbauweise ausgeführten Schulterdecker mit einem schlanken, duckbelüfteten Rumpf, Bugradfahrwerk, schlanken Tragflächen und zwei leistungsstarken Sternmotoren. Um eine möglichst hohe Reisegeschwindigkeit erzielen zu können legten die Konstrukteure größten Wert auf eine aerodynamisch saubere Linienführung. Für die schnell und einfach auszuwechselnden Triebwerke entwickelte man eigens besonders widerstandsarme Verkleidungen, die sich wie Blütenblätter öffnen ließen und einen hervorragenden Zugang zu den Motoren ermöglichten. Neben der Passagierversion befanden sich weitere Varianten in Planung, darunter ein ziviles Frachtflugzeug, der Militärtransporter Ayrshire und ein bewaffneter Seeaufklärer, welche aber ebensowenig verwirklicht wurden wie das Projekt einer von vier Propellerturbinen angetriebenen Ambassador Mk.II.

Am 10. Juli 1947 startete der erste von drei Prototypen auf dem Flugplatz Christchurch zu seinem Jungfernflug, am Steuer saß der bekannte Testpilot G B S Errington. Trotz ihres Interesses an der vielversprechenden Vickers Viscount (siehe S. 152) erteilte British European Airways (BEA) im September 1948 einen drei Millionen Pfund Sterling schweren Auftrag über 20 Ambassadors, die im März 1952 unter dem Klassennamen "Elizabethan" auf der Strecke von London nach Paris in den Liniendienst gingen. Nach der Übernahme von Airspeed durch die Firma de Havilland im Jahr 1948 schwanden die Verkaufsaussichten für die AS.57 allerdings rapide, die Bestellung von BEA sollte der einzige Auftrag bleiben. Schon 1956 begann BEA, ihre Ambassadors durch die Viscount zu ersetzen, 1958 verließ die letzte Maschine die Flotte. Drei der Propliners konnten an Butler Air Transport aus Australien verkauft werden, weitere Exemplare erstanden Autair, BKS, Dan-Air Services sowie Globe Air, die Royal Jordanian Air Force und Shell Aviation erwarben jeweils zwei Ambassadors als Reiseflugzeuge. Der Prototyp diente zuletzt als Testträger für Triebwerke von Bristol, Napier und Rolls-Royce. Letzte Ambassador in flugfähigem Zustand war vermutlich das Exemplar, das die Decca Navigator Company von 1963 bis 1971 als fliegendes Laboratorium einsetzte und das während der Luftfahrtmessen in Paris-Le Bourget regelmäßig als "Shuttle" des Unternehmens für Transport- und Zubringerflüge Verwendung fand. Bedauerlicherweise wurde auch diese AS.57 in den frühen siebziger Jahren in West Malling verschrottet. Nur wenige von Airspeed gebaute Flugzeuge existieren heute noch: In dem einen oder dem anderen Museum kann man eine Oxford, eine Horsa oder eine Consul bewundern, vergeblich wird man jedoch nach einer Envoy, einer Ferry oder einer Courier suchen. Dank der Initiative von Mitarbeitern der Dan-Air London blieb zumindest ein Exemplar von Airspeeds letztem und elegantestem Verkehrsflugzeugmodell erhalten, das sich heute in der Obhut des Imperial War Museums auf dem Flugplatz Duxford befindet. Diese Ambassador mit dem Kennzeichen G-ALZO führte am 26. September 1971 offiziell Dan-Airs letzten "Lizzy"-Dienst von London-Gatwick auf die Kanalinsel Jersey und zurück durch und wurde dann zum Flugplatz Lasham, der Wartungsbasis der Airline, überflogen, um dort neben einer Avro York (siehe S. 30) ihren Platz als Ausstellungsstück einzunehmen. Beide Maschinen gelangten später nach Duxford, wo sie derzeit in den Farben der Dan-Air London restauriert werden.

Daten

Spannweite: 35,05 m
Länge: 24,99 m
Motoren: Zwei 1.939 kW Bristol Centaurus 661 Sternmotoren
Reisegeschwindigkeit: 386 km/h
Passagiere: 47-60

August 1966: Auf dem Flughafen der britischen Kanalinsel Jersey rollt die Ambassador Mk.II G-ALZT der BKS zur Startbahn. Leider gehört auch die kleine Besucherterrasse im Terminal inzwischen der Vergangenheit an, sie wurde vor einiger Zeit geschlossen. (Harry Holmes)

Die Restaurierung der einzigen Überlebenden von insgesamt 23 gebauten Ambassadors durch die Duxford Aviation Society macht große Fortschritte, wie dieses Foto aus dem August 1999 zeigt. Bis zur Fertigstellung der G-ALZO in den Farben der Dan-Air London werden aber noch mindestens zwei Jahre vergehen. (Autor)

Im März 1992 waren auf dem eisig kalten Vorfeld des Flughafens von Ulaanbaatar in der Mongolei über 30 An-2 der Mongolian Airlines in einer Vielzahl verschiedener Farbschemes zu finden. Die meisten dieser Flugzeuge sind inzwischen verschrottet worden. (Colin Ballantine)

ANTONOW An-2 & SAMC Y-5

Antonow Design Bureau, 1 Tupolev Prospekt, Kiew 252062, Ukraine
PZL Mielec, Wojska Polskiego 3, PL-39-300 Mielec, Polen
Shijiazhuang Aircraft Mfg Corp, PO Box 164, Shijiazhuang, Hebei 050062, China

Mit einer Gesamtproduktion von rund 20.000 Stück gilt die An-2 (NATO-Codename Colt) als der absolute Bestseller unter den kommerziell genutzten Flugzeugmustern weltweit. Nach dem Ende des Zweiten Weltkriegs nahm das Versuchskonstruktionsbüro von Oleg Konstantinowitsch Antonow die Entwicklung eines Mehrzweckflugzeugs in Arbeit, welches die Anforderungen des sowjetischen Ministeriums für Land- und Forstwirtschaft erfüllen sollte. Das Ergebnis, die An-2, die am 31. August 1947 zum ersten Mal flog, war eine außergewöhnliche Maschine, robust, einfach, zuverlässig, vielseitig und langlebig. Bemerkenswert ist, daß 50 Jahre nach dem Jungfernflug des Prototyps noch immer neue An-2 erhältlich waren!

PZL Mielec aus Polen hatte 1960 die Produktion aller An-2 Varianten übernommen, außer der An-2M, die weiterhin in der Sowjetunion gefertigt wurde und ein größeres, eckiges Seitenleitwerk aufwies. Am 23. Oktober 1961 startete die erste in Polen gebaute An-2 zu ihrem Erstflug, und seitdem konnte PZL Mielec die Zelle kontinuierlich verbessern, so daß die letzten Exemplare über eine Lebenserwartung von 15.900 Flugstunden verfügen. Mehr als 90% der 10.000 von PZL Mielec hergestellten An-2 waren für den Export bestimmt, der überwiegende Teil ging in die UdSSR.

In Antonows gelungenem Entwurf vereinen sich eine Überziehgeschwindigkeit von 95 km/h und STOL-Eigenschaften, die einen Start auf einer Graspiste von nur 170 m Länge möglich machen. Dank seiner großen Flügelfläche und der Auftriebshilfen ist der Doppeldecker in der Luft außerordentlich gutmütig.

Zahlreiche Versionen der "Anna" entstanden, darunter die An-2T (Transportny - 1.500 kg Fracht oder 12 Passagiere), die An-2P (12 Passagiere), die An-2TP (Fracht und 12 Klappsitze für Passagiere), das An-2W Schwimmerflugzeug, die An-2S Ambulanzmaschine (sechs Bahren und ein Begleiter), die An-2PK (eine fünfsitzige Salonausführung), der An-2L Wasserbomber, die An-2SCh/An-2M Landwirtschaftsmaschinen sowie das in Polen entwickelte Mehrzweckflugzeug An-2R. Die An-3 ist eine Variante mit Propellerturbine, sie wird heute als Umrüstung kolbenmotorgetriebener An-2 angeboten. In Lizenz gebaut wurde die An-2 in der VR China, anfangs als Fongshu 2 und später als Y-5 (Yunshuji 5 - Transportflugzeug Nr. 5) bezeichnet. Das erste Exemplar verließ im Dezember 1957 in Nanchang die Montagehallen, und die neueste Ausführung, das Landwirtschaftsflugzeug Y-5B mit chinesischem HS5 Sternmotor und chinesischer Avionik absolvierte 1989 seinen Erstflug. Zu den in der VR China produzierten Versionen zählen außerdem die Mehrzweckvariante Y-5N und die Passagiermaschine Y-5C.

Viele An-2, die den diversen Abteilungen der Aeroflot angehört hatten, wurden nach dem Zusammenbruch der Sowjetunion von neugegründeten Fluggesellschaften wie der Air Ukraine oder der Tyumenaviatrans übernommen. In der FSU ist der große Doppeldecker nach wie vor weit verbreitet, und trotz des Erscheinens verschiedener Nachfolgemodelle werden in den nächsten Jahren sicherlich noch hunderte von An-2 in kommerziellen Diensten verbleiben.

Um wertvolle Devisen zu beschaffen versuchten viele Gesellschaften aus der FSU, ihre überzähligen "Annas" ins westliche Ausland zu verkaufen. Einige An-2 haben so ihren Weg in den Westen und eine neue Verwendung gefunden, für Rundflüge, als Absetzmaschinen für Fallschirmspringer oder als "Spielzeug" für begeisterte Piloten und Liebhaber klassischer Propliner. Die bei weitem ungewöhnlichste Verwendung ist zweifellos der Einsatz als Bühne für Ballettdarbietungen in 2.500 m Höhe: Das russische Moscow Flying Ballet begann im Oktober 1995 mit Vorstellungen, während denen Ballerinen mit Tutu und Fliegerbrille auf dem Rumpf einer fliegenden An-2 tanzen! Und die Balletteusen lehnen es sogar ab, dabei Fallschirme zu tragen, da sie diese, wie sie sagen, in ihrer Bewegungsfreiheit zu sehr einschränken würden! Ihrer altehrwürdigen An-2 haben die Tänzerinnen übrigens respektlos den Spitznamen "Die fliegende Kuh" verpaßt.

Daten (der PZL Mielec An-2P)

Spannweite: 18,18 m
Länge: 12,74 m
Motor: Ein 746 kW PZL Kalisz ASz-62IR Sternmotor
Reisegeschwindigkeit: 185 km/h
Passagiere: 12, maximal 19

Interflug, die staatliche Luftverkehrsgesellschaft der DDR, erwarb diese von PZL Mielec gebaute An-2TP im August 1968 und stationierte sie auf dem Flughafen Berlin-Schönefeld. Im Jahr 1990 wurde der Doppeldecker dann an die Berliner Spezialflug verkauft. Beachtenswert sind die modifizierten Cockpit- und Kabinenfenster. (Sammlung Autor)

Im September 1999 besuchte diese An-2TP den britischen Flugplatz White Waltham. Um 1990 in Polen gebaut und in die Tschechoslowakei exportiert hatte die Maschine nach der Teilung der CSSR in der Slowakischen Republik 1994 das neue Kennzeichen OM-UIN erhalten. (Autor)

Vor den ersten organisierten Luftfahrt-Touren in die Sowjetunion in den achtziger Jahren hatten Flugzeugenthusiasten aus dem Westen die An-8 nur selten zu Gesicht bekommen. Die im September 1991 in Myachkovo fotografierte CCCP-13323 ist im Dezember 1993 abgestürzt. (Sammlung Autor)

ANTONOW An-8

Antonow Design Bureau
1 Tupolew Prospekt, 252062 Kiew
Ukraine

Zu Zeiten des Kalten Kriegs in den frühen fünfziger Jahren tat die Sowjetunion nur wenig, um ihre letzten Entwicklungen auf dem Gebiet der Luftfahrttechnik im Westen bekannt zu machen. Mit einem sicheren Absatzmarkt für neue Verkehrsflugzeugmuster im Inland und der Aussicht auf Exportlieferungen ins befreundete Ausland bestand auch kaum eine Notwendigkeit, für die neuesten Erzeugnisse der Versuchskonstruktionsbüros zu werben!

Dies war der Hintergrund, vor dem die bahnbrechende An-8 (NATO-Codename Camp) entstand. In der westlichen Fachpresse fand der zweimotorige Propliner nur wenig Beachtung, obwohl er einen bedeutenden Meilenstein auf dem Weg darstellte, der über die An-10 (siehe S. 18) zu der herausragenden viermotorigen An-12 (siehe S. 20) führte, die über lange Jahre das Rückgrat der sowjetischen Transporterflotte bildete. Bevor kommerziell genutzte An-8 in den letzten Jahren in den Vereinigten Arabischen Emiraten, im südlichen Afrika und in Sri Lanka auftauchten war dieses Flugzeug außerhalb der UdSSR kaum in Erscheinung getreten. Um 1952/53 entworfen flog die von zwei Kusnetzow NK-6 Propellerturbinen angetriebene Maschine 1955 zum ersten Mal. Genaue Produktionszahlen sind nicht bekannt, vermutlich wurden bis zu 200 Stück von der GAZ-34 in Taschkent gebaut. 1956 ging die An-8 bei den sowjetischen Luftstreitkräften als Transporter in Dienst, und im selben Jahr absolvierte das neue Modell auf der Luftparade von Tuschino seinen ersten öffentlichen Auftritt. Wurden gelegentlich auch An-8 mit Aeroflot-Aufschrift gesichtet, so muß dies nicht unbedingt bedeuten, daß sie im kommerziellen Luftverkehr Verwendung fanden, denn in der UdSSR war es übliche Praxis, daß auch Militärtransporter bisweilen die Farben der Staatsfluglinie trugen. Als die Luftstreitkräfte die An-8 in den späten siebziger Jahren ausmusterten überstellte man allerdings tatsächlich eine kleine Anzahl als Frachter an die Aeroflot. Die An-8 wurde zwar nur in verhältnismäßig kleinen Stückzahlen gefertigt, sie war jedoch eine bemerkenswerte Konstruktion. Antonow hatte kaum Erfahrungen in der Entwicklung großer Ganzmetallflugzeuge, und so überrascht die Qualität des Entwurfs um so mehr: Zu den herausragenden Merkmalen gehört die Auslegung als Schulterdecker und eine breite Laderampe am hochgezogenen Heck, die ein einfaches Beladen des 2,5 m breiten und 2,5 m hohen Frachtraums ermöglicht. Das robuste, in seitlich am Rumpf angebrachten Verkleidungen einziehbare Hauptfahrwerk mit jeweils vier Rädern und der große Abstand der Propeller zum Boden durch hoch am Rumpf angebrachte Tragflächen erlauben Starts und Landungen auf unbefestigten Pisten. Zur Selbstverteidigung besaßen die Militärtransporter einen Heckstand mit zwei Kanonen, der bei zivil genutzten Maschinen meist verkleidet wurde.

Von ihren Besatzungen erhielt die An-8 den Spitznamen „Kit" (Wal). Dies inspirierte eine Fluggesellschaft aus Moskau dazu, sich Kosmos i Transport Aviakompania zu nennen - so konnte sie KIT-Titel auf ihre An-8 aufmalen und deren Leitwerke mit der Karikatur eines Wals schmücken. Ein paar Dutzend An-8 sind in der FSU abgestellt oder blieben in Museen erhalten, flugbereite Exemplare dagegen scheint es nur noch wenige zu geben: Die russischen Behörden sollen dem Muster 1997 die Verkehrszulassung für die Russische Föderation entzogen haben, in Afrika, Sri Lanka und in Sharjah in den Vereinigten Arabischen Emiraten aber war Ende der neunziger Jahre noch eine Anzahl aktiver, für Frachtflüge genutzter Vertreter dieses seltenen Typs zu finden. Dem Zustand einer An-8 nach zu urteilen, die der Autor in Sharjah begutachten konnte, führen einige davon ein unbefestigte Flugfelder an, wo Dreck und Steine ans Höhenleitwerk geschleudert werden, und es erscheint überaus fraglich, ob mehr als nur die allernötigsten Wartungsarbeiten durchgeführt werden. Von kurzer Dauer sollte der Einsatz der An-8 in Singapur sein: Im März 1999 nahm die am Flughafen Seletar ansässige Airmark Aviation ein Flugzeug in ihre Flotte auf, doch die Behörden stuften die Maschine bald darauf als nicht mehr flugtüchtig ein, und im Herbst 2000 war diese An-8 zusammen mit einem in Sri Lanka registrierten Exemplar der Santa Cruz Imperial Airlines geparkt in Fujairah in den Vereinigten Arabischen Emiraten anzutreffen.

Daten

Spannweite: 37,00 m
Länge: 30,74 m
Motoren: Zwei 3.863 kW Progress AI-20D Propellerturbinen
Reisegeschwindigkeit: 480 km/h
Passagiere: 48
Frachtzuladung: 16.750 kg

Vier An-8 fand eine Reisegruppe bei ihrem Besuch auf dem Zentralflughafen von Orenburg im April 1997 vor. Diese beiden Flugzeuge mit Wal-Emblem am Leitwerk, die erst kurze Zeit vorher außer Dienst gestellt worden waren, gehörten der KIT Kosmos i Transport Aviakompania - „Kit" (Wal) ist auch der russische Spitzname für die An-8. (Mike Green)

Sharjah in den Vereinigten Arabischen Emiraten, ein Paradies für klassische Airliner aus sowjetischer Produktion, war bis vor einigen Jahren die Heimat für ein halbes Dutzend aktiver An-8. Die meisten von ihnen sind inzwischen leider verschwunden, im Februar 1999 konnte jedoch noch die in Sri Lanka registrierte 4R-SKJ auf dem Flughafen in der arabischen Wüste angetroffen werden. Sieben Monate später flog diese An-8 dann Hilfseinsätze in Osttimor. (Avimage)

Zu der eindrucksvollen Sammlung sowjetischer Verkehrsflugzeuge im Luftfahrtmuseum von Monino gehört auch eine seltene An-10 Ukraina. Aeroflot musterte ihre An-10 im Jahr 1973 aus, die meisten der noch vorhandenen Flugzeuge wurden anschließend verschrottet. (Sammlung Autor)

ANTONOW An-10

Antonow Design Bureau
1 Tupolew Prospekt, 252062 Kiew
Ukraine

Ende 1955 begann Antonow, aus der An-8 (siehe S. 16) die An-10 zu entwickeln, die im Grunde eine überarbeitete und vergrößerte Variante dieses Transporters mit vier Motoren und druckbelüftetem Rumpf für die Verwendung als Passagierflugzeug war. Parallel arbeiteten die Konstrukteure an einer Frachtversion des neuen Modells, welche einen anderen Hinterrumpf aufwies und die Bezeichnung An-12 (siehe S. 20) trug.

Die beiden Prototypen der An-10 wurden von vier Kusnetzow NK-4 Turboprops angetrieben, die einen sehr hohen Treibstoffverbrauch zeigten, in der Serienausführung dagegen erhielt die An-10 ebenso wie die An-12 die Al-20 Propellerturbine. Am 7. März 1957 absolvierte die An-10 (NATO-Codename Cat) in Kiew ihren Erstflug, und nach einem intensiven Test- und Streckenerprobungsprogramm übernahm Aeroflot die Ukraina genannte Maschine am 22. Juli 1959 auf der Linie von Moskau nach Simferopol in den regulären Passagierdienst. Während der Erprobung waren erhebliche Stabilitätsprobleme aufgetreten, was gewisse konstruktive Änderungen notwendig gemacht hatte: Behoben werden konnten diese Mängel durch eine negative V-Stellung der Außenflügel sowie diverse Modifikationen am Leitwerk und am Hinterrumpf.

Im Juli 1957 stellte man den Prototyp der An-10 auf dem Flughafen Moskau-Wnukowo der Presse vor. Die 84sitzige Hauptkabine offenbarte nichts ungewöhnliches, der hintere Kabinenteil aber war als Spielecke für Kinder eingerichtet - eine gute Idee, es sei denn, man versucht, in den Sitzreihen davor ein bißchen zu schlafen!

Mit der An-10A erschien 1958 eine Version mit einem um 2 m verlängerten Rumpf, der Platz für zwei zusätzliche Sitzreihen bot. In der normalen Konfiguration verfügte dieses Flugzeug über eine Kapazität von 100 Passagiere, bei einer dichteren Bestuhlung mit sechs Sitzen pro Reihe konnten über 120 Fluggäste untergebracht werden. Die ersten An-10A besaßen am Höhenleitwerk große Endscheiben, die später durch zwei Flossen unter dem Hinterrumpf ersetzt wurden.

Im Dezember 1959 besuchte eine An-10A die amerikanische Hauptstadt Washington, und am 10. Februar 1960 ging das Muster bei der Aeroflot auf Strecken ab Moskau und Leningrad in den Linienbetrieb. Sowjetische Luftverkehrsgeschichte schrieb eine An-10A im August 1960, als sie die Großkreis-Route von Moskau über Syktywkar, Norilsk und Jakutsk nach Chabarowsk eröffnete. Im Jahr 1963 stand die An-10A dann auch auf der wichtigen, täglich bedienten Verbindung zwischen Kiew-Borispol und Adler-Sotschi im Einsatz. Trotz einiger Rekordflüge und ungeachtet der Behauptung der Sowjets, dieser Typ sei weltweit das wirtschaftlichste Verkehrsflugzeug kann die An-10/10A kaum als großer Erfolg gelten, bis zu ihrer Ausmusterung durch die Aeroflot im August 1973 waren mindestens 42 der rund 100 gebauten Flugzeuge durch Unfälle verloren gegangen. Der letzte Schlag, der maßgeblich zu der Entscheidung beitrug, den Propliner endgültig außer Dienst zu stellen, war ein tragischer Absturz in der Nähe von Charkow am 18. Mai 1972, bei dem alle 108 Passagiere und Besatzungsmitglieder ums Leben kamen.

Nicht eine An-10/10A wurde ins Ausland verkauft, und vermutlich haben nur wenige Enthusiasten aus dem Westen je eine zu Gesicht bekommen. Wenigstens drei Exemplare blieben erhalten, in Monino, in Baranowitschi und in Samara, während eine ähnliche Anzahl auf verschiedenen Flugplätzen in der FSU abgestellt ein vergessenes Dasein fristet. Die am leichtesten zu erreichende Ukraina ist sicherlich die Aeroflot An-10 CCCP-11213, die in dem ausgezeichneten Luftfahrtmuseum in Monino östlich von Moskau steht.

Daten (der An-10A)

Spannweite: 38,00 m
Länge: 34,00 m
Motoren: Vier 2.983 kW Iwtschenko Al-20 Propellerturbinen
Reisegeschwindigkeit: 630 km/h
Passagiere: 100, maximal 126

Im August 1993 "entdeckte" eine Gruppe unternehmungslustiger Luftfahrtenthusiasten auf dem Flughafen Riga-Spilve in Lettland die heruntergekommene An-10 CCCP-11171. Wind und Wetter haben der seit 20 Jahren abgestellten Ukraina stark zugesetzt, die einstmals schmucke blaue Aeroflot-Bemalung ist verblaßt. (Kevin Irwin)

Viele sowjetische Verkehrsflugzeuge fanden nach ihrer Ausmusterung eine neue Verwendung: Diese im Mai 1993 in Samara fotografierte An-10 (CCCP-11200), die die Aufschrift "Antoschka" trägt, wurde angeblich als Kino genutzt. (Mike Green)

Auf einem Frachtflug besuchte die in Woronesch gebaute An-12B CCCP-11361 im September 1966 den Flughafen London-Heathrow. Beachtenswert ist der verkleidete Heckstand der Maschine, die den frühen roten Anstrich trägt. (Sammlung Autor)

ANTONOW An-12

Antonow Design Bureau
1 Tupolew Prospekt, 252062 Kiew
Ukraine

Auch wenn die An-70, Antonows neuester, mit Propfans ausgerüsteter Transporter in großen Stückzahlen hergestellt werden sollte, so wird die erprobte und zuverlässige An-12 zivilen und militärischen Betreibern sicherlich noch bis weit ins 21. Jahrhundert hinein gute Dienste leisten.
Der für die sowjetischen Luftstreitkräfte und den zivilen Einsatz bestimmte Frachter An-12 wurde parallel zu dem Passagierflugzeug An-10 Ukraina entwickelt. Äußerlich unterscheidet er sich von diesem Modell vor allem durch einen anderen Hinterrumpf mit einem goßen Ladetor und einem Waffenstand im Heck, der im zivilen Gebrauch oft verkleidet ist. Von vier Kusnetzow NK-4 Turboprops angetrieben flog der Prototyp im Dezember 1957 zum ersten Mal, und bis 1972 wurden große Stückzahlen in Fabriken in Irkutsk, Taschkent und Woronesch produziert. Einige Maschinen verließen die Werkshallen als gemischte Passagier/Frachtversion, die über eine druckbelüftete Kabine mit 14 Sitzen hinter dem Flugdeck verfügte. Für ihren hervorragenden Entwurf erhielten die Konstrukteure der An-12 im Jahr 1962 einen Leninpreis.
Die An-12 (NATO-Codename Cub) gilt als östliches Gegenstück zur Lockheed C-130 Hercules, sie findet oder fand bei den Luftstreitkräften der meisten Länder aus dem sowjetischen Einflußbereich und zahlreichen Fluggesellschaften Verwendung. Ebenso wie der US-Transporter besitzt auch die An-12 ein großes Heckladetor, das eine Beladung direkt vom LKW und den Abwurf von Lasten an Fallschirmen im Flug erlaubt. Mittels eines in Schienen an der Decke laufenden Krans von 2,5 Tonnen Tragkraft kann schwere Fracht direkt in den Laderaum gehievt werden. Das robuste Fahrwerk ermöglicht Starts und Landungen auf Gras-, Sand-, Schotter- oder Schneepisten, für Operationen in den Polargebieten kann ein Skifahrwerk angebracht werden. Neben dem Transport von Fracht und Truppen kommt die An-12 für eine Vielzahl spezieller Aufgaben zum Einsatz, rund 30 verschiedene Versionen sind bekannt.
Wie die An-24 wurde auch die An-12 in der VR China nachgebaut: 1972 übernahm die Shaanxi Aircraft Company aus Yanliang von der Xi`an Aircraft Company die 1968 begonnene Entwicklung einer überarbeiteten und mit vier 3.170 kW Zhuzhou WJ6 Propellerturbinen motorisierten Ausführung der An-12BK, die die Bezeichnung Y-8 (Yunshuji 8 - Transportflugzeug Nr. 8) erhielt und im Dezember 1974 ihren Jungfernflug absolvierte. Von den sowjetischen Exemplaren sind die chinesischen leicht durch ihren längeren und spitzeren Bug zu unterscheiden. Bisher stellte Shaanxi über 70 Einheiten fertig, wovon der überwiegende Anteil an das Militär ging. Eine Reihe verschiedener Varianten entstand, darunter der zivile Frachter Y-8B, die Y-8C mit druckbelüftetem Rumpf und die Y-8D, eine Exportausführung des Militärtransporters mit westlicher Avionik. Neuestes Projekt ist die im Sommer 2000 in Modellform vorgestellte Y-8F-600, die mit leistungsfähigeren und wirtschaftlicheren Pratt & Whitney Canada PW150 Propellerturbinen und Sechsblattpropellern ausgerüstet werden soll.
Noch immer stehen über 150 An-12 in zivilen Diensten. Die meisten dieser Maschinen fliegen in der FSU, doch auch in den Flotten von Gesellschaften aus Afghanistan, Angola, Bulgarien, Lesotho, Sri Lanka und dem Sudan waren in den letzten Jahren An-12 zu finden. Auf den Flughäfen Sharjah und Fujairah in den Vereinigten Arabischen Emiraten trifft man gewöhnlich immer ein paar der robusten Propliner an. Seit kurzer Zeit sind zudem einige An-12 auf dem Flughafen Kent International (Manston) in Großbritannien stationiert, sie führen Ad hoc-Frachtflüge zu Zielen in Europa und Nordafrika durch.
Eine Handvoll militärischer An-12 ist in Museen in der FSU zu sehen, und die indische Luftwaffe übergab eines ihrer Flugzeuge nach der Ausmusterung an das Indian Air Force Museum in Delhi. Mindestens zwei ehemalige Aeroflot An-12 blieben erhalten, in Aktjubinsk und in Magadan, während viele andere heute als Zellen für die Ausbildung von Technikern oder als Unterkünfte für Arbeiter genutzt werden.

Daten

Spannweite: 38,00 m
Länge: 33,10 m (An-12B); 34,02 m (Y-8)
Motoren: Vier 2.493 kW Iwtschenko AI-20K oder M Propellerturbinen
Reisegeschwindigkeit: 670 km/h
Passagiere: 14
Frachtzuladung: 20.000 kg

Balkan Bulgarian Airlines An-12BP LZ-BAE scheint wieder einmal eine gründliche Wäsche zu benötigen, betrachtet man die Abgasspuren von den Iwtschenko-Propellerturbinen am Rumpf. Die Maschine wurde im März 1991 in Zürich-Kloten fotografiert, als sie für einen Flug nach Sofia vom Frachtbereich zur Startbahn rollte. (Autor)

Gut zu erkennen ist hier der längere Bug der in der VR China gebauten Y-8. Diese Y-8C mit dem Kennzeichen 182 trägt die Farben der AVIC, der Aviation Industries of China. (Sammlung Autor)

Im Vorfeld des Pariser Aérosalons stattete diese An-22 dem Flughafen Le Bourget im Mai 1981 einen Besuch ab. Der Frachter mit dem Kennzeichen CCCP-09336, ein Exemplar aus der Serienfertigung, war 1971 in Taschkent gebaut worden. (Christian Volpati)

ANTONOW An-22

Antonow Design Bureau
1 Tupolew Prospekt, 252062 Kiew
Ukraine

Um 1962 begannen in Antonows Versuchskonstruktionsbüro die Arbeiten an dem schweren Langstreckentransporter An-22, der für die sowjetischen Luftstreitkräfte sowie die Aeroflot bestimmt war und zu den größten jemals gebauten Flugzeugen mit Propellerturbinen zählt. In Kiew-Swjetoschino entstanden drei Prototypen, verschiedene Teile der Rumpf- und Flügelstruktur wurden mit einer einzigartigen 75.000 Tonnen-Presse geformt. Der Name der An-22, Antej (auf griechisch Antaios) paßt zweifellos sehr gut zu der beeindruckenden Maschine, Antaios ist ein Riese aus der griechischen Mythologie. Am 27. Februar 1965 flog die An-22 zum ersten Mal, und schon vier Monate später stellte man das zu jener Zeit größte Flugzeug der Welt auf dem Aérosalon in Paris-Le Bourget einer staunenden Öffentlichkeit vor. Die An-22 (NATO-Codename Cock) verfügte über eine druckbelüftete 29sitzige Passagierkabine hinter dem Flugdeck, die zugleich als Ruheraum für die Besatzung diente, einen verstärkten Frachtraumboden aus Titan und zwei 10 Tonnen-Laufkräne in der Kabinendecke. Eine in das Heckladetor integrierte Rampe ermöglichte es, Militärfahrzeuge wie die Kampfpanzer T-62, T-72 und T-80 in den 33,00 m langen, 4,40 m breiten und 4,40 m hohen Laderaum zu fahren. In zivilen Diensten fand die An-22 vor allem Verwendung für die Beförderung von übergroßen Frachtstücken wie Booten, Autobussen, Baufahrzeugen oder vorgefertigten Brückenteilen, die nicht auf die Eisenbahn verladen werden konnten. Eine mit einem dritten Seitenleitwerk modifizierte An-22 wurde sogar zum Transport von Tragflächen der Antonow An-124 eingesetzt - die riesigen Flügel waren als Außenlasten in speziellen Halterungen auf der Rumpfoberseite befestigt!

Zu den Aufgaben der Antej gehörte außerdem die Lieferung von Militärflugzeugen und anderen Rüstungsgütern an Kunden im befreundeten Ausland. Obwohl diese Flüge unter der Kontrolle des Militärs standen, benutzte man das Rufzeichen der Aeroflot, da dies das Einholen von Überflug- und Landegenehmigungen erleichterte. Nur eine einzige An-22 wurde in Tarnbemalung und mit dem roten Stern der Luftstreitkräfte gesichtet, alle anderen trugen den blauen Kabinenstreifen und den Schriftzug der Aeroflot. So wie viele sowjetische Flugzeuge ist auch die An-22 für den Betrieb von unbefestigten Pisten ausgelegt, das Hauptfahrwerk mit insgesamt 12 Rädern, deren Reifendruck im Flug verändert werden kann, erlaubt Starts und Landungen auf Gras, Schotter und Schnee. Als einige An-22 eine komplette Gasturbine für ein Kraftwerk zu dem Ölfeld Samotor transportierten erwies sich eine 1.200 m lange Schneepiste als völlig ausreichend.

Mit der Antej stellten sowjetische Flieger eine Reihe von Nutzlast/Höhe- und Geschwindigkeitsrekorden auf: 1967 stieg eine von einer Besatzung unter dem Kommando des "Helden der Sowjetunion" I. E. Davidow geflogene und mit Metallblöcken im Gesamtgewicht von 100,4 Tonnen beladene Maschine auf eine Höhe von 7.848 m, während fünf Jahre später die berühmte Pilotin Marina Popowitsch zehn Geschwindigkeitsrekorde errang, darunter einen über einen 1.000 km-Flug mit einer Durchschnittsgeschwindigkeit von über 600 km/h.

In Kiew-Swjetoschino wurden lediglich die drei Prototypen gebaut, die Serienproduktion übertrugen die Behörden der GAZ-34 in Taschkent, die insgesamt 65 Exemplare fertigstellte. Zwischen 1973 und dem Ende der Fabrikation im Jahr 1975 verließ eine verbesserte, als An-22A bezeichnete Ausführung die Werkshallen. Von ihrem Vorgänger unterschied sie sich hauptsächlich durch eine neue Navigationsausrüstung, ein überarbeitetes elektrisches System und eine APU in der rechten Hauptfahrwerksverkleidung.

Heute kommt die An-22 kaum mehr zum Einsatz, in der Rolle als Schwertransporter haben sie die Jets An-124 und Iljuschin Il-76 weitgehend abgelöst. Die meisten der noch existierenden Flugzeuge scheinen in Iwanowo und dem 160 km nordwestlich von Moskau gelegenen Twer (Kalinin) eingemottet worden zu sein. Außerhalb der FSU findet sich derzeit nur eine ausgestellte Antej: Seit seiner spektakulären Landung auf der knapp 1.300 m langen Piste des Flugplatzes Speyer im Dezember 1999 ist der Riese mit dem ukrainischen Kennzeichen UR-64460 ein, im wahrsten Sinne des Wortes, herausragendes Exponat im Technikmuseum Speyer.

Daten

Spannweite: 64,40 m
Länge: 57,80 m
Motoren: Vier 11.186 kW Kusnetzow NK-12MA Propellerturbinen
Reisegeschwindigkeit: 640 km/h
Frachtzuladung: 80.000 kg

Auf diesem im Jahr 1995 aufgenommenen Foto der An-22A UR-09307 kann man die Einstiegstür für die Besatzung im vorderen Teil der Hauptfahrwerksverkleidung deutlich erkennen. Das Antonow Design Bureau setzt diese in der Ukraine zugelassene Antej für weltweite Frachtcharter ein. (Sammlung Autor)

Die Maschine mit dem Kennzeichen RA-08836 ist vermutlich die letzte gebaute An-22A. Als der Riese im Februar 1992 in Mirow fotografiert wurde war im Kennzeichen das sowjetische Präfix CCCP bereits durch das RA der Russischen Föderation ersetzt und die neue Nationalflagge am Leitwerk aufgemalt worden. (Sammlung Autor)

Weit entfernt von ihrer Heimat wurde die An-24RV TN-ABY der Lina Congo im Juni 1972 auf dem Flughafen Paris-Le Bourget fotografiert. Die Fluggesellschaft gab die 1971 in Kiew gebaute Maschine später an die Force Aérienne Congolaise ab, und möglicherweise ist sie noch heute in Brazzaville zu finden. (Sammlung Autor)

ANTONOW An-24

Antonow Design Bureau
1 Tupolew Prospekt, 252062 Kiew
Ukraine

Konzipiert als Ersatz für die von der Aeroflot betriebenen Lisunow Li-2 (siehe S. 78) und Iljuschin Il-14 (siehe S. 106) waren der An-24 beachtliche Verkaufserfolge beschieden, der turbopropgetriebene Airliner fand zahlreiche Kunden in aller Welt. Dank ihrem stabilen Fahrwerk und der Auslegung als Schulterdecker erfüllte die Maschine mühelos die obligaten Forderungen des sowjetischen Nationalcarriers nach einfacher Beladbarkeit und der Fähigkeit, von kleinen Flugplätzen mit unbefestigter Piste zu operieren. Die Anordnung der Tragflächen hoch am Rumpf half zu vermeiden, daß die Propeller beim Start oder bei der Landung von aufgeworfenen Steinen getroffen und möglicherweise beschädigt werden. Als die Aeroflot die An-24 in Dienst stellte nahm die westliche Fachpresse kaum Notiz von dem 44sitzigen Flugzeug, dessen Triebwerke speziell für dieses Modell entwickelt worden waren, doch die robuste und zweckmäßige Konstruktion zeigte große Qualitäten und wurde zum "Stammvater" der An-26, der An-30, der An-32 und der in der VR China gebauten Y-7.

Die Entwurfsarbeiten für die An-24, die von der NATO den Codenamen Coke erhielt, begannen 1958. Im Dezember 1959 startete der Prototyp in Kiew zu seinem Erstflug, Fertigungsstraßen wurden in Kiew-Swjetoschino, Ulan-Ude und Irkutsk eingerichtet. Nach eingehenden Flugtests und einem Erprobungsprogramm, das auch regelmäßige Frachtdienste bei der Aeroflot einschloß, übernahm diese die An-24 im Oktober 1962 in den regulären Passagierverkehr. Die Maschine entwickelte sich zu einem wirtschaftlichen Erfolg und konnte in 23 Länder exportiert werden, zu den Kunden zählten Air Guinée, Air Mali, Balkan Bulgarian Airlines, Cubana, CAAC, Egyptair, Iraqi Airways, Interflug, Mongolian Airlines, LOT und Tarom. Außerdem kam die An-24 als Frachter und Truppentransporter zum Einsatz. Verschiedene Versionen entstanden, darunter das 50sitzige Passagierflugzeug An-24V, die An-24V Seriiny II (Serie II), die Triebwerke mit Wassereinspritzung besitzt, sowie der Frachter An-24T. Die An-24RV und RT sind mit einem 900 kg Schub leistenden Tumanski Ru-19A-300 Strahltriebwerk im hinteren Teil der rechten Motorgondel ausgerüstet, das als APU dient und die Startleistung unter "Hot and high"-Bedingungen (hochgelegener Flugplatz und/oder hohe Außentemperaturen) verbessert. Eine Spezialausführung ist die An-24P (Protivopozharny), die zur Bekämpfung von Wald- und Steppenbränden speziell ausgebildete Feuerwehrleute und ihre Ausrüstung an Fallschirmen absetzen kann. CAAC, die staatliche Fluggesellschaft der VR China, kaufte ab 1969 in der UdSSR etwa 42 An-24. Offensichtlich kamen die chinesischen Behörden zu der Überzeugung, dieses Muster sei für den Inlandsluftverkehr hervorragend geeignet, denn sie erwarben bald auch die Rechte für den Lizenzbau. Mit chinesischen Dongan 5A-1 Motoren, einem etwas längeren Rumpf und größerer Flügelspannweite ging der Antonow-Propliner als Y-7 (Yunshuji 7 - Transportflugzeug Nr. 7) bei der Xi'an Aircraft Company (XAC) in Produktion, der Jungfernflug des ersten Exemplars aus der Serienfertigung fand 1984 statt. Die Y-7-100 ist eine Weiterentwicklung mit neuer Avionik und überarbeiteter Kabine, während die in Hong Kong aus einer Y-7 modifizierte Y-7-100A zusätzlich charakteristische Winglets aufweist. Im November 2000 stellte XAC auf der Luftfahrtmesse von Zhuhai eine weitere Version vor, das 60sitzige Kurz- bis Mittelstreckenpassagierflugzeug MA-60, das über Pratt & Whitney PW-127J Propellerturbinen und westliche Avionik verfügt. Dutzende von Y-7 stehen in der VR China noch immer im Einsatz, eine der größten Flotten besitzt China Northern Airlines. Die Fertigung der An-24 lief 1979 aus, in der FSU sind heute aber noch mehrere hundert aktive Maschinen zu finden. Nach wie vor verrichten die Turboprops zuverlässig Passagier- und Frachtdienste, große Flotten betreiben unter anderem Air Kazakstan, Ukraine National Airlines und die in Chabarowsk beheimatete Dalavia. Außerhalb der FSU fliegt noch eine kleine Zahl von An-24 in einigen afrikanischen Staaten, in Kuba, Nordkorea und in der Mongolei. Nur wenige zivile An-24 sind derzeit ausgestellt: Eine An-24V der Cubana ziert den Lenin-Park von Havanna, mindestens zwei Flugzeuge blieben in der VR China erhalten, und in der FSU gehört je ein Exemplar zu den Sammlungen der Luftfahrtmuseen von Monino und Uljanowsk.

Daten

Spannweite: 29,20 m
Länge: 23,53 m
Motoren: Zwei 1.901 kW oder 2.103 kW Progress AI-24 (Seriiny II) oder AI-24T Propellerturbinen
Reisegeschwindigkeit: 450 km/h
Passagiere: Maximal 50

Die sieben An-24V der Interflug wurden scheinbar nur selten abgelichtet. Ein freudestrahlender Fotograf konnte die DM-SBF im Oktober 1975 in Berlin-Schönefeld auf Film bannen, zwei Jahre vor ihrem Verkauf an die vietnamesische Fluggesellschaft Hang Khong Viet Nam. (Jean-Marie Magendie)

Obwohl die An-24 in großen Stückzahlen gebaut worden war tauchte diese Maschine in den letzten Jahren immer seltener außerhalb der FSU auf. Der Autor schätzt sich daher glücklich, daß er im März 1999 vom Dach des in Luftfahrtkreisen bestens bekannten Hotels Emmantina die An-24RV ER-47698 der Air Moldova im Anflug auf den Flughafen von Athen aufnehmen konnte. (Autor)

Viele Monate lang suchte der Autor vergeblich nach einem Farbfoto einer Argosy in der Red Square-Bemalung der BEA, und so ist er Christian Volpati sehr dankbar für diese wunderschöne, im August 1968 auf dem Flughafen Paris-Le Bourget entstandene Aufnahme der Argosy 222 G-ASXN. (Christian Volpati)

ARMSTRONG WHITWORTH AW.650 ARGOSY

Sir W G Armstrong Whitworth Aircraft Ltd., Baginton Aerodrome, Coventry und Bitteswell Aerodrome, Leicestershire Großbritannien (später Hawker Siddeley Aviation)

Mitte der fünfziger Jahre entwickelte Armstrong Whitworth auf privater Basis aus einem nicht verwirklichten Projekt eines Mehrzwecktransporters den Mittelstreckenfrachter AW.650. Die Maschine war ursprünglich als ziviles Transportflugzeug konzipiert worden, letztendlich wurde jedoch die für die Royal Air Force gebaute Militärausführung die in den größten Stückzahlen hergestellte Version.
Anfänglich als Freightliner bezeichnet erhielt der Entwurf im Juli 1958 den Namen einer erfolgreichen Armstrong Whitworth-Konstruktion aus früherer Zeit, des dreimotorigen Doppeldecker-Verkehrsflugzeugs Argosy aus dem Jahr 1926. Den Spitznamen "Whistling Wheelbarrow" ,"Pfeifende Schubkarre" verdankt die Argosy ihrer charakteristischen Auslegung mit zwei Leitwerksträgern und dem unverkennbaren Klang ihrer Triebwerke. Nachdem eine Marktanalyse beträchtliches Interesse von Seiten einiger Luftverkehrsgesellschaften gezeigt hatte lief im Werk Bitteswell die Fertigung einer Serie von zehn Flugzeugen an. Dank der Zeitsersparnis durch die Verwendung bereits vorhandener Komponenten und die Vergabe von Unteraufträgen über die Entwicklung und die Fabrikation verschiedener Baugruppen an andere Unternehmen vergingen zwischen dem Abschluß der Konstruktionsarbeiten und dem Erstflug am 8. Januar 1959 nur 23 Monate. Die Tragflächen der Argosy basierten auf den Flügeln des Seeaufklärers Avro Shakleton Mk.3, und es ist offensichtlich, daß die Triebwerksgondeln denen der Vickers Viscount (siehe S. 152) nachempfunden wurden. Das Leitwerk fertigte die Gloster Aircraft Company, die auch das Rolamat-Frachtladesystem entwarf. Eine erste Bestellung ging 1959 von der in Miami ansässigen Frachtgesellschaft Riddle Airlines ein, aber es sollte bis zum April 1961 dauern, bis die britische BEA drei Maschinen orderte, die Avro Yorks (siehe S. 30) und Douglas Dakotas (siehe S. 78) auf innereuropäischen Frachtflügen ablösten. Diese beiden Airlines blieben dann allerdings auch die einzigen Kunden für die erste Zivilvariante der Argosy. Mit der AW.660 (später Hawker Siddeley HS.660) erschien 1961 eine für den militärischen Einsatz entwickelte Argosy-Version. Kennzeichen dieser Ausführung waren zusätzliche Türen in den Rumpfseiten zum Absetzen von Fallschirmjägern, ein Heckladetor mit integrierter Rampe und ein Radar in einem Bugradom, das eine Versiegelung der großen Frontladetüren nötig machte. Die RAF erwarb 56 dieser Transporter, deren Auslieferung im Frühjahr 1962 begann und die die Bezeichnung Argosy C.1 trugen. Nach ihrer Außerdienststellung wurden die meisten Exemplare Mitte der siebziger Jahre in Kemble verschrottet, einige gelangten jedoch auch auf den Zivilmarkt. Am 9. März 1964 startete der Prototyp der überarbeiteten Argosy Series 200 zu seinem Erstflug. Von seinen Vorgängern unterschied sich dieses Modell hauptsächlich durch größere Bug- und Heckladetüren, einen vergrößerten Frachtraum sowie eine leichtere Tragfläche. BEA gab ihre drei Maschinen der Serie 102 in Zahlung und erwarb fünf neue Argosies Series 222. Die Flugzeuge gingen im Februar 1965 in Dienst, wurden jedoch als wenig erfolgreich bewertet und daher schon im April 1970 wieder ausgemustert.
Über die Jahre hinweg wechselten viele der insgesamt 73 gebauten Argosies mehrmals den Besitzer, der markante Frachter wurde außer in Großbritannien und den USA auch in Australien, Gabun, Irland, Kanada, Neuseeland, auf den Philippinen sowie in Zaire (heute Demokratische Republik Kongo) eingesetzt. Air Bridge Carriers, Elan International, IPEC Aviation und Safe Air zählten zu den letzten Betreibern der AW.650, weltweit der allerletzte kommerzielle Nutzer aber war Duncan Aviation aus Alaska, die noch im Herbst 1991 Argosies flog. Drei Maschinen dieser Gesellschaft blieben erhalten: Eine, der Prototyp der Argosy Series 100, gehört zur Sammlung des Yankee Air Museums in Detroit, eine ist auf dem Flugplatz Fox Field in Kalifornien abgestellt und die dritte befindet sich im Mid America Air Museum in Sioux City, Iowa. Diese vorher auf einem Flugplatz in Nebraska geparkte Argosy war 1999 in leichter handzuhabende Teile zerlegt als Außenlast unter einem CH-47 Chinook Schwerlasthubschrauber der U.S. Army in ihre neue Heimat transportiert worden. Auch in Großbritannien gibt es noch drei Argosies, je eine steht im Aerospace Museum Cosford, im East Midlands Aero Park und im Midland Air Museum auf dem Flughafen Coventry.

Daten (der Argosy Series 200)

Spannweite: 35,05 m
Länge: 26,44 m
Motoren: Vier 1.663 kW Rolls-Royce Dart 532/1 Propellerturbinen
Reisegeschwindigkeit: 435 km/h
Frachtzuladung: 14.095 kg, wahlweise 89 Passagiere

Ursprünglich von Riddle Airlines aus Miami betrieben flog diese Argosy 101 später bei der australischen BBA Cargo, in deren Farben sie im September 1974 auf ihrem Heimatflughafen Melbourne-Essendon fotografiert wurde. Beachtenswert sind die Wirbelgeneratoren hinter dem Cockpit, die zur Beeinflussung der Luftströmung entlang des Rumpfs dienen. (Sammlung Autor)

Zu den sechs erhalten gebliebenen Exemplaren gehört auch die Argosy 101 G-APRL, die zweite Maschine der ersten Serie, die sich seit 1987 in der Obhut des Midland Air Museums in Coventry befindet. Noch im Einsatz bei Elan International wurde "Edna" 1985 auf dem Flughafen Köln-Bonn abgelichtet. (Sammlung Autor)

Eine von drei Carvairs der Ansett war die VH-INK, die die australische Fluggesellschaft im November 1965 übernommen hatte. Dieses großartige Foto zeigt die "November Kilo" im März 1973 auf dem Flughafen Melbourne-Tullamarine. (Sammlung Autor)

AVIATION TRADERS ATL 98 CARVAIR

Aviation Traders (Engineering) Ltd.
Southend Airport, Essex
Großbritannien

In den fünfziger Jahren wurden die britischen Touristen zunehmend unternehmungslustiger, und so waren Luftverkehrsgesellschaften wie Silver City oder Channel Air Bridge bald damit beschäftigt, Reisende und ihre Autos mit einer Flotte "fliegender Autofähren" vom Typ Bristol Freighter (siehe S. 50) über den Ärmelkanal auf das europäische Festland und zurück zu transportieren. Als die Nachfrage nach diesen Diensten weiter stieg nahm Channel Air Bridges Schwesterunternehmen Aviation Traders 1959 die Entwicklung eines größeren Flugzeugs auf, das imstande sein sollte, mehr Passagiere und mehr Autos über eine größere Distanz zu Zielen im europäischen Binnenland zu befördern.

Um die wirtschaftlich inakzeptabel hoch erscheinenden Kosten für die Entwicklung und den Bau einer kleinen Serie eines komplett neu konstruierten Transportflugzeugs zu umgehen plante Aviation Traders die Maschine als Umbau auf Basis der verfügbaren und günstig zu erwerbenden Douglas DC-4/C-54 Skymaster (siehe S. 82). Nach der Untersuchung verschiedener Rumpfformen im Windkanal von Cranfield entstand in Southend zuerst ein Mock-up der neuen Bugsektion, dann begann man im Oktober 1960, eine C-54B der Air Charter entsprechend umzubauen: Der Vorderrumpf wurde in Höhe der Tragflächenvorderkante abgetrennt und durch einen neuen, 2,64 m längeren und nach Douglas-Standard gefertigten Vorderrumpf ersetzt. Um die Autos direkt in den durchgehenden Frachtraum fahren zu können versetzte man das Cockpit um 2,08 m nach oben, so daß es über dem Laderaum angeordnet war, und brachte für das Bugfahrwerk eine externe Verkleidung unter dem Rumpf an. Infolge der Vergrößerung der Seitenfläche erhielt die Maschine das größere Seitenleitwerk der DC-7, außerdem kamen die stärkeren Bremsen der DC-6 zum Einbau. Zur Verladung wurden die Autos mit einer Hebevorrichtung auf die Höhe des Kabinenbodens gehoben und dann über eine Rampe durch das hydraulisch seitwärts abzuklappende Bugtor in den Frachtraum gefahren. Ein Passagierabteil mit einer Bestuhlung von fünf Sitzen pro Reihe bot bis zu 25 Reisenden Platz, das Flugzeug ließ sich aber auch in eine reine Passagierkonfiguration mit 85 Sitzen umrüsten. Aus einem Wettbewerb für einen Namen für die neue Maschine ging "Carvair" als Sieger hervor, abgeleitet von "car via air".

Am 21. Juni 1961 absolvierte die Carvair in Southend ihren Erstflug, und innerhalb der nächsten sieben Jahre konnte Aviation Traders insgesamt 21 Einheiten an Aer Lingus, Ansett-ANA, Aviaco, British United Airways und Interocean verkaufen. British United Airways (BUA) war im Juli 1960 aus dem Zusammenschluß der Konzerne Airwork Ltd. und Hunting Clan Air Transport hervorgegangen und betrieb ihre Carvairs anfänglich in den Farben der Airwork-Tochtergesellschaft Channel Air Bridge. Harte Konkurrenz durch die Kanalfähren führte dazu, daß die Carvairs zunehmend im Frachtverkehr Verwendung fanden. Mitte der achtziger Jahre existierten noch rund sieben Exemplare, aber nur eine Hand voll stand bei Frachtgesellschaften wie Academy Airlines, Gifford Aviation oder Pacific Air Express im aktiven Dienst.

Im Jahr 2000 verblieben als letzte Carvair-Betreiber Custom Air Service aus dem US-Bundesstaat Georgia und die in Terrace, British Columbia beheimatete Hawkair Aviation Services, deren hervorragend gewartete und gepflegte Maschine zusammen mit einer Bristol Freighter (siehe S. 50) zur Versorgung einer abgelegenen Goldmine eingesetzt wurde. Abgestellte Carvairs waren zu dieser Zeit noch auf dem Flugplatz Wonderboom bei Pretoria in Südafrika und in der Demokratischen Republik Kongo anzutreffen.

Daten

Spannweite: 35,82 m
Länge: 31,27 m
Motoren: Vier 1.080 kW Pratt & Whitney R-2000 Twin Wasp Sternmotoren
Reisegeschwindigkeit: 334 km/h
Passagiere: 25 Passagiere und fünf Autos oder 85 Passagiere

Dieses Foto von British Air Ferries Carvair G-ASKN im Endanflug auf die Landebahn 06 des Flughafens Southend entstand im Mai 1976. Noch im selben Jahr wurde "Big Bill" nach Gabun verkauft. (Sammlung Autor)

Hawkair Aviation Services aus Terrace in der kanadischen Provinz British Columbia beschaffte im Mai 1997 für Frachtflüge zu einer Goldmine die Carvair C-GAAH. Nachdem das Bergwerk inzwischen geschlossen wurde droht dem seltenen Propliner nun der Verkauf oder die Stillegung. (Dario Cocco)

Die York G-AHFB "Star Stream" wurde 1946 an British South American Airways geliefert und flog später bei BOAC, Skyways und Arab Airlines. Auch dieser klassische Propliner fiel nach seiner Ausmusterung dem Schneidbrenner zum Opfer, er wurde 1963 in Luton verschrottet. (Sammlung Harry Holmes)

AVRO 685 YORK

A V Roe and Co Ltd.
Newton Heath, Manchester
Großbritannien

Mitte der dreißiger Jahre kombinierte Boeing die Tragflächen, das Fahrwerk sowie das Leitwerk der B-17 Flying Fortress mit einem neuen Rumpf und schuf so das Passagierflugzeug Model 307 Stratoliner (siehe S. 36). Ähnlich ging in Großbritannien einige Jahre später Avro vor: Aus den Flügeln, dem Fahrwerk und dem Leitwerk des schweren Bombers Lancaster und einem neu entworfenen Rumpf von rechteckigem Querschnitt entstand das Transport- und Passagierflugzeug York. Nachdem Avro die Genehmigung des Air Staffs zum Bau eines Prototyps erhalten hatte wurde die erste York innerhalb von sechs Monaten in Chadderton fertiggestellt und startete am 5. Juli 1942 zu ihrem Jungfernflug. Die RAF bestellte 200 Yorks, noch ohne sich auf ein Motorenmuster festzulegen, und wählte nach einer eingehenden Prüfung verschiedener Triebwerke dann den Rolls-Royce Merlin aus. Gewisse Stabilitätsprobleme, die während der ersten Testflüge in Boscombe Down aufgetreten waren konnten die Ingenieure durch das Hinzufügen einer mittleren Seitenflosse beseitigen. Die dritte Maschine verließ die Werkshallen in der Konfiguration als Passagierflugzeug. Anstelle der flüssigkeitsgekühlten Merlin Reihenmotoren besaß sie luftgekühlte Bristol Hercules Sternmotoren, wie es BOAC in vorausgegangenen Besprechungen gefordert hatte.
Im Frühjahr 1948 lieferte Avro die letzte von insgesamt 256 gebauten Yorks an die britischen Luftstreitkräfte aus. Verschiedene Versionen standen bei der RAF im Dienst, darunter auch einige weitgereiste VIP-Flugzeuge, die von Premierminister Winston Churchill, König George VI. und dem Earl Mountbatten genutzt wurden. Frühe kommerzielle Kunden für die York waren BOAC, Skyways Ltd., British South American Airways (BSAA) sowie FAMA aus Argentinien.
Bekanntheit erlangte die York durch ihre Teilnahme an der Operation Plainfare, dem britischen Teil der Berliner Luftbrücke: Auf zahllosen Flügen von Wunstorf nach Berlin-Gatow transportierten Maschinen der RAF und der Skyways wichtige Versorgungsgüter in die eingeschlossene Stadt, oft bestand die Fracht aus fast 7.500 kg staubiger Kohle. Dank der tiefen Lage des Rumpfs konnten die Flugzeuge meist in der kurzen Zeit von nur 40-45 Minuten entladen werden. Die Royal Air Force bot Yorks der No. 241 OCU (Operational Conversion Unit) sowie der Squadrons Nr. 24, 40, 51, 59, 99, 206, 242 und 511 auf, während Skyways Ltd. als einziger ziviler Betreiber dieses Modells bei der Luftbrücke drei Maschinen zum Einsatz brachte. Eine dieser Yorks flog als Frachter und Tanker für den Transport flüssiger Kraftstoffe 480 Missionen mit einer Gesamtflugdauer von 1.298 Stunden.
In den fünfziger und sechziger Jahren fand die York im kommerziellen Luftverkehr sowohl als Passagier- als auch Frachtflugzeug Verwendung, zu den zahlreichen Nutzern zählten Dan-Air Services, Hunting Clan Air Transport, Air Liban, Middle East Airlines, Trans Mediterranean Airways, Persian Air Services und Maritime Central Airways. Die RAF musterte ihre letzte York 1957 aus, und am 30. April 1964 führte die G-ANTK von Dan-Air London den allerletzten Flug einer York durch.
Mindestens zwei komplette Exemplare dieses für die britische Luftfahrtgeschichte bedeutenden Flugzeugs blieben erhalten: Die ehemalige Skyways York G-AGNV gehört heute zur Sammlung des Aerospace Museums Cosford und ist in RAF-Bemalung ausgestellt. Dan-Airs York G-ANTK, die für viele Jahre auf dem Flugplatz Lasham in Hampshire geparkt war und einer Pfadfindergruppe als Klubheim diente, wurde 1986 der Duxford Aviation Society übereignet und wird derzeit im Imperial War Museum auf dem Flugplatz Duxford einer gründlichen Restaurierung unterzogen. Diese anspruchsvolle Arbeit geht jedoch nur langsam voran, mit der Fertigstellung ist nicht vor dem Jahr 2006 zu rechnen. Außerdem gibt es in Kanada offenbar noch Wrackteile einer York, die noch immer dort liegen sollen, wo die Maschine in den fünfziger Jahren abgestürzt ist.

Daten

Spannweite: 31,09 m
Länge: 23,92 m
Motoren: Vier 1.215 kW Rolls-Royce Merlin 502 Kolbenmotoren
Reisegeschwindigkeit: 404 km/h
Passagiere: 12-65
Frachtzuladung: 14.307 kg

An einem nebligen Morgen im Februar 1964 wartet Skyways altehrwürdige York G-AGNV in London-Heathrow auf die nächsten Passagiere. Diese Maschine ist heute in den Farben der RAF im Aerospace Museum Cosford zu bewundern. (Sammlung Autor)

Im Jahr 1954 kaufte Dan-Air Services von der RAF die York C.1 MW232. Als G-ANTK zugelassen leistete das Flugzeug der Luftverkehrsgesellschaft über zehn Jahre lang treue Dienste, dann wurde es stillgelegt und auf dem Flugplatz Lasham abgestellt, wo es als Klubhaus für die Lasham Air Scouts fungierte. Zur Zeit wird diese York im Imperial War Museum Duxford als statisches Ausstellungsstück restauriert. (Autor)

G-ARAY, die zweite Avro 748 wurde als Maschine der Series 1 gebaut und 1961 auf den Standard der Series 2 gebracht. Dieses Foto aus dem April 1965 zeigt den von Leeward Islands Air Transport (LIAT) gemieteten Turboprop in Woodford kurz vor seinem Abflug in die Karibik. (Harry Holmes)

BAe 748 & HAL 748

British Aerospace, Woodford, Cheshire
Großbritannien und Hindustan Aeronautics Ltd.
Chakeri, Kanpur, Indien

In einer kurzzeitigen Lenkwaffeneuphorie verkündete die britische Regierung 1957, daß in Zukunft keine bemannten Militärflugzeuge mehr gebraucht werden würden. Infolge dieser Aussage beschloß die zu dieser Zeit stark in das Geschäft mit Militärflugzeugen involvierte Firma A V Roe and Co Ltd., sich wieder stärker dem Sektor der zivilen Luftfahrt zuzuwenden. Ihr Entwurf eines 20sitzigen Schulterdeckers mit zwei Rolls-Royce Darts fand jedoch keinen Anklang bei den Airlines, die einen wartungsfreundlichen Tiefdecker mit robustem Fahrwerk und einer Kabine ohne hinderlichen Flügelholm forderten. Avro griff diese Anregungen umgehend auf und entwickelte unter der Bezeichnung Avro 748 einen größeren Tiefdecker für 36 Passagiere. Der Prototyp der mit zwei 1.400 kW Dart Propellerturbinen ausgerüsteten Series 1 startete im Juni 1960 in Woodford zu seinem Erstflug. Beachtenswert ist, daß dieser Flug mit einer Dauer von 2h 41min der bis dahin längste Jungfernflug eines neuen Verkehrsflugzeugmodells war. Schon einen Monat vor dem Jungfernflug hatte die indische Regierung mit Avro einen Vertrag über die Lieferung von Komponenten der 748 und ihrer Montage durch die Hindustan Aeronautics Ltd. in Kanpur abgeschlossen. Die erste von insgesamt 89 in Indien fertiggestellten Maschinen flog im November 1961 erstmalig, die letzte wurde 1984 ausgeliefert. Alle HAL 748 gingen entweder an die indischen Streitkräfte oder an Indian Airlines. Als erste Gesellschaften stellten Skyways Coach Air und Aerolineas Argentinas die 748 im April 1962 in Dienst. Demonstrationstouren brachten zahlreiche Aufträge aus dem Ausland ein. In den Jahren 1963/64 legte das Vorführflugzeug fast 170.000 Kilometer in Europa, Afrika, Indien, dem Fernen Osten, der Karibik, Südamerika und Kanada zurück! In diese Zeit fiel aber auch die Übernahme von Avro durch Hawker Siddeley Aviation Ltd., was zu einer Änderung der Bezeichnung von Avro 748 in HS.748 führte.

Schon früh hatte die Entwicklung der leistungsstärkeren 748 Series 2 begonnen: 1961 modifizierte Avro den zweiten Prototyp der Series 1 zur ersten Maschine der Series 2, die mit stärkeren Dart Mk.531 Triebwerken ausgerüstet war und eine höhere Startmasse sowie eine größere Reichweite aufwies. Sechs Jahre später brachte Hawker Siddeley dann die von Dart 7 Mk.532 angetriebene HS.748 Series 2A heraus, Erstkunde dieser Ausführung wurde Avianca aus Kolumbien.

Die RAF, die einen neuen Kurz- und Mittelstreckentransporter suchte, hielt 1962 ein Vergleichsfliegen zwischen einer Handley Page Dart Herald (siehe S. 100) und dem zweiten Prototyp der 748 ab. Als Sieger ging die 748 hervor, und in der Folge erwarben die britischen Luftstreitkräfte 31 Einheiten einer stark modifizierten Version, der Avro 780, die eine verstärkte Zelle und zur einfachen Beladung ein Heckladetor sowie ein absenkbares Fahrwerk besaß. Die Auslieferung der von der RAF als Andover C.1 bezeichneten Flugzeuge begann 1965. Einige Exemplare wurden nach ihrer Ausmusterung an zivile Betreiber verkauft, insbesondere Gesellschaften aus Afrika zeigten Interesse an dem robusten Frachter. Den Namen Andover erhielten auch die anderen bei den britischen Streitkräften eingesetzten Militärvarianten der HS.748, einschließlich der beiden VIP-Maschinen des Queen`s Flights. Nach der Formierung von British Aerospace (BAe) durch die Zusammenlegung einer Reihe von Flugzeugfirmen Mitte der siebziger Jahre wurde die 748 als BAe 748 vermarktet. Als Series 2B erschien 1979 eine verbesserte Ausführung mit stärkeren Motoren, größerer Spannweite und einem überarbeiteten Leitwerk. Die letzte in Serie gebaute Variante war die Super 748, die im Juli 1984 zum ersten Mal flog und weitgehend der Series 2B entsprach, jedoch über ein modernisiertes Cockpit, eine neu gestaltete Kabineneinrichtung sowie leisere Triebwerke verfügte. Im Januar 1989 lieferte BAe schließlich die letzte 748 an Makung Airlines aus Taiwan aus. Heute stehen noch rund 100 Maschinen im aktiven Dienst, viele davon als Frachter. Großer Beliebtheit erfreut sich die 748, die im Lauf der Jahre den liebevollen Spitznamen "Budgie" (Wellensittich) erhalten hatte, unter kanadischen Airlines, die größte Flotte aber betreibt derzeit eine britische Gesellschaft, die Emerald Airways aus Liverpool.

Daten

Spannweite: 30,02 m (748 Series 2A); 31,23 m (Super 748)
Länge: 20,42 m (Series 2A & Super 748)
Motoren: Zwei 1.700 kW Rolls-Royce R.Da.7 Mk.534-2, Mk.535-2 oder Mk.552-2 Propellerturbinen
Reisegeschwindigkeit: 452 km/h
Passagiere: Maximal 58

Nur neun 748 konnten in die USA verkauft werden. Als ihre einzige BAe 748 Series 2B erwarb die in Carbondale ansässige Air Illinois die N749LL, die auf dem Auslieferungsflug im Dezember 1980 einen Zwischenstopp in London-Gatwick einlegte. Heute steht dieses Flugzeug bei Executive Aerospace in Südafrika im Einsatz. (Autor)

Ein neuer HS.748-Betreiber in Europa ist West Air Sweden aus Göteborg. Zu ihrer Flotte von 11 "Budgies" gehört auch die 748 Series 2A SE-LIA, die ursprünglich bei der in Dinard beheimateten Rosseau Aviation flog. (Avimage)

LANICA (Lineas Aereas de Nicaragua) besaß vier BAC 1-11. Im Jahr 1967 nach Managua geliefert kehrte die AN-BBI, eine One-Eleven Series 412, im Juni 1972 für Wartungsarbeiten auf den Flughafen Hurn zurück. (Sammlung Autor)

BAe (BAC) ONE-ELEVEN

British Aerospace (BAe), Woodford, Cheshire, Großbritannien
Romaero, Bukarest, Rumänien

Nach zahlreichen Verzögerungen und Änderungen der Konfiguration kristallisiert sich 1961 die endgültige Auslegung der BAC 1-11 heraus, deren Stammbaum bis zum Projekt Hunting H.107 aus dem Jahr 1956 zurückzuverfolgen ist. In ihrer definitiven Form mit einem aerodynamisch sauberen Flügel, zwei Rolls-Royce Spey Strahltriebwerken, einer APU im Heckkonus und einer Einstiegstreppe im Heck erregte die One-Eleven bald das Interesse verschiedener Fluggesellschaften. Erstkunde wurde British United Airways, die 10 Exemplare orderte, als Durchbruch aber galten die Aufträge aus den USA: Vom Reißbrett weg bestellten Braniff International Airways, American Airlines, Mohawk Airlines und Aloha Airlines eine größere Anzahl BAC 1-11. Am 10. August 1963 flog der Prototyp, eine von Rolls-Royce Spey 506 angetriebene Maschine der Series 200 erstmalig in Hurn, doch schon zwei Monate später verunglückte er auf einem Testflug. Als Unfallursache wurde ermittelt, daß der Jet in einen unkontrollierbaren Flugzustand geraten war, in einen Deep Stall, aus dem eine Rettung kaum möglich ist. Der Absturz führte zwar zu Verzögerungen im Fortgang des 1-11 Programms, durch Modifikationen an den Flügelvorderkanten und die Verwendung eines kraftunterstützten Höhenruders konnte man die auf die Konfiguration zurückgeführten Probleme jedoch beheben. Erwähnenswert ist, daß BAC die aus der Katastrophe gewonnenen Erkenntnisse über das Flugverhalten von Strahlflugzeugen mit gepfeilten Tragflächen, heckmontierten Triebwerken und T-Leitwerk an Douglas weitergab. Das amerikanische Unternehmen, das gerade die letzten Konstruktionsarbeiten für die DC-9 durchführte, sprach seinen Dank aus und änderte umgehend die Flügel und das Leitwerk seines Entwurfs. Die 1-11 der Serien 300 und 400 wiesen die gleichen Abmessungen wie die Series 200 auf, waren aber schwerer, schneller und mit dem Spey Mk.511 ausgerüstet. Im Januar 1967 bestellte BEA 18 Exemplare der 97sitzigen Series 500, welche speziell für den Einsatz auf dem europäischen Streckennetz dieser Gesellschaft entwickelt worden war: Der Rumpf wurde um 2,54 m vor und 1,57 m hinter den Tragflächen verlängert, die Spannweite um 1,52 m vergrößert, außerdem kamen ein verstärktes Fahrwerk und Spey Mk.512 zum Einbau. Letzte in Großbritannien produzierte Version der One-Eleven war die Series 475, die den kurzen Rumpf der Serien 200/300/400 mit den Tragflächen und den stärkeren Triebwerken der Series 500 kombinierte. Diese Variante war insbesondere für den Einsatz auf Flughäfen mit "Hot and high"-Bedingungen gedacht, es konnten jedoch nur 12 Einheiten verkauft werden, darunter ein Series 487GK(F) Frachter an die rumänische Tarom. Im Jahr 1981 übertrug BAe die gesamte One-Eleven-Fabrikation an Romaero aus Bukarest. Die erste in Rumänien gebaute ROMBAC 1-11 Series 560 flog im September 1982, alle neun fertiggestellten Exemplare gingen an Tarom. Infolge der Inkraftsetzung der Stage 2/Chapter 2-Lärmschutzbestimmungen wurden in den achtziger Jahren viele 1-11 mit Hushkits ausgerüstet, doch mit dem inkrafttreten der Stage 3/Chapter 3-Bestimmungen werden die meisten One-Eleven in den betroffenen Ländern wohl endgültig am Boden bleiben. Die größte Flotte in den neunziger Jahren unterhielt European Aviation aus Bournemouth, die als weltweit führend im Betrieb und in der Technik der One-Eleven gilt. In Zusammenarbeit mit Quiet Technologies entwickelte man ein Stage 3/Chapter 3-Hushkit und präsentierte es 1998 auf der Luftfahrtmesse von Farnborough. Weltweit stehen noch mehr als 100 BAe 1-11 im kommerziellen Einsatz. Heimat eines großen Teils aller aktiven One-Eleven ist heute Afrika, denn Länder wie Nigeria oder Südafrika verfügen über nicht so strenge Lärmschutzbestimmungen, eine kleine Anzahl fliegt aber auch in Indonesien und in Pakistan. Einige Maschinen finden in den USA als Executiveflugzeuge Verwendung, während in Europa Tarom und European Air Charter grössere Flotten betreiben. Ausgestellte Exemplare scheint es nur in Großbritannien zu geben, die Museen in Bournemouth, Brooklands, Cosford und Duxford besitzen jeweils eine One-Eleven.

Daten (der Series 500)

Spannweite: 28,50 m
Länge: 32,60 m
Motoren: Zwei 55,8 kN Rolls-Royce Spey 512DW Strahltriebwerke
Reisegeschwindigkeit: 851 km/h
Passagiere: Maximal 119

An einem sonnigen Tag im Juni 1997 rollt die BAC 1-11 Series 510ED G-AVMT zum South Pier des Flughafens London-Gatwick. Das Flugzeug gehört der European Aviation, war zu dieser Zeit aber an Air Bristol vermietet, die die One-Eleven wiederum an AB Shannon untervermietet hat. (Autor)

Eine größere Anzahl BAC 1-11 fliegt heute noch in Südafrika. Die mit Hushkits ausgerüstete One-Eleven Series 537GF ZS-NUI der Nationwide Airlines trägt auf diesem im Oktober 1998 entstandenen Foto die spektakuläre "Right Whale"-Sonderbemalung. (African Aviation Slide Service)

„The Flying Penthouse", der Stratoliner (N19904) des Fliegers, Unternehmers und Filmproduzenten Howard Hughes wurde 1964 in Fort Lauderdale fotografiert. Zum Hausboot umgebaut existiert der Rumpf dieses Flugzeugs noch heute in Florida. (Sammlung Jay Miller)

BOEING 307 STRATOLINER

Boeing Aircraft Company
Seattle, Washington
USA

Wenn Flugzeugfirmen in den dreißiger Jahren ihre neuesten Modelle präsentierten, konnten sie dank des schnellen Fortschreitens der Technik nicht selten auf neue, bahnbrechende Konstruktionsmerkmale verweisen, die die Zukunft des kommerziellen Luftverkehrs mitbestimmen sollten. Sei es das einziehbare Fahrwerk, die Enteisungsanlage oder die Bordtoilette, sie alle demonstrierten den Fortschritt in der technischen Entwicklung der Verkehrsflugzeuge. Das herausragende Merkmal der Boeing 307 war eine druckbelüftete Kabine.

Als weltweit erstes Passagierflugzeug besaß der 1940 in Dienst gestellte Stratoliner eine Druckkabine, die es erlaubte, „über dem Wetter" zu fliegen und den Reisenden so einen ruhigeren Flug garantierte. Trotz dieser bedeutsamen Errungenschaft war das Model 307 für Boeing finanziell aber kein Erfolg, nur 10 Exemplare konnten verkauft werden. Mitte der dreißiger Jahre entworfen basierte das Model 307 auf der B-17 Flying Fortress (Boeing Model 299) und verband die Tragflächen, die Motoren, das Fahrwerk und das Leitwerk dieses berühmten Langstreckenbombers mit einem neuen Rumpf von rundem Querschnitt. Vielen anderen Verkehrsflugzeugmustern jener Tage entsprechend ließ sich die Kabine des Stratoliners schnell von einer 33sitzigen Auslegung für Flüge bei Tag in eine Sleeper-Konfiguration mit 16 Schlafkojen und neun komfortablen Schlafsesseln für Nachtflüge umrüsten. Sowohl Pan American Airways als auch Transcontinental & Western Air (später TWA) zeigten großes Interesse an dem neuen Modell, und bald standen Festbestellungen sowie Optionen über insgesamt 29 Exemplare in Boeings Auftragsbuch. Ein großer Teil dieser Aufträge wurde allerdings später wieder storniert, so daß sich die amerikanischen Flugreisenden meist mit zuverlässigen, aber nicht so fortschrittlichen Typen wie der Douglas DC-3 (siehe S. 78) begnügen mußten. Die Auslieferung der 307 an die beiden Airlines begann 1940. Pan American bediente mit ihren in Miami stationierten Flugzeugen Strecken nach Brasilien, während die fünf Stratoliners der TWA auf der einträglichen Transkontinentalverbindung New York-Los Angeles zum Einsatz kamen. Außerdem erwarb Howard Hughes im Juli 1939 für einen geplanten, dann jedoch nicht verwirklichten Rekordflugversuch rund um die Welt eine Boeing 307 (N19904). Nachdem diese nur wenig geflogene Maschine in Florida durch einen Hurrikan stark beschädigt worden war ließ der letzte Besitzer den Rumpf zu einem luxuriösen Hausboot umbauen, in dessen Einrichtung zahlreiche Gegenstände der ursprünglichen Kabinenausstattung und des Flugdecks integriert wurden. TWA verkaufte ihre Flotte 1951 an die französische Aigle Azur. Vier Jahre später übernahm UAT diese Gesellschaft, die Stratoliner aber blieben in Indochina: 1964 standen ein paar Exemplare für Charterflüge ab Saigon und Hanoi im Dienst, und einige dieser Veteranen fanden sogar noch 1974 für die Beförderung von Verhandlungsdelegationen in Laos Verwendung. Neben dem "Howard Hughes-Hausboot" in Fort Lauderdale, Florida hat auch ein komplettes Model 307 bis heute überlebt: Dieser Stratoliner mit dem Kennzeichen N19903 war im Mai 1940 als "Clipper Flying Cloud" an Pan American Airways ausgeliefert worden und flog später in Südafrika. Von 1954 bis 1957 diente die Maschine im Corps d'Aviation d'Garde d'Haiti als persönliches Reiseflugzeug des haitianischen Staatsoberhaupts, danach kehrte sie in die USA zurück und wurde schließlich vom National Air and Space Museum (NASM) aus Washington, D.C. erworben. Als Leihgabe für viele Jahre im Pima Air and Space Museum in Tucson ausgestellt wurde der klassische Propliner dann auf Kosten von Boeing wieder flugfähig gemacht und im Mai 1994 zur weiteren Restaurierung von Arizona nach Seattle im US-Bundesstaat Washington überflogen, wo er sich gegenwärtig noch befindet. Nach der für 2003 geplanten Fertigstellung des neuen NASM-Ausstellungsgebäudes auf dem Dulles International Airport in Washington, D.C. wird der Stratoliner dort neben der Boeing 367-80, dem Vorgänger des Models 707 (siehe S. 40), einen Ehrenplatz einnehmen. Der "Clipper Flying Cloud" ist vermutlich das einzige noch vorhandene Model 307, auch wenn sich hartnäckig Gerüchte halten, daß irgendwo in Laos in einem Hangar abgestellt noch ein weiteres Exemplar existieren soll!

Daten

Spannweite: 32,69 m
Länge: 22,65 m
Motoren: Vier 820 kW Wright Cyclone GR-1820-G102 Sternmotoren (Model 307); vier 895 kW Wright Cyclone GR-1820-G666 Sternmotoren (Model SA307-B1)
Maximale Reisegeschwindigkeit: 355 km/h
Passagiere: Maximal 38

In den frühen siebziger Jahren erwarb Royal Air Lao diesen Stratoliner (XW-TFP), der vorher bei TWA und Aigle Azur flog. Schenkt man Gerüchten Glauben dann steht die Maschine heute vergessen in einem Hangar "irgendwo in Südostasien". (Sammlung Autor)

Nachdem er für einige Jahre als Leihgabe des National Air and Space Museums im Pima Air and Space Museum in Tucson ausgestellt war wurde dieser ehemalige Pan American Airways Stratoliner 1994 von Boeing wieder in flugfähigen Zustand gebracht, nach Seattle, Washington überführt und dort einer gründlichen Restaurierung unterzogen, die im Juni 2001 abgeschlossen werden konnte. (Bob Shane)

Um 1950 entstand diese beeindruckende Flugaufnahme von United Air Lines erstem Stratocruiser, der im September 1949 übernommenen Boeing 377-10-34 N31225. Schon 1954 wurde der "Mainliner Hawaii" als G-ANTX an BOAC verkauft. (Boeing Company Archives)

BOEING 377 STRATOCRUISER

Boeing Aircraft Company
Seattle, Washington
USA

Bereits in den finsteren Tagen des Zweiten Weltkriegs begann Boeing die Möglichkeit zu prüfen, aus dem Langstreckenbomber B-29 Superfortress ein Transportflugzeug abzuleiten. Dieses Vorhaben stieß bei der USAAF schnell auf Interesse, und im Januar 1943 bestellten die Luftstreitkräfte drei Prototypen. Wieder fand die Vorgehensweise Verwendung, nach der einige Jahre früher aus der B-17 das Verkehrsflugzeug Stratoliner entstanden war: Ein neu entworfener druckbelüfteter Rumpf wurde mit den Tragflächen, den Motoren, dem Leitwerk und dem Fahrwerk der B-29 kombiniert, was die für die Fertigstellung der Prototypen benötigte Zeit stark verkürzte. Das Resultat war das vom Militär als C-97 Stratofreighter bezeichnete Model 367, dessen geräumiger Rumpf einen "Double-bubble" (Doppelblasen)-Querschnitt aufwies. Großes Potential maß Boeing auch einem auf dem Stratofreighter basierenden Passagierflugzeug zu. Auf der Grundlage des Vorserienflugzeugs YC-97B entwickelte man den Stratocruiser, dessen Prototyp, Model 377-10-19 am 8. Juli 1947 zu seinem Jungfernflug abhob. Erstbesteller der 377 war Pan American Airways, die mit insgesamt 29 Exemplaren schließlich die größte Flotte aller Stratocruiser-Betreiber ihr eigen nannte. Aufträge erteilten außerdem American Overseas Airlines, BOAC, Northwest Orient Airlines und United Airlines. Trotz seines massigen Bugs und des dicken Rumpfs übertraf der Stratocruiser die Lockheed Constellation in Geschwindigkeit und Reichweite. Bei den Passagieren machte ihn nicht zuletzt seine luxuriöse Einrichtung beliebt: Pan American Airways stattete ihre Flugzeuge mit nur 61 komfortablen Sitzen aus, auf Nachtflügen standen 27 Schlafkojen und 25 Schlafsessel zur Verfügung. Eine Besonderheit stellte die Lounge/Cocktail Bar im hinteren Unterdeck dar, die man von der Hauptkabine über eine Wendeltreppe erreichte. Auf technischer Seite bereitete allerdings die Zuverlässigkeit der hochgezüchteten, mit Turboladern ausgerüsteten Wasp Major Sternmotoren erhebliche Probleme. Nach einer Reihe von Streckenerprobungsflügen übernahm Pan American Airways ihren ersten Stratocruiser am 1. April 1949 in den regulären Passagierdienst. Das Erscheinen der strahlgetriebenen Airliner D.H.106 Comet und Boeing 707 in den späten fünfziger Jahren brachte auch für den Stratocruiser das Ende des Einsatzes bei den großen Luftverkehrsgesellschaften mit sich. Ein paar Maschinen erwarb Aero Spacelines für ihr Guppy-Programm, die meisten 377 aber fanden ein zweites, weniger glamouröses Leben bei den israelischen Luftstreitkräften oder kleineren Unternehmen wie dem venezolanischen Frachtcarrier RANSA und der amerikanischen Transocean Air Lines, die bis zu acht Stratocruisers mit einer dichten Bestuhlung für 112 Passagieren betrieb. Leider hat kein einziges der 56 zwischen 1947 und 1949 gebauten Model 377 in seiner ursprünglichen Form überlebt: Der letzte Stratocruiser wurde 1984 in Tucson, Arizona verschrottet, nur der aus einer Pan American Airways 377-10-26 entstandene B377MG Mini Guppy ist im Tillamook Naval Air Station Museum in Oregon erhalten geblieben. Aufgrund der großen Ähnlichkeit der Modelle 367 und 377 im äußeren Aussehen wurde der Stratocruiser trotz der in der Einführung genannten Kriterien in das vorliegende Buch aufgenommen, und außerdem flogen auch mehrere von der USAF ausgemusterte Stratofreighters im Laufe der letzten Jahrzehnte als Frachter in zivilen Diensten. Von der in insgesamt 888 Einheiten produzierten Militärausführung Model 367 (C-97/KC-97 Transporter und Tankflugzeuge) existieren heute in Museen noch etliche Exemplare, und eine kleine Anzahl steht sogar noch als Wasserbomber oder Frachter im aktiven Einsatz. Beifall gespendet werden muß der Berlin Airlift Historical Foundation, die derzeit einen ehemaligen USAF Stratofreighter flugfähig restauriert. Die Vereinigung konnte 1997 eine C-97G (N117GA) erwerben und die "Deliverance" getaufte Maschine im Oktober 1998 von Moses Lake im US-Bundesstaat Washington auf die Heimatbasis des C-97-Spezialisten Hawkins & Powers Aviation in Greybull, Wyoming überführen, wo die Restaurierungsarbeiten fortgesetzt wurden.

Daten

Spannweite: 43,05 m
Länge: 33,63 m
Motoren: Vier 2.610 kW Pratt & Whitney R-4360 TSB3-G Wasp Major Sternmotoren
Reisegeschwindigkeit: 547 km/h
Passagiere: 61-112

Für Frachtdienste erwarb Aero Pacifico diesen 1989 auf einem Flugplatz in Mexiko fotografierten Stratofreighter, der nach seiner Heimatbasis den Namen "La Paz" trug. Das 1953 als KC-97G Tanker für die USAF gebaute Flugzeug war Ende der neunziger Jahre auf dem Flughafen von Tucson, Arizona abgestellt. (Pierre-Alain Petit)

Im Auftrag des Internationalen Roten Kreuzes führte die Schweizerische Balair Ende der sechziger Jahre mit einigen von der USAF erworbenen C-97G humanitäre Hilfsflüge in die vom Krieg zerrüttete und von einer Hungersnot heimgesuchte Republik Biafra durch. Einen dieser Stratofreighter, die HB-ILY kann man heute im Pima Air and Space Museum in Tucson, Arizona bewundern. (Autor)

Abgesehen von einer kurzen Vermietung an Air Madagascar stand diese 1960 von Air France als F-BHSK übernommene Boeing 707-328 bis zu ihrer Stillegung 1977 kontinuierlich im Dienst des französischen Nationalcarriers. Beachtenswert ist die frühe Form der Schubdüsen. (Brian Stainer)

BOEING 707

Boeing Commercial Airplane Group
PO Box 3707, Seattle, Washington 98124-2207
USA

Gemeinsamer Vorfahr der Boeing 707 und der KC-135 ist das auf eigenes Risiko der Firma gebaute Versuchsflugzeug Model 367-80, kurz Dash Eighty genannt, mit dem das Konzept sowohl eines Tanker/Transporters für das Militär als auch eines vierstrahligen Verkehrsflugzeugs erprobt und demonstriert werden sollte. Im Juli 1954 startete der Jet zu seinem Erstflug, und schon im folgenden August bestellte die USAF ein erstes Los von 29 Einheiten des auf der Dash Eighty basierenden Model 717 Tank- und Transportflugzeugs, welches die Bezeichnung KC-135A Stratotanker erhielt. Parallel zum Model 717 entwickelte Boeing aus dem 367-80 auch das Verkehrsflugzeug Model 707, das sich von seinem militärischen Bruder grundsätzlich durch die Abmessungen und den Querschnitt des Rumpfs unterscheidet. Noch vor dem Jungfernflug des Prototyps im Dezember 1957 erteilte Pan American Airways im Oktober 1955 als Erstkunde einen Auftrag über 20 Boeing 707, was den konkurrierenden Fluggesellschaften kaum eine andere Wahl ließ als ebenfalls den Sprung ins Jet-Zeitalter zu wagen und die 707 oder ihren Rivalen Douglas DC-8 (siehe S. 88) zu ordern. Die Zahl der Bestellungen stieg rasch an, die Boeing 707 galt in den sechziger Jahren als Symbol einer neuen Ära im Luftverkehr. Um die unterschiedlichen Anforderungen der verschiedenen Kunden erfüllen zu können offerierte Boeing mehrere Baureihen des Flugzeugs: Die ersten Baureihen waren die 707-120 und die in den Abmessungen identische, jedoch von leistungsstärkeren Pratt & Whitney JT4A angetriebene 707-220. Von der um 3,04 m kürzeren Langstreckenversion der 707-120 verließen nur sieben Exemplare die Montagehallen. Diese als 707-138 bezeichneten Maschinen gingen an die australische Qantas. Der für Kurz- und Mittelstrecken konzipierten Boeing 720, deren Rumpflänge annähernd der der 707-138 entsprach, ist ein eigenes Kapitel gewidmet (siehe S. 42). Als Langstreckenmodell mit längerem Rumpf erschien im Januar 1959 die 707-320 Intercontinental, sie wurde von Air France, Pan American Airways, Sabena und TWA geordert. Auf Wunsch der BOAC entwickelte Boeing unter der Bezeichnung 707-420 eine Version der Serie 320 mit Rolls-Royce Conway Triebwerken, die über ein 0,88 m höheres Seitenleitwerk und eine zusätzliche Flosse unter dem Hinterrumpf verfügte. Diese Verbesserungen erhielten in der Folge alle neugebauten 707, darüber hinaus ließen viele Betreiber ihre älteren 707 und 720 entsprechend nachrüsten. Größter Kunde für die Serie 420 war BOAC, Aufträge gingen aber auch von Air India, El Al, Lufthansa und Varig ein. Die höchsten Verkaufszahlen aller 707-Baureihen erzielten die mit den neuen und effizienteren Mantelstromtriebwerken von Pratt & Whitney ausgerüsteten Serien 320B und C. Kennzeichen dieser Modelle sind die neu gestalteten Triebwerksverkleidungen, die Nasenklappen an den Tragflächen sowie überarbeitete strömungsgünstigere Flügelspitzen. Im Januar 1962 brachte Boeing die Passagiervariante 707-320B heraus, knapp 13 Monate später hob die 707-320C zu ihrem ersten Flug ab, eine umrüstbare Passagier- und Frachtversion mit einem 2,31 m x 3,40 m messenden Ladetor im linken Vorderrumpf. Fast alle der rund 100 heute noch kommerziell genutzten Boeing 707 sind Maschinen der Serien 320B oder C. Um nach dem Inkrafttreten der nächsten Stufe der Lärmschutzbestimmungen im Jahr 2000 noch in den USA und Europa operieren zu dürfen mußten die Triebwerke dieser Flugzeuge mit Stage 3-Hushkits ausgestattet werden. Als Alternative bieten Omega Air und Tracor gemeinsam eine Umrüstung auf die geräuschärmeren JT8D Strahlturbinen an, die die Stage 3-Vorschriften erfüllen. Viele Boeing 707 werden allerdings auch weiterhin mit den lauten JT3D fliegen, sie finden ihr Auskommen im Mittleren Osten, in Afrika sowie in bestimmten Ländern Mittel- und Südamerikas, denn Lärmschutzmaßnahmen messen die meisten Staaten dieser Regionen bisher eher eine geringe Bedeutung bei. Erhaltene Boeing 707 kann man unter anderem in Brüssel, Cosford, Damaskus, Hamburg, Paris und Tucson bewundern, die Dash Eighty stiftete Boeing 1972 dem National Air and Space Museum (NASM).

Daten

Spannweite: 39,90 m (-120B); 44,42 m (-320B)
Länge: 44,07 m (-120B); 46,60 m (-320B)
Motoren: Vier 76,2 kN P&W JT3D-1 (-120B); vier 80kN P&W JT3D oder 84,4 kN P&W JT3D-7 Strahltriebwerke (-320B)
Maximale Reisegeschwindigkeit: 1.000 km/h (-120B); 974 km/h (-320B)
Passagiere: Maximal 179 (-120B); maximal 219 (-320B)
Frachtzuladung: 40.000 kg

Mitte der achtziger Jahre konnte man auch in Europa noch regelmäßig im Passagierverkehr eingesetzte 707 sehen. Das Motiv alleine ist schon schön, das Nachmittagslicht und der erhöhte Standpunkt des Fotografen auf einer Leiter aber machen diese 1984 in London-Gatwick entstandene Aufnahme der Worldwide Airlines Boeing 707-331B N8733 noch schöner. (Autor)

Zu den wenigen Gesellschaften, die Boeings klassischen Vierstrahler noch heute für Passagierdienste nutzen, gehört African Airlines International aus Nairobi. Die 164sitzige 707-330B 5Y-AXI flog früher bei Air Zimbabwe und besuchte im März 1998 den Flughafen Sharjah in den Vereinigten Arabischen Emiraten. (Autor)

Wie diese Aufnahme der Boeing 720-027 N7077 aus den späten sechziger Jahren zeigt war die frühe Farbgebung der Braniff International Airways bei weitem nicht so farbenfroh wie die spätere Flying Colors-Bemalung. (Sammlung Erik Bernhard)

BOEING 720

Boeing Commercial Airplane Group
PO Box 3707, Seattle, Washington 98124-2207
USA

Mit Blick auf die speziellen Anforderungen des amerikanischen Inlandsluftverkehrs entwickelte Boeing eine Kurz- und Mittelstreckenversion ihres erfolgreichen Modells 707 (siehe S. 40), die Boeing 720, die ursprünglich die Bezeichnung 707-020 trug. Fünf Monate nach dem offiziellen Programmstart im Juli 1957 ging ein erster Auftrag ein, United Airlines bestellte 11 Boeing 720-022 fest und nahm Optionen auf weitere 18 Maschinen.

Der Rumpf der 720 basierte auf der kurzen, für Qantas gebauten 707-138 und war im Vergleich zur Standardserie 707-120 um 2,36 m kürzer. Das Höhenleitwerk entsprach anfangs dem der frühen 707-Varianten, wurde in der Serienausführung dann aber um 0,96 m vergrößert. Die über die gesamte Spannweite verlaufenden Nasenklappen ermöglichten es der 720, auch auf Flughäfen mit kurzen Pisten zu starten und zu landen. Dank einer geringeren Treibstoffkapazität, einem überarbeiteten Flügelprofil, einer verstärkten Pfeilung der inneren Tragflächen, einer leichteren Flügelstruktur und der Verwendung der schwächeren, jedoch bedeutend leichteren Pratt & Whitney JT3C-7 Strahlturbinen besaß die 720 hervorragende Flugleistungen und erreichte eine höhere Geschwindigkeit als die Intercontinental-Version der Boeing 707: Mit einer im Vergleich zur 707 um Mach 0,02 größeren Reisegeschwindigkeit von Mach 0,90 konnte sie sogar den schnellen Convair-Jets (siehe S. 62 und 64) Konkurrenz machen. Trotz aller Unterschiede bestand aber ein hoher Grad an Konformität zwischen der 707 und der 720, der in einer gemischten Flotte aus beiden Modellen die Kosten für die Ersatzteilhaltung und die Ausbildung von Besatzungen zu mindern half.

Am 23. November 1959 startete der Prototyp in Renton zu seinem Jungfernflug. Nach einem umfangreichen Erprobungsprogramm mit drei Flugzeugen erhielt das Muster im Juni 1960 seine Zulassung, und am 5. Juli 1960 stellte United Airlines die erste Boeing 720 auf der Strecke Chicago-Denver-Los Angeles in Dienst. Zu den frühen Betreibern zählten ferner die irische Aerlinte Eireann, American Airlines, Braniff International Airways, Eastern Airlines und Pacific Northern Airlines.

Mit dem neu erschienenen leistungsfähigeren Pratt & Whitney JT3D Mantelstromtriebwerk ausgerüstet war die Version 720B, die im Oktober 1960 zum ersten Mal flog. American Airlines, Avianca, Continental, El Al, Ethiopian Airlines, Lufthansa, Northwest Orient, Pakistan International Airlines, Saudia, TWA sowie Western Airlines erteilten Aufträge für diese Variante, außerdem wurde eine Reihe von Maschinen der Serie 720 mit dem stärkeren und wirtschaftlicheren JT3D remotorisiert. 1967 lief die Produktion des Vierstrahlers nach der Fertigstellung von 65 Boeing 720 und 89 Einheiten der Baureihe 720B aus, das letzte Flugzeug übernahm Western Airlines im September 1967. Die letzte Gesellschaft, die die Boeing 720 einsetzte, war vermutlich die libanesische MEA, zu deren Flotte noch 1994 zwei 720-023B gehörten. Soweit bekannt blieben 13 Boeing 720/720B bis heute erhalten, von denen einige noch aktiv sind: Eine 720-047B, die früher bei Western Airlines flog, wird seit 1978 von Scheich Kamal Adham aus Saudi Arabien als Privatflugzeug genutzt. Pratt & Whitney ließ vor kurzem eine ehemalige MEA Boeing 720-023B zum fliegenden Triebwerksprüfstand modifizieren, während ihre Tochtergesellschaft Pratt & Whitney Canada schon seit über 15 Jahren eine in Montreal stationierte Boeing 720-023B als Testträger für neue Motoren einsetzt. Darüber hinaus gehört dem Triebwerkshersteller noch eine weitere Maschine, die auf dem Flugplatz Mojave, Kalifornien abgestellt in Reserve gehalten wird und als Ersatzteilspender fungiert. Auch Garrett Turbines verwendet eine in Phoenix, Arizona beheimatete Boeing 720-051B als Motorenprüfstand, und das amerikanische Unternehmen Raytheon betreibt ein Exemplar für staatliche Forschungs- und Erprobungsaufträge. Ein paar 720 fristen ihr Dasein als Kabinentrainer für Flugbegleiter oder als Zellen für die Ausbildung von Technikern, wogegen eine frühere MEA-Maschine Mitte der neunziger Jahre in der libanesischen Hauptstadt Beirut als Restaurant diente. Ausgestellte Boeing 720 kann man in Kolumbien, Pakistan, Südkorea sowie in Taiwan finden.

Daten

Spannweite: 39,88 m
Länge: 41,68 m
Motoren: Vier 54,3 kN oder 57,8 kN P&W JT3C-7 oder -12 Strahltriebwerke (720); vier 75,6 kN P&W JT3D-1 Strahltriebwerke (720B)
Reisegeschwindigkeit: 896 km/h
Passagiere: 131 (720); 156 (720B)

Cyprus Airways Boeing 720-051B G-AZFB wurde im November 1977 im Anflug auf die Landebahn 28L des Flughafens London-Heathrow fotografiert. Das Flugzeug war von der britischen Monarch Airlines gemietet, die eine Flotte von insgesamt fünf Boeing 720-051 und zwei 720-023B besaß. (Autor)

Die 1961 gebaute ehemalige MEA Boeing 720-023B C-FETB dient Pratt & Whitney Canada als fliegender Prüfstand für neue Triebwerke. Auf diesem Foto ist im Bug eine PW 150 Propellerturbine installiert, wie sie unter anderem in dem zweimotorigen Verkehrsflugzeug de Havilland Canada Dash 8 Verwendung findet. Über das graue Feld am Rumpfrücken wird die von den getesteten Triebwerken erzeugte elektrische Energie abgeleitet. (Pratt & Whitney Canada)

Nur eine Woche nach ihrer Indienststellung im April 1969 entstand diese Aufnahme der Western Airlines Boeing 737-247 N4525W. Später flog diese Maschine bei Frontier Airlines und Continental Airlines. (Sammlung Autor)

BOEING 737-100/200

Boeing Commercial Airplane Group
PO Box 3707, Seattle, Washington 98124-2207
USA

Der Programmstart für den Bau von Boeings Kurzstreckenjet 737 erfolgte im November 1964. Sahen die ersten Konzeptionen noch ein Flugzeug mit einem knapp 26 m langen Rumpf und einer Kapazität von 60-86 Passagieren vor, so wurde der Entwurf auf Drängen der Lufthansa schließlich soweit vergrößert, daß er Platz für über 100 Fluggäste bot. Diese Konfiguration erfüllte die Vorgaben des westdeutschen Nationalcarriers, der schon früh Interesse an dem neuen Muster gezeigt hatte, und im Februar 1965 bestellte die Lufthansa als Erstkunde 21 Boeing 737-130. Zwei Monate später erteilte United Airlines einen Auftrag über 40 Maschinen einer um 1,93 m verlängerten Version, der 737 Series 200 und nahm Optionen auf weitere 30 Exemplare. Um Entwicklungs- und Fertigungskosten zu sparen und eine für die Fluggesellschaften ökonomisch vorteilhafte Konformität zu erzielen fanden in der 737 viele Baugruppen und Systeme der früheren Boeing-Jetliner Verwendung, insbesondere der 727. Dazu gehörten die Einstiegstüren, die Inneneinrichtung der Kabine und die Triebwerke, außerdem weisen beide Modelle den gleichen Rumpfquerschnitt auf. Im April 1967 hob der 737-100 Prototyp von Boeing Field in Seattle zu seinem Erstflug ab. Die 737-Familie zählt zwar zu den Bestsellern unter den Strahlverkehrsflugzeugen, von der kurzen Series 100 konnte im Vergleich zur 737-200 jedoch nur eine geringe Stückzahl abgesetzt werden: Lediglich 30 Einheiten lieferte Boeing an Lufthansa, Malaysia-Singapore Airlines und Avianca. Einer der letzten Betreiber der 737-100 ist Aero Continente aus Peru, die 2001 noch eine ehemalige Lufthansa 737-130 einsetzte. Die erste von 248 gebauten Boeing 737-200 startete im August 1967 zum Jungfernflug. Sowohl die Series 100 als auch die Series 200 erhielten im folgenden Dezember ihre FAA-Zulassung, und im April 1968 ging die 737-200 bei United Airlines in den Liniendienst. Zwei Jahre später verlegte Boeing die gesamte 737-Produktion nach Renton, Washington. Mehr als 100 Maschinen der Series 200 wurden als -200C (Convertible) oder -200QC (Quick Change) fertiggestellt, sie verfügen über ein 2,18 m x 3,40 m großes Frachttor in der linken Rumpfseite und einen verstärkten Kabinenboden. Angaben von Boeing zufolge benötigt eine geübte Mannschaft 57 Minuten, um die -200C von der Passagier- in die Frachtkonfiguration umzurüsten, und die auf Paletten montierten Sitzreihen der -200QC können in nur 11 Minuten ausgebaut werden! Im Jahr 1971 löste die Baureihe 737-200 Advanced die -200 auf den Fertigungsstraßen ab. Merkmale dieser überarbeiteten Version sind neben strukturellen und aerodynamischen Verbesserungen sowie neuen Bremsen längere Triebwerksgondeln und eine effizientere Schubumkehrvorrichtung. Nicht weniger als 865 Einheiten der 737-200 Advanced konnte Boeing an Kunden in aller Welt verkaufen. Als im August 1988 mit einer für die CAAC bestimmten 737-25C Advanced die letzte Maschine dieser Generation ausgeliefert wurde flog das von CFM56 Turbofans angetriebene Nachfolgemodell 737-300 bereits seit vier Jahren, und nachdem weitere Aufträge für die -200 Advanced ausblieben stellte man die Produktion dieser letzten mit JT8D Strahlturbinen ausgerüsteten Variante 1988 ein. Trotz der Verkaufserfolge der 737 neuerer Generationen stehen noch immer etwa 130 Maschinen der Ausführungen 200, 200C und 200QC sowie über 750 Boeing 737-200 Advanced im Dienst. Viele dieser Flugzeuge wurden mit Hushkits ausgestattet. Zu den Fluggesellschaften, die noch größere Stückzahlen der 200-Serien von Boeings "Baby Jet" fliegen, zählen Air France, Air New Zealand, Air Canada, Olympic Airways, Saudi Arabian Airlines sowie Varig, die größten Flotten von 737 mit JT8D aber betreiben derzeit Delta Airlines und US Airways. Selbst ältere 737 in gutem Zustand finden nach wie vor Käufer, einige der neuen Luftverkehrsunternehmen aus der FSU zogen 30 Jahre alte 737-200 sogar jüngeren Maschinen von Tupolew vor. Inzwischen werden aber auch immer mehr frühe 737 stillgelegt, für Ersatzteile ausgeschlachtet und verschrottet. Überraschenderweise gelangte bisher nur ein einziges ziviles Exemplar in ein Museum: Der Prototyp der Series 100, eine 737-130, die ursprünglich das Kennzeichen N73700 trug, ist heute Teil der Sammlung des Museums of Flight aus Seattle, Washington.

Daten

Spannweite: 28,35 m
Länge: 28,65 m (737-100); 30,48 m (737-200)
Motoren: Zwei 62,7 kN bis 77,4 kN Pratt & Whitney JT8D Strahltriebwerke
Reisegeschwindigkeit: 917 km/h
Passagiere: Maximal 115 (737-100); maximal 130 (737-200 und -200 Advanced)

Dieses Foto der Boeing 737-219 ZK-NAR wurde auf dem Auslieferungsflug an Air New Zealand im Oktober 1978 aufgenommen. Nach seiner Ausmusterung im Jahr 1994 verkaufte die in Auckland beheimatete Gesellschaft das Flugzeug an TACA aus El Salvador. (Sammlung Autor)

Heftige Diskussionen rief British Airways mit der Vorstellung ihres neuen Erscheinungsbilds im Juni 1997 im traditionsbewußten Großbritannien hervor. Man mag an der World Images-Farbgebung Gefallen finden oder nicht, zumindest brachten die verschiedenen Leitwerksbemalungen ein wenig Abwechslung in die heute weitgehend von der Farbe Weiß dominierten Anstriche. Die 1998 in London-Gatwick abgelichtete 737-236 Advanced G-BGDE präsentiert das von der deutschen Künstlerin Antje Brüggemann im Stil des Bauhauses gestaltete Motiv Sterntaler. (Autor)

Welch ein Unterschied zur früheren Bemalung der Braniff International Airways! Dieses aufsehenerregende Farbschema trugen alle Maschinen der kleinen Flotte von Jumbos, die Braniff ab 1971 übernahm und zu der auch die im Januar 1971 ausgelieferte Boeing 747-127 N601BN gehörte. Es überrascht kaum, daß die Flugzeuge bald als "Big Orange" bekannt waren. (Sammlung Autor)

BOEING 747-100/200

Boeing Commercial Airplane Group
PO Box 3707, Seattle, Washington 98124-2207
USA

Am Anfang der Geschichte der 747 standen Forderungen der Luftverkehrsgesellschaften nach Flugzeugen mit immer größerer Passagierkapazität und ein von der USAF Mitte der sechziger Jahre ausgeschriebener Wettbewerb für einen schweren Langstreckentransporter, an dem sich Boeing, Douglas und Lockheed beteiligten. Den Militärkontrakt gewann Lockheed mit der C-5A Galaxy, woraufhin Boeing die Entscheidung traf, den abgelehnten Entwurf als Basis für die Entwicklung eines Verkehrsflugzeugs zu nutzen. Der ursprüngliche Entwurf wurde mehrmals verändert, bis er letzten Endes einer stark vergrößerten 707 ähnelte, der Rumpf verfügte nun über ein einzelnes Passagierdeck, das zwei Gänge und bis zu zehn Sitze pro Reihe aufwies. Einmalig unter den strahlgetriebenen Verkehrsflugzeugen war das ähnlich der Carvair auf einem eigenen Deck über der Hauptkabine positionierte Cockpit, an das sich eine kleine, über eine Wendeltreppe zu erreichende Lounge anschloß. Als Erstkunde unterzeichnete Pan American Airways im Dezember 1965 eine Absichtserklärung über den Kauf von 25 Boeing 747. Bis zum September 1966 wuchs der Auftragsbestand auf 56 Exemplare für sieben Airlines an, und als der Prototyp am 9. Februar 1969 zu seinem Erstflug startete hatten bereits 27 Gesellschaften insgesamt 160 Einheiten bestellt. Nach der Erteilung der FAA-Zulassung im Dezember 1969 eröffnete Pan Am im folgenden Januar auf der prestigeträchtigen Transatlantikroute New York-London den Passagierverkehr mit dem Jumbo Jet. Als 747B offerierte Boeing schon Ende 1967 eine Version mit größerer Treibstoffkapazität, deren höhere Startmasse eine Verstärkung des Fahrwerks erforderlich machte. Diese Baureihe erhielt später die Bezeichnung 747-200, die Basisausführung wurde 747-100 benannt. Während die Serie 100 nur mit Pratt & Whitney Triebwerken lieferbar war bot man die folgenden Modelle auch mit Rolls-Royce RB.211 oder General Electric CF6 an. Seit Beginn des Jumbo-Programms vorhandene Pläne für eine Frachtversion verwirklichte Boeing 1971 mit der 747-200F (Freighter), deren Erstkunde Lufthansa wurde. Zur einfachen Beladung besaß diese Vollfrachtvariante einen nach oben aufklappbaren Rumpfbug. Im März 1973 kam dann die mit Kabinenfenstern, aber auch dem verstärkten Rumpfboden und dem Bugladetor der -200F ausgestattete 747-200C (Convertible) auf den Markt. Eine Passagier/Fracht-Kombiversion mit einer großen seitlichen Ladetür im linken Hinterrumpf vervollständigte schließlich das Angebot. Nachdem 1974 die beiden 747-129 der Sabena zu Kombis modifiziert worden waren konnte Boeing im selben Jahr mit einem für Air Canada bestimmten Flugzeug auch die erste neu gebaute 747-200B Combi ausliefern. Speziell für den japanischen Inlandsmarkt erschien 1973 die 747SR (Short Range), eine Ausführung mit dichter Bestuhlung für Kurzstrecken. Diese Jumbo Jets bieten bis zu 533 Passagieren Platz, Japan Air Lines 747-146 (SR/SUD) mit verlängertem Oberdeck verfügen sogar über 563 Sitze! Einige Exemplare der SR-Variante leisten All Nippon Airways und JAL noch immer gute Dienste auf stark frequentierten Verbindungen zwischen den großen Ballungszentren Japans. Obwohl die 747 der ersten Generation zunehmend teurer im Unterhalt werden und etliche Maschinen daher schon ausgemustert, für Ersatzteile ausgeschlachtet und verschrottet wurden stehen mehr als 30 Jahre nach dem Erstflug des Prototyps noch über 100 Einheiten der Serie 100 und rund 350 der Serie 200 im aktiven Einsatz, außerdem wartet auf verschiedenen Flugplätzen geparkt eine Reihe stillgelegter 747 auf ihr weiteres Schicksal. Die größten Flotten von 747-100 betreiben heute All Nippon Airways sowie UPS, und die in weitaus höheren Stückzahlen produzierte 747-200 fliegt noch bei einer großen Zahl von Gesellschaften aus aller Welt. Auffallend ist, daß bisher nicht eine einzige 747 dieser Baureihen in die FSU verkauft werden konnte. In Anbetracht der Größe und des Schrottwerts verwundert es kaum, daß sich gegenwärtig nur zwei Jumbo Jets im Besitz von Museen befinden: Der Prototyp, die 747-121 N74701, ging an das Museum of Flight in Seattle, Washington, und eine 747-128 wurde im Frühjahr 2000 von Air France an das Musée de l'Air in Paris-Le Bourget übergeben.

Daten (der 747-100)

Spannweite: 59,64 m
Länge: 70,66 m
Motoren: Vier 207 kN GE CF6-45A2 oder 208,9 kN P&W JT9D-7A oder 213,5 kN P&W JT9D-7F Strahltriebwerke
Maximale Reisegeschwindigkeit: 965 km/h
Passagiere: Maximal 563

Vor einem dramatischen Himmel wurde die Boeing 747-281B JA8190 der All Nippon Airways im Jahr 1989 auf dem Flughafen London-Gatwick aufgenommen. Der kleine Aufkleber am Bug wirbt für die 1990 in Japan abgehaltene Weltausstellung Expo. (Autor)

Viele Großraumjets, Airbus A300/A310, DC-10/MD-11, Lockheed TriStars und auch Boeing 747 finden nach ihrer Ausmusterung aus dem Passagierdienst eine neue Verwendung im Frachtgeschäft. Vor ihrer Umrüstung zum Frachter Mitte der neunziger Jahre flog die im Mai 1998 in Ontario, Kalifornien fotografierte Boeing 747-212B(F) N520UP bei Singapore Airlines. (Autor)

Ab 1965 setzte Air France die Breguet Br 763 Universel regelmäßig auf der Strecke zwischen Paris und London ein. Dieses klassische Porträt der F-BASV entstand im März 1967 auf der südlichen Ramp des Flughafens Heathrow. (Brian Stainer)

BREGUET Br 761, 763 & 765

Société Anonyme des Ateliers d`Aviation Louis Breguet, Toulouse, Frankreich

Die Breguet Br 761 Deux Ponts (zwei Decks) war das erste Modell einer Familie von Passagier- und Frachtflugzeugen für Kurz- und Mittelstrecken, deren Entwicklung 1944 begann und zu der auch die Br 763 sowie die Br 765 zählen. Der mit vier von SNECMA gefertigten, jeweils 1.178 kW leistenden Gnome-Rhône 14R Sternmotoren ausgerüstete Prototyp der Br 761 wurde in Villacoublay bei Paris gebaut und hob am 1. Februar 1949 zu seinem Jungfernflug ab. Obwohl das Erprobungsprogramm zufriedenstellend verlief erteilte der anvisierte Hauptkunde Air France keine Bestellung, und so verließen 1950/51 nur drei Br 761S (Série) die Werkshallen. Vom Prototyp unterschied sich die Serienausführung hauptsächlich durch eine zusätzliche mittlere Seitenflosse, überarbeitete Flügelspitzen und die Verwendung von 1.506 kW starken Pratt & Whitney R-2800-B31 Sternmotoren. Eine 761S (F-BASL) konnte Breguet im Februar 1952 für mehrere Monate an Air Algérie vermieten, und von Juli bis September 1953 stand das selbe Flugzeug bei der britischen Silver City Airways Ltd. im Einsatz: Die in Berlin stationierte Deux Ponts löste auf der Frachtverbindung nach Hamburg zeitweise die Bristol 170 Freighter ab und führte innerhalb der drei Monate 127 Flüge in die Hansestadt durch.

Air France begann nun doch Interesse an dem Entwurf zu zeigen und bestellte schließlich zwölf Exemplare der verbesserten Br 763 Provence, die im Juli 1951 erstmalig flog. Diese Baureihe besaß Tragflächen mit verstärkter Struktur und größerer Spannweite sowie ein umgestaltetes Flugdeck mit einer von vier auf drei Mann verkleinerten Besatzung. Im August 1952 lieferte Breguet die erste 763 aus, sieben Monate später ging sie auf der Strecke Lyon-Algiers in den Liniendienst. Sechs Provence verließen 1964 die Flotte von Air France und wurden an die Armée de l`Air überstellt, die sie bis 1972 für Transportaufgaben im Rahmen des Kernwaffenforschungsprogamms in Französisch-Polynesien verwendete. Die übrigen sechs Br 763 ließ der französische Nationalcarrier 1964/65 zu Mehrzweckflugzeugen für die Beförderung von Passagieren, Fracht oder Autos modifizieren und gab ihnen den neuen Namen Universel. Ein Grund für den Umbau war, daß man Maschinen für den Transport der für die Concorde bestimmten Bristol Siddeley Olympus Triebwerke von Großbritannien nach Frankreich benötigte. In der doppelstöckigen Kabine wurden eine Winde und ein Aufzug installiert, mit deren Hilfe schwere Frachtstücke auf das obere Deck befördert werden konnten. Maximale Nutzlast des Flugzeugs waren 13.159 kg, eine typische Ladung bestand aus 20-29 Passagieren im vorderen Bereich des Oberdecks und Fracht oder 12 kleinen Autos. Mit der Außerdienststellung der letzten Universel durch Air France ging die Ära dieses Propliners im kommerziellen Luftverkehr im Juni 1971 endgültig zu Ende.

Als drittes Modell erschien der Militärtransporter Br 765 Sahara, der am 6. Juli 1958 seinen Erstflug absolvierte. Diese Variante verfügte über große Heckladetüren und abnehmbare Zusatztanks an den Flügelspitzen zur Steigerung der Reichweite. Bis zu 146 voll ausgerüstete Soldaten oder 85 Verwundete auf Tragbahren, ein 15 Tonnen schwerer AMX Kampfpanzer, eine Batterie 105 mm Feldgeschütze oder 17 Tonnen Fracht fanden in dem geräumigen Laderaum Platz. Nur vier Sahara wurden fertiggestellt, sie flogen von 1959 bis 1969 bei der Escadron de Transport 2/64 Maine der französischen Luftstreitkräfte.

Vermutlich drei Exemplare dieser Flugzeug-Familie sind in Frankreich erhalten geblieben: Der Aero Club im 40 Kilometer östlich von Paris gelegenen Fontenay-Tresigny nennt eine ehemalige Air France Br 763 sein eigen, während der Aero Club von Evreux eine Br 765 (No. 501) in schlechtem Zustand besitzen soll. Eine zweite Sahara (No. 504) wird derzeit von der Vereinigung Ailes Anciennes auf dem Flughafen Toulouse-Blagnac als statisches Ausstellungsstück in Air France-Farben restauriert. Die seit 1969 in Evreux in der Normandie abgestellte Maschine mit dem Namen „Brigitte" war 1985 zerlegt und innerhalb der folgenden zwei Jahre Stück für Stück auf dem Landweg ins südfranzösische Toulouse gebracht worden.

Daten (der Breguet Br 763)

Spannweite: 42,99 m
Länge: 29,94 m
Motoren: Vier 1.790 kW Pratt & Whitney R-2800-CA18 Sternmotoren
Reisegeschwindigkeit: 351 km/h
Passagiere: 59 auf dem Oberdeck und 48 auf dem Unterdeck oder 135 in dichter Bestuhlung
Frachtzuladung: 12.228 kg

Im Endanflug auf die Landebahn 28R des Flughafens London-Heathrow konnte die Air France Breguet 763 F-BASQ im Mai 1968 auf Film gebannt werden. Wie der Autor feststellen mußte sind Flugaufnahmen dieses seltenen Typs in Farbe nur sehr schwer aufzutreiben! (Frank Tyler)

Die Provence ist kein sonderlich elegantes Flugzeug, die Betonsäulen und falsche Propeller aber lassen dieses Exemplar noch massiger erscheinen. Im Juli 1953 als F-BASS ausgeliefert hatte Air France die Breguet 763 mit der Werknummer 6 im Juni 1964 an die Armée de l'Air abgegeben, heute findet sie in Fontenay-Tresigny als Bar/Restaurant Verwendung. (Peter Marson)

Aer Turas Irelands "Biffo" EI-APM wurde auf einer Parkposition im südlichen Bereich des Flughafens London-Heathrow fotografiert, vier Monate vor seinem Absturz bei Dublin im Juni 1967. (Sammlung Autor)

BRISTOL 170 FREIGHTER, WAYFARER & SUPERFREIGHTER

Bristol Aeroplane Co Ltd.
Filton, Bristol
Großbritannien

Unter der Modellbezeichnung Type 170 arbeitete die Bristol Aeroplane Company im Zweiten Weltkrieg an der Entwicklung eines robusten Transporters mit zwei Bristol Perseus Motoren, einem stabilen starren Fahrwerk und großen Ladetüren im Bug. Besonderen Wert legte man auf die Einfachheit der Konstruktion, um den erforderlichen Wartungsaufwand und damit die Betriebskosten möglichst niedrig zu halten und um das Flugzeug zu einem günstigen Preis offerieren zu können. Die Royal Air Force zeigte schon frühzeitig Interesse an dem Projekt, forderte jedoch, den Entwurf soweit zu vergrößern, daß er einen drei-Tonnen-Lastwagen aufnehmen kann. Mit dem Ende des Kriegs mußten die Luftstreitkräfte dieses Beschaffungsvorhaben streichen, Bristol aber baute auch ohne einen Auftrag des Militärs zwei Prototypen.

Im Dezember 1945 hob die erste Maschine auf dem Flugplatz Filton zu ihrem Jungfernflug ab, ein erfolgreiches Erprobungsprogramm folgte. Anfänglich bot Bristol den Type 170 in zwei verschiedenen Ausführungen auf dem Zivil- und Militärmarkt an, als Series I Freighter (Frachter) mit Bugladetüren sowie als Series II Wayfarer (Reisender), einer Passagierversion mit entsprechend eingerichteter Kabine und ohne Frachttore. Auf ausgedehnten Verkaufstouren demonstrierte das Flugzeug potentiellen Kunden in aller Welt seine Leistungsfähigkeit, und bald gingen Bestellungen von einer Reihe von Fluggesellschaften und Luftstreitkräften ein.

Zwei legendäre "cross-channel"-Routen wurden mit dem Freighter bedient: Silver City Airways nahm 1948 Flüge von Lympne und Lydd in Kent über den Ärmelkanal nach Le Touquet in Frankreich auf, während auf der gegenüberliegenden Seite der Weltkugel Safe Air von 1951 bis 1988 eine Flotte dieser zuverlässigen Arbeitspferde auf dem kurzen Luftsprung über die Cook-Straße zwischen der Nord- und der Südinsel Neuseelands einsetzte. Für ihre Liniendienste auf die Chatham-Inseln entwickelte Safe Air eigens eine mit Sitzen für die Fluggäste und Fenstern ausgestattete Kapsel, die durch die Bugtore in den Laderaum der Maschine geschoben werden konnte und den Frachter in Minutenschnelle in ein Passagierflugzeug verwandelte.

Im Jahr 1953 brachte Bristol dann den Superfreighter Mk. 32 heraus, von dem heute kein einziger mehr existiert. Kennzeichen dieser Version waren ein größeres Seitenleitwerk und eine verlängerte Bugsektion, die es ermöglichte, drei Autos und 20 Passagiere zu befördern.

Der Bristol Freighter galt als ein außerordentlich robustes und starkes Flugzeug, vor allem seine Tendenz zur Vereisung brachte ihm aber auch den Spitznamen "Frightener"("Schreckensverbreiter") ein: An dem massigen Bug und den dicken Flügeln, die über keine ausreichende Enteisungsanlage verfügten, setzte sich schnell Eis an, was den Piloten erhebliche Probleme bereiten konnte!

In der ersten Hälfte der neunziger Jahre flogen weltweit noch zwei Freighters, doch leider ging eine der Maschinen im Juli 1996 durch einen Unfall bei Enstone in Großbritannien verloren. Zum Zeitpunkt der Drucklegung dieses Buchs existierte noch eine flugfähige Bristol 170 in Kanada: Ein "Biffo" und eine ebenso seltene ATL 98 Carvair (siehe S. 28) standen bei Hawkair Aviation Services aus Terrace für Frachtflüge zu abgelegenen Goldminen im Einsatz. Unter härtesten Umweltbedingungen versorgten die beiden Veteranen die Bergwerke zuverlässig mit Nachschubmaterial und transportierten auf dem Rückweg die Ausbeute der Minen in die Zivilisation. Seit dem Auslaufen des Kontrakts Mitte 1999 wartet Hawkairs einmalige Flotte nun auf neue Aufgaben, und sollte nicht bald eine andere Verwendung gefunden werden können, müssen die zwei Flugzeuge wohl zum Verkauf ausgeschrieben werden.

Eine größere Anzahl Bristol Freighters blieb in Museen erhalten, ausgestellte Exemplare gibt es in Winnipeg und Yellowknife in Kanada, in Buenos Aires-Aeroparque Jorge Newbery in Argentinien, in Point Cook und Wangaratta in Australien sowie in Blenheim, Nelson, Waihi, Wakapuaka und Wigram in Neuseeland.

Daten (des Freighter Mk. 31)

Spannweite: 32,92 m
Länge: 20,83 m
Motoren: Zwei 1.476 kW Bristol Hercules 734 Sternmotoren
Reisegeschwindigkeit: 262 km/h
Passagiere: 15-23

Erster Halter von Hercules Airlines Bristol Freighter ZK-EPD war die Royal New Zealand Air Force, die den Frachter 1952 übernommen hatte. Von Neuseeland gelangte die Maschine später nach Großbritannien, wo sie mehrere Jahre verbrachte, bevor sie 1987 als C-GYQS nach Kanada verkauft wurde. (Chris Mak)

Als weltweit letzter aktiver "Biffo" fand die C-GYQS der Hawkair Aviation Services zuletzt für Transportflüge zu abgelegenen Goldminen in den Northwest Territories Kanadas Verwendung. Dieser Kontrakt lief allerdings Mitte 1999 aus, und so bleibt nur zu hoffen, daß bald neue Aufgaben für diese bemerkenswerte Maschine gefunden werden können, um sie noch einmal vor einer drohenden endgültigen Stillegung zu bewahren. (Avimage)

Die in den frühen sechziger Jahren in London-Heathrow aufgenommene Britannia 314 CF-CZC der Canadian Pacific kehrte 1965 als G-ATLE nach Großbritannien zurück. Zuletzt leistete die Zelle der Flughafenfeuerwehr von London-Gatwick für fast 15 Jahre gute Dienste für Ausbildungs- und Übungszwecke, bevor sie 1984 verschrottet wurde. (Sammlung Autor)

BRISTOL TYPE 175 BRITANNIA

Bristol Aircraft Ltd., Filton House, Bristol und Short Brothers & Harland Ltd., Queen`s Island Belfast, Nordirland, Großbritannien

Zu den Verkehrsflugzeugmodellen, deren Entwicklung das Brabazon Committee 1944 anregte, gehörte als Type III ein Mittel-und Langstreckenairliner mit 30 Sitzen für BOAC. Zehn Firmen reichten Angebote für diese wichtige Ausschreibung ein, und als Sieger ging Bristol mit ihrem Type 175 hervor, der 36 Fluggästen Platz bieten und mit vier Bristol Centaurus Sternmotoren ausgerüstet werden sollte. Das Ministry of Supply bestellte drei Prototypen, änderte den Auftrag aber ab, als Bristol die Proteus Propellerturbine herausbrachte: Zwei Maschinen wurden nun mit diesem neuen Triebwerk fertiggestellt, während die dritte als nicht flugfähige Zelle für die Systemintegration diente. Im Juli 1949 orderte BOAC 25 Exemplare des Bristol-Propliners. Entsprechend der Forderungen des Erstkunden vergrößerten die Konstrukteure den Entwurf soweit, daß seine Kapazität auf 64 Passagiere anstieg. Ur-sprünglich hatte der britische Nationalcarrier für ein erstes Los von sechs Einheiten Centaurus Sternmotoren vorgesehen, doch nach einer erfolgreichen Testserie des Proteus wandelte man diese Bestellung um, die kolbenmotorgetriebene Variante wurde nicht verwirklicht. Mit dem Testpiloten Bill Pegg am Steuer startete der Prototyp Nr. 1 am 16. August 1952 in Filton zu seinem Jungfernflug, und schon im folgenden Monat gab der Type 175, der den patriotischen Namen Britannia erhalten hatte, auf der SBAC Show in Farnborough sein Debüt. Obwohl sich das Erprobungsprogramm in die Länge zog, da der Prototyp Nr. 2 nach einer Notlandung in der Mündung des Severn abgeschrieben und der erste Prototyp nach einem Zwischenfall auf einem Testflug komplett überholt werden mußte, gingen bald Bestellungen von einer Anzahl großer Luftverkehrsgesellschaften ein, vor allem für die gestreckte Britannia Series 300. Neben BOAC zählten Aeronaves de Mexico, Air Charter Ltd. (London), Canadian Pacific, Cubana, El Al, Ghana Airways, Hunting-Clan Air Transport sowie die argentinische Transcontinental S.A. zu den Abnehmern. In die USA konnte Bristol allerdings keine einzige Britannia verkaufen, Capital Airlines und Northeast Airlines mußten ihre Bestellungen infolge finanzieller Schwierigkeiten noch vor der Auslieferung wieder stornieren. Vier verschiedene Modellreihen der Britannia entstanden, die Serien 100, 250, 300 und 310. Insgesamt wurden 17 Maschinen der Series 100 mit dem kurzen, 34,75 m messenden Rumpf gebaut, die beiden Prototypen Series 101 sowie 15 Britannia Series 102 für BOAC. Als Series 250 bot Bristol eine Frachtversion mit einem um 3,12 m gestreckten Rumpf und großem Ladetor im linken Vorderrumpf an. Aufträge von Airlines blieben zwar aus, die Royal Air Force aber beschaffte 23 Einheiten der Serien 252 und 253. Im Militärdienst flogen sie als Britannia C.1 und C.2 in Frachtkonfiguration oder mit 99 nach hinten gerichteten Sitzen für Truppentransporte. Die kommerziell erfolgreichsten Modelle wurden die Series 300, ein Passagierflugzeug für Mittelstrecken mit dem langen Rumpf und die für den Einsatz auf den Nordatlantikrouten der BOAC entwickelte Langstreckenausführung Series 310 mit vergrößerter Treibstoffkapazität. Dank ihrer relativ leisen Triebwerke waren alle Varianten der Britannia auch als "Whispering Giant"("flüsternder Riese") bekannt. Auch wenn nur noch wenige, nicht mehr flugfähige Britannias existieren lebt ihr Name in anderer Form fort: Als die britische Euravia 1964 fünf ehemalige BOAC Britannia Series 102 erwarb übernahm sie den Namen ihres neuen Fluggeräts als neuen Firmennamen. Seit damals ist Britannia Airways zu einer der größten Chartergesellschaften der Welt herangewachsen. Während es in Kuba und in der Demokratischen Republik Kongo möglicherweise noch ein paar Britannia-Wracks gibt sind in Großbritannien fünf mehr oder weniger komplette Flugzeuge in unterschiedlichem Zustand bis heute erhalten geblieben: In Kemble ist die weltweit einzige rollfähige "Brit" sowie ein zerlegtes Exemplar zu finden, je ein "Whispering Giant" steht in den Museen von Duxford und Cosford, und ein Britannia-Rumpf wird von der Flughafenfeuerwehr in Luton für Trainingszwecke genutzt.

Daten (der Britannia Series 312 der BOAC)

Spannweite: 43,36 m
Länge: 37,87 m
Motoren: Vier 3.072 ekW Bristol Proteus 755 Propellerturbinen
Reisegeschwindigkeit: 575 km/h
Passagiere: Maximal 139

Im Mai 1957 an BOAC ausgeliefert flog die Britannia Series 102 G-ANBO von 1965 bis 1970 bei der auf dem Flughafen Luton ansässigen Britannia Airways, in deren Farben sie im April 1969 in Manchester fotografiert wurde. (Sammlung Autor)

Auf eine lange Dienstzeit kann die Britannia Series 312 G-AOVF zurückblicken, die in Großbritannien nacheinander bei den Gesellschaften BOAC, British Eagle, Monarch, Donaldson, IAS, Invicta und Redcoat im Einsatz stand. Seit 1984 ist die weitgereiste Maschine in ihren alten BOAC-Farben im Aerospace Museum Cosford ausgestellt. (Autor)

Im Oktober 1947 an Trans-Canada Air Lines ausgeliefert wurde die DC-4M-2 CF-TFB zehn Jahre später zum Frachter umgebaut. Seine letzten Jahre verbrachte dieses Flugzeug als XA-NUU in Mexiko. (Archiv Air Canada)

CANADAIR DC-4M NORTH STAR

Canadair Ltd.
Cartierville, Montreal
Kanada

Sobald mit einem für die Alliierten siegreichen Ausgang des Zweiten Weltkriegs zu rechnen war begann Trans-Canada Air Lines (TCA), mit Blick auf den transatlantischen Luftverkehr der Nachkriegszeit einen Nachfolger für ihre für die Passagier- und Postbeförderung umgerüsteten Avro Lancaster Mk. X PP zu suchen. Nach eingehender Prüfung aller verfügbaren Typen amerikanischen und britischen Fabrikats kam man 1943 zu dem Ergebnis, aufgrund ihrer robusten und unkomplizierten Konstruktion und ihrer Zuverlässigkeit sei die Douglas DC-4/C-54 (siehe S. 82) das am besten geeignete Muster für einen Nachbau in Kanada.

Die Fertigung des Flugzeugs sollte die 1944 aus der Luftfahrtabteilung von Canadian Vickers hervorgegangene und auf dem Flugplatz Cartierville in Montreal ansässige Firma Canadair übernehmen. Douglas war gerade im Begriff, in seinem Werk in Parkridge, Illinois die Fabrikation von C-54 einzustellen, und so konnten die Kanadier die Produktionsanlagen sowie 60 unvollendete Rümpfe erwerben. Außerdem leistete Douglas Hilfestellung bei der Entwicklung und dem Bau der kanadischen Version der DC-4, der DC-4M, die sich durch britische Motoren und einen überarbeiteten druckbelüfteten Rumpf erheblich von ihrem Ausgangsmodell unterschied. Lange hatten die Ingenieure darüber beraten, welche Triebwerke verwendet werden sollten, bis schließlich die Entscheidung gefallen war, die luftgekühlten Pratt & Whitney Sternmotoren durch den stärkeren Rolls-Royce Merlin Reihenmotor mit Flüssigkeitskühlung zu ersetzen. Da die DC-4 nicht über eine Druckkabine verfügte, TCA diese für einen für die Transatlantikroute vorgesehenen Airliner jedoch als unabdingbar ansah, mußte der Rumpf entsprechend umkonstruiert werden. Überdies kamen verschiedene Teile der neuen DC-6 (siehe S. 84) zum Einbau, darunter das Fahrwerk und die Landeklappen.

Im Juli 1946 hob der Prototyp in Cartierville zu seinem Jungfernflug ab, und bald darauf begann die Auslieferung an Erstbesteller TCA und die Royal Canadian Air Force (RCAF), welche ihren Flugzeugen den Namen North Star gab. Die einzigen weiteren Kunden wurden BOAC mit einem Auftrag über 22 als C-4 Argonaut bezeichnete Maschinen und Canadian Pacific Airlines, die 1948 vier C-4-1 orderte. Aufgrund gewisser Bestimmungen des Lizenzvertrags mit Douglas durfte Canadair die DC-4M nur in Kanada und Großbritannien vertreiben, was die Gesamtproduktion auf 71 Einheiten beschränkte. Bei den Passagieren war das Flugzeug wegen des ohrenbetäubenden Dröhnens seiner Merlin Motoren anfangs nicht sehr beliebt, doch durch die Nachrüstung mit einer modifizierten Auspuffanlage konnte der Geräuschpegel in der Kabine auf ein erträglicheres Maß gesenkt werden.

Aus den Flotten der großen Fluggesellschaften war die DC-4M North Star/Argonaut zu Beginn der sechziger Jahre bereits gänzlich verschwunden, viele der Maschinen aber waren an kleinere Unternehmen verkauft worden und fanden nun im Charterverkehr Verwendung. Zu den britischen Betreibern zählten die 1964 in British Midland Airways umbenannte Derby Airways mit drei und Air Links (Transglobe) mit vier Argonauts sowie Overseas Aviation aus London-Gatwick, die nicht weniger als 16 Exemplare besaß. Außerhalb Großbritanniens flogen ehemalige BOAC Argonauts bei Aden Airways, der East African Airways Corporation und Flying Enterprise. Zuletzt angeblich für den Drogenschmuggel benutzt wurde die letzte aktive North Star 1979 auf Greater Inagua Island bei Kuba abgestellt - und steht vergessen vielleicht noch heute dort! Verbürgt ist nur ein Überlebender: Eine North Star der RCAF gehört zur Sammlung des kanadischen National Aviation Museums auf dem Flughafen Rockcliffe in Ottawa. Die wohlbekannte C-4 Argonaut, die für viele Jahre am Flughafen von Mexico City als Restaurant "Wings" diente, mußte im Juli 1993 nach einem Brand an Bord verschrottet werden, ihre Bugsektion soll allerdings erhalten geblieben und an das Museo Technologico übergeben worden sein.

Daten (der C-4 Argonaut)

Spannweite: 35,80 m
Länge: 28,60 m
Motoren: Vier 1.305 kW Rolls-Royce Merlin 624 oder 724-C1 V12-Kolbenmotoren
Reisegeschwindigkeit: 523 km/h
Passagiere: 54, maximal 78

Diese interessante Aufnahme der BOAC C-4 Argonaut G-ALHF "Atlas" entstand in den frühen fünfziger Jahren auf dem Flughafen von Rom. Beachtung verdienen die Flaggen in den Seitenfenstern des Cockpits und der BP-Angestellte, dem die prekäre Aufgabe zukam, im strömenden Regen auf den rutschigen Tragflächen die Treibstofftanks zu füllen. 1957 wurde dieses Flugzeug als VP-KOI an die East African Airways Corporation verkauft. (Sammlung Jay Miller)

Seit der Verschrottung der Argonaut G-ALHJ in London-Heathrow ist diese North Star wahrscheinlich der einzige noch existierende Vertreter der Modellreihe DC-4M. Bis zu ihrer Übergabe an das kanadische National Aviation Museum im Jahr 1966 flog der Transporter mit dem Kennzeichen 17515 bei der Royal Canadian Air Force. (Mike Green)

Die HB-IEO war eine der beiden CL-44D4 der Frachtfluggesellschaft Transvalair aus Sion, die vormals bei britischen Airlines in Dienst standen. Gut zu erkennen sind auf diesem im August 1978 in Palma aufgenommenen Foto die Scharniere des abklappbaren Rumpfhecks. (Sammlung Autor)

CANADAIR CL-44 & YUKON

Canadair, Cartierville Airport
St Laurent, Montreal
Kanada

In den frühen fünfziger Jahren schrieb die Royal Canadian Air Force (RCAF) einen Wettbewerb für ein Seeüberwachungs- und U-Jagd-Flugzeug mit großer Reichweite aus, den Canadair mit der auf der Bristol Britannia basierenden CL-28 gewann, die von der RCAF als CP-107 Argus bezeichnet und ab 1957 ausgeliefert wurde. Die Britania diente Canadair auch als Ausgangsmuster für die CL-44, einen Langstreckentransporter mit Druckkabine, den die RCAF als Nachfolger für die North Star auswählte: Der Rumpf des Bristol-Entwurfs wurde gestreckt, die Flügelspannweite vergrößert und das Fahrwerk verstärkt. Zum einfachen Beladen besaß das neue Flugzeug zwei große Frachttore in der linken Rumpfseite vor und hinter den Tragflächen. Als Triebwerk war eigentlich die Orion Propellerturbine vorgesehen, doch da Bristol dieses Programm einstellte mußte Canadair auf die schwächere Rolls-Royce Tyne zurückgreifen. 1957 erteilte die RCAF einen Auftrag über zwölf Exemplare, die die Bezeichnung CC-106 Yukon erhielten, und am 15. November 1959 startete der Prototyp zu seinem Erstflug. Nach der Ausmusterung aus dem Militärdienst 1973 wurden alle CC-106 an zivile Betreiber verkauft. Während der Fertigung der Yukon anlief entwickelte Canadair auf Anregung der amerikanischen Frachtgesellschaften Seaboard & Western Airlines und Flying Tiger Line eine Swing Tail-Version mit abklappbarem Rumpfheck. Zu erkennen ist diese als CL-44D4 bezeichnete Variante am Fehlen der hinteren Frachttür, den beiden Scharnieren am rechten Hinterrumpf und der Cockpitverglasung: In der CC-106 fanden die Fenster der Britannia Verwendung, wogegen in der CL-44D4

die der Convair 880/990 zum Einbau kamen, da die FAA die Sichtverhältnisse beanstandet hatte. Noch vor dem Jungfernflug am 16. November 1960 bestellten Seaboard & Western Airlines (später Seaboard World Airways) fünf und die Flying Tiger Line zehn CL-44D4, als dritter Kunde folgte folgte der US-Frachtcarrier Slick Airways mit einer Order über vier Exemplare. Insgesamt produzierte Canadair 27 Einheiten dieses in zivilen Diensten überaus erfolgreichen Propliners, der gemeinhin als "Forty-Four" bekannt war. Für Niedrigpreis-Passagierdienste zwischen Europa und den USA beschaffte Loftleidir 1964/65 drei CL-44D4. Um noch mehr Fluggäste pro Flug befördern zu können gab bei Isländische Gesellschaft 1965 eine "Forty-Four" mit einem um 4,62 m verlängerten Rumpf in Auftrag. Mit ihrem neuen "Goldesel", dessen Kabine bis zu 214 Reisenden Platz bot und der die Bezeichnung CL-44J oder Canadair 400 trug, war die Loftleidir so zufrieden, daß sie bald auch ihre drei anderen Flugzeuge entsprechend umbauen ließ. Ende der sechziger Jahre modifizierte die amerikanische Conroy Aircraft Company eine CL-44D4 zum Großraumtransporter für Fracht mit Übergröße, wobei man insbesondere an die Beförderung der für die Lockheed TriStar bestimmten Rolls-Royce RB.211 Strahltriebwerke von Großbritannien in die USA dachte. Das abklappbare Heck wurde beibehalten, der gesamte obere Teil des Rumpfs aber durch eine neue Oberschale mit größerem Durchmesser ersetzt, so daß ein Laderaum mit einer Höhe von 3,45 m und einer Breite von 4,24 m entstand. Ihren Erstflug absolvierte die CL-44-0 Guppy im November 1969.

Anfangs des Jahres 2000 wartete dieses Unikat in Smyrna, Tennessee geparkt auf ein neues Triebwerk, um dann mit der First International Airlines in Ostende wieder in Dienst zu gehen. Zu den Ländern, in denen zivile CL-44 flogen, zählen Argentinien, Belgien, Ecuador, Großbritannien, Irland, Island, Kolumbien, Libyen, Peru, die Schweiz, die USA, Zaire und Zypern. Keine Yukon scheint intakt bis heute überlebt zu haben, aber in der Demokratischen Republik Kongo könnten noch einige Wracks vorhanden sein. Die meisten CL-44D4 und J standen bis in die achtziger Jahre für Frachtflüge im Einsatz. In jüngster Zeit waren noch einige aktive Maschinen in Sharjah und in der Demokratischen Republik Kongo anzutreffen, wo Africargo, die auch als Trans Lloyd Cargo und Professional Aviation firmierte, eine Hand voll CL-44D4 stationiert hatte. Bei einem verheerenden Explosionsunglück auf dem Flughafen von Kinshasa sollen im April 2000 zwei "Forty-Fours" zerstört worden sein.

Daten (der CL-44D4)

Spannweite: 43,37 m
Länge: 41,73 m
Motoren: Vier 4.276 kW Rolls-Royce Tyne 515/50 Propellerturbinen
Reisegeschwindigkeit: 621 km/h
Passagiere: 134-178, 214 in der CL-44J
Frachtzuladung: 29.959 kg

Einen deutlichen Hinweis auf die Abstammung der CC-106 von der Bristol Britannia gibt die unverkennbare Form der Cockpitfenster. Auf dem Flughafen Manston abgestellt wurde die Yukon 9Q-CWK im April 1982 fotografiert. (Autor)

Im November 1997 konnte man in Sharjah die in Liberia registrierte CL-44D4 EL-WLL vorfinden. Die 1961 gebaute Maschine war einst ein vertrauter Anblick in Großbritannien, nach ihrer Ausmusterung durch den ersten Betreiber Flying Tiger Line stand sie ab 1970 bei Trans Meridian Air Cargo, British Air Ferries und Heavylift im Einsatz. (Sammlung Josef Krauthäuser)

Mit der ET-T-20 traf im Dezember 1950 die erste der insgesamt drei von Ethiopian Airlines erworbenen Convair 240 in Addis Abeba ein. Vierzehn Jahre später wurde die Maschine in die USA verkauft und 1966 auf Rolls-Royce Dart Propellerturbinen umgerüstet. (San Diego Aerospace Museum)

CONVAIR 240, 340 & 440

Consolidated Vultee Aircraft Corporation
San Diego, Kalifornien
USA

Anfangs 1945 forderte American Airlines von verschiedenen Flugzeugfirmen Angebote für ein Mittelstreckenpassagierflugzeug an, das in ihrer Flotte die Douglas DC-3 ablösen sollte. Consolidated Vultee aus San Diego offerierte ihr Model 110, einen gefälligen Tiefdecker mit zwei Double Wasp Sternmotoren, Bugradfahrwerk und einer nicht druckbelüfteten Kabine für 30 Passagiere. Obwohl der Erstflug am 8. Juli 1946 und die Erprobung erfolgreich verliefen wurde nur der Prototyp fertiggestellt: American Airlines lehnte die CV-110 als zu klein ab, legte dem Unternehmen aber nahe, aus diesem Entwurf eine Maschine mit größerer Nutzlast und höherer Reichweite abzuleiten. In der Folge entwickelte Convair das Model 240 (2 für die Zahl der Triebwerke und 40 für die Anzahl der Sitze), das im wesentlichen die gleiche Konfiguration wie sein Vorgänger aufwies, jedoch einen längeren und schlankeren Rumpf besaß. Außerdem war die von dem 1.490 kW leistenden Double Wasp angetriebene CV-240 als erstes zweimotoriges Passagierflugzeug der Welt mit einer Druckkabine ausgerüstet. Der Prototyp hob am 16. März 1947 zu seinem Jungfernflug ab, 21 Monate später erhielt das auch Convair-Liner genannte Muster dann seine Verkehrszulassung. Erstkunde American Airlines erteilte einen Großauftrag über 75 Einheiten, und obwohl billige, vom Militär ausgemusterte Douglas C-47 den Zivilmarkt überschwemmten, konnte Convair weitere Bestellungen von einer Reihe wichtiger Fluggesellschaften verbuchen, darunter Continental Airlines, FAMA, KLM, Pan American Airways, Sabena, Swissair, Trans-Australia Airlines und Western Airlines. Die CV-240 blieb bis 1958 in Produktion, insgesamt verließen 176 zivile sowie 395 militärische (T-29 Trainer und C-131 Transporter) Exemplare die Montagehallen. Mit dem Model 340 erschien 1951 eine gestreckte und modifizierte Version für 44 Fluggäste. Von der CV-240 unterschied sie sich hauptsächlich durch die Verwendung einer stärkeren Ausführung des Double Wasps mit 1.790 kW Leistung, einen um 1,36 m längeren Rumpf und eine neue Kabineneinrichtung, eine um 4,14 m größere Flügelspannweite, ein neues Fahrwerk, verbesserte Flaps sowie eine höhere Treibstoffkapazität. Einen wichtigen Anfangserfolg erzielte Convair, als United Airlines kurz nach dem Erstflug des Prototyps im Oktober 1951 eine Bestellung über 50 Martin 3-0-3 stornierte und stattdessen 55 CV-340 orderte, die ab November 1952 in den Liniendienst gingen. Bis zur Einstellung der Fertigung 1956 wurden 209 CV-340 und 102 C-131/R4Y für die amerikanischen Streitkräfte produziert. Das Auftauchen neuer Konkurrenten, insbesondere der Vickers Viscount, veranlaßte Convair Mitte der fünfziger Jahre, die 340 zur CV-440 Metropolitan weiterzuentwickeln. Neben zahlreichen Detailverbesserungen verfügte diese Variante über leistungsstärkere Double Wasps in überarbeiteten Triebwerksgondeln, und als Option wurde ein Wetterradar im Bug angeboten, für dessen Einbau sich die meisten Käufer entschieden. In der Standardversion betrug die Passagierkapazität noch immer 44, man offerierte aber auch eine Kabinenkonfiguration mit 52 Sitzen. Viele der 199 Metropolitans konnten nach Europa verkauft werden, Aufträge gingen ein von Alitalia, Condor, Finnair, Iberia, JAT, Lufthansa, Sabena, SAS und Swissair. Zwischen 1955 und 1967 wurde fast die Hälfte aller mit Kolbenmotoren ausgelieferter Convair-Liner/Metropolitans auf Propellerturbinen umgerüstet. Von Double Wasps angetriebene Convairs fliegen heute nur mehr wenige, die meisten davon als Frachter in Bolivien, der Dominikanischen Republik, Mexiko und den USA. Derzeit einziger Betreiber einer Kolbenmotor-Convair in Europa ist die in Coventry beheimatete Atlantic Airlines, die im April 2000 die 1957 gebaute CV-440-0 (F) CS-TML mietweise von der portugiesischen Fluggesellschaft ACEF übernommen hat. Weltweit existieren noch über 100 Convairs der Kolbenmotor-Baureihen, wovon ein Großteil stillgelegt und abgestellt oder in Museen ausgestellt ist. Die Mehrheit hiervon machen vom US-Militär ausgemusterte C-131 und T-29 in amerikanischen Museen aus, erhaltene zivile CV-240/340/440 kann man in Ägypten, Brasilien, der VR China, Finnland, Japan, Jugoslawien, Norwegen, Paraguay, Thailand sowie auf den Philippinen finden.

Daten (der Convair 440)

Spannweite: 32,12 m
Länge: 24,84 m
Motoren: Zwei 1.865 kW Pratt & Whitney R-2800-CB16 oder -CB17 Double Wasp Sternmotoren
Maximale Reisegeschwindigkeit: 483 km/h
Passagiere: Maximal 52
Frachtzuladung: 5.820 kg

Zwölf Jahre nach ihrer Auslieferung im Juni 1948 verkaufte American Airlines die Convair 240-0 N74850 an Central Airlines aus Fort Worth. Im Dienst eines späteren Betreibers, der Kitty Hawk Air Cargo, war der 1966 zum Modell 600 umgebaute Propliner noch bis Ende der neunziger Jahre auf dem Flughafen dieser texanischen Metropole anzutreffen. (Sammlung Jay Miller)

Der Flugplatz der pittoresken Stadt Evora im Süden Portugals ist die Basis von Agroar. Zur Flotte der kleinen Gesellschaft gehörte Ende der neunziger Jahre neben einigen Grumman Ag-Cat Landwirtschaftsflugzeugen, einer BN-2A Islander und einer CV-580 (F) auch die CV-440-0 (F) CS-TML, europaweit die letzte kommerziell genutzte Convair mit Kolbenmotoren. Im Februar 2000 wurde diese Maschine von der portugiesischen ACEF erworben und anschließend an Atlantic Airlines aus Coventry vermietet. (Autor)

Die CV-240-21 Turbo-Liner, die 1949 als einziges Exemplar der Modellreihe 240 zwei Allison T-38 erhalten hatte, war der allererste mit Propellerturbinen remotorisierte Convair-Liner. Anfangs der sechziger Jahre wurde die Maschine wieder auf Double Wasp Sternmotoren rückgebaut. (San Diego Aerospace Museum)

CONVAIR 540, 580, 600, 640 & 5800

D. Napier & Son, Canadair, Pac Aero und Covair

Der erste Convair-Liner mit Turbopropantrieb erschien schon 1949, als die General Motors-Tochter Allison den CV-240 Prototyp mit zwei T-38 Propellerturbinen (Zivilbezeichnung Allison 501-A4) zum Turbo-Liner modifizierte. Einige Luftverkehrsgesellschaften und insbesondere das US-Militär zeigten großes Interesse an dem Flugzeug, die T-38 erwiesen sich jedoch als technisch noch nicht hinreichend ausgereift für den täglichen Routinebetrieb, und der Turbo-Liner blieb ein Einzelstück. Die USAF erprobte ab 1954 zwei YC-131C, mit T-56 ausgerüstete CV-340, erteilte allerdings keine Folgeaufträge. Nachdem die T-56 (Allison 501-D13) im September 1957 ihre zivile Zulassung erhalten hatte, kam sie unter anderem in der Lockheed Electra und der Convair 580 zum Einbau. Ein geschäftliches Potential in der Remotorisierung von Convair-Linern sah auch der britische Triebwerkshersteller D. Napier & Son. Im November 1954 erwarb die Firma eine werksneue CV-340 und ersetzte deren Pratt & Whitney Sternmotoren durch zwei jeweils 2.280 kW leistende N.El.1 Eland Propellerturbinen. Ihren Erstflug absolvierte die anfangs als Napier Eland Convair und später als Convair 540 bezeichnete Maschine im Februar 1956 auf dem nördlich von London gelegenen Flughafen Luton. Ende 1957 in die USA zurückgekehrt erlangte das Flugzeug im August 1958 die amerikanische Zulassung. In dem dazu nötigen Testprogramm arbeitete Napier eng mit der PacAero Engineering Corporation aus Santa Monica, Kalifornien zusammen, die gleichzeitig eine CV-440 auf Eland Propellerturbinen umrüstete. Der Prototyp wurde nach einer Erprobung unter operationellen Bedingungen im Februar 1960 von Allegheny Airlines übernommen, außerdem bestellte die von seinen Leistungen beeindruckte Gesellschaft aus Washington, D.C. fünf weitere Convair 540. Das kommerziell erfolgreichste Modell der Turboprop-Convairs, die 580, ging aus der Kooperation von Allison und Convair mit der PacAero Engineering Corporation hervor. Da Convair mit den Arbeiten an dem Jet 880 ausgelastet war schloß Allison mit PacAero einen Kontrakt über die Umrüstung von Convair 340/440 auf 501D-13 Propellerturbinen, und im Januar 1960 startete die Allison Prop-Jet Convair 340/440 in Santa Monica zu ihrem Jungfernflug. Als einige Zeit später die Auslieferung an die Kunden begann änderte man die Bezeichnung aus Marketinggründen in Convair 580. Insgesamt wurden 175 CV-340/440 zu Convair 580 modifiziert, von denen mehr als 100 noch immer im Einsatz stehen. Über die größte Flotte verfügt heute Kelowna Flightcraft aus Kelowna in der kanadischen Provinz British Columbia. Dank dem wachsenden Interesse an klassischen Verkehrsflugzeugen dürfte der Nachwelt mindestens eine Convair 580 als fliegendes Museumsstück erhalten bleiben: Das Mid-Atlantic Air Museum, bereits stolzer Besitzer einer flugfähigen Martin 4-0-4 und einer Vickers Viscount, erstand eine Convair 580, die zuletzt dem Forbes Magazine gehört hatte und nun in den Farben der Allegheny Airlines restauriert wird. Kelowna Flightcraft ist nicht nur der größte 580-Betreiber, das Unternehmen führte auch den tiefgreifendsten Umbau eines Convair-Propliners aus: Durch die Verlängerung des Rumpfs um 4,25 m und den Einbau von zwei Allison 501-D22G entstand aus der Convair 580 die Convair 5800, die bis zu 78 Passagieren Platz bietet. Der Prototyp hob im Februar 1992 zum Erstflug ab, bisher konnten aber lediglich zwei Exemplare verkauft werden, die beide von Contract Air Cargo aus Pontiac-Oakland, Michigan als Frachter eingesetzt werden. Ein mit der Firma Tiblisi Aircraft Manufacturing aus Georgien abgeschlossener Vertrag sieht vor, daß in Tiflis die Fabrikation von Convair 5800 für den FSU-Markt anlaufen soll. Nach Beendigung der Entwicklungsarbeiten an den Modellen 880 und 990 stieg auch Convair selbst in das Geschäft mit der Remotorisierung von Convair-Linern/Metropolitans ein. Als Triebwerk wählte man die weitverbreitete Rolls-Royce Dart 542-4 Propellerturbine, die zwar nicht so leistungsstark wie die Allison 501D-13 war, sich dafür aber für die Verwendung in der CV-240 ebenso wie in der CV-340/440 eignete. Auf Darts umgerüstete Convair 240 wurden als CV-600 bezeichnet, modifizierte 340 und 440 als CV-640. Die CV-600 flog im Mai 1965 erstmalig, drei Monate später folgte die CV-640. Von den 38 fertiggestellten CV-600 und 27 CV-640 sind gegenwärtig noch etwa 25 aktiv, eine der größten Flotten besitzt Rhoades Aviation aus Columbus, Indiana.

Daten (der Convair 580)

Spannweite: 32,12 m
Länge: 24,84 m
Motoren: Zwei 2.800 kW Allison 501-D13H Propellerturbinen
Reisegeschwindigkeit: 550 km/h
Passagiere: 56

In den Farben der kurzlebigen Canada West Air wurde die Convair 640 C-FCWE im März 1990 auf dem Flughafen von Tucson, Arizona fotografiert. Ursprünglich als Convair 340 an die Arabian American Oil Company (Aramco) ausgeliefert war dieses Flugzeug zuerst zur CV-440 und einige Jahre später zur CV-640 modifiziert worden. (Autor)

Die im Februar 1999 in Mérida aufgenommene Convair 580 YV-970C der Air Venezuela basiert auf einer im März 1953 an Philippine Air Lines gelieferten CV-340-42. Ende der sechziger Jahre hatte der damalige Besitzer, die North Central Airlines aus Minneapolis, Minnesota, die Maschine durch den Einbau von Allison 501-D13 Propellerturbinen zur 580 umrüsten lassen (Chris Mak)

Als ihre erste Convair 880 übernahm Delta Air Lines im Januar 1960 die N8802E "Delta Queen". Achtzehn Jahre später zum Frachter umgebaut wurde das Flugzeug 1983 in Mexiko durch einen Brand zerstört. (San Diego Aerospace Museum)

CONVAIR 880 & 880M

General Dynamics Corporation
San Diego, Kalifornien
USA

Obwohl die beiden Convair-Jetliner gewisse Verkaufserfolge verbuchen konnten und sich im Betrieb als zuverlässig erwiesen waren die Programme ein finanzielles Desaster für den Hersteller: Produktionszahlen von insgesamt nur 102 Convair 880 und 990, Verzögerungen in der Fertigung, Kostenüberschreitungen sowie Differenzen mit den Kunden ließen Verluste in Höhe von $425 Millionen entstehen, die letztlich dazu führten, daß sich der Convair-Mutterkonzern General Dynamics aus dem Zivilgeschäft zurückzog. Voller Zuversicht, an die Erfolge der Convair-Liner anknüpfen zu können, hatte das Unternehmen 1956 angekündigt, mit dem Model 22 Skylark ein speziell für den amerikanischen Inlandsmarkt konzipiertes Strahlverkehrsflugzeug herausbringen zu wollen. In einem späteren Projektstadium wurde die Maschine in Golden Arrow (Goldener Pfeil) umbenannt, doch noch vor dem Erstflug ließ man auch diese Bezeichnung zugunsten von Convair 600 und schließlich Convair 880 wieder fallen. Die Zahl 880 ergab sich aus der errechneten Reisegeschwindigkeit des Entwurfs, ausgedrückt in Fuß pro Sekunde! Im Konkurrenzkampf mit den neuen Mittel- und Langstreckenjets von Boeing und Douglas setzte Convair weniger auf eine große Passagierkapazität als auf eine möglichst hohe Geschwindigkeit und entschied sich daher für einen schlankeren Rumpf mit nur fünf Sitzen pro Reihe und eine 35 Grad-Pfeilung der Tragflächen, was eine Reisegeschwindigkeit von 965 km/h ermöglichen sollte. Äußerlich wies die Convair 880 einige Merkmale auf, durch die sie leicht von ihren in der Auslegung ähnlichen Rivalen zu unterscheiden war:

Die "Eight-Eighty" besaß ähnlich verschiedener sowjetischer Verkehrsflugzeugtypen eine lange, schmale Verkleidung auf der Rumpfoberseite, die die VHF- und ADF-Antennen beherbergte. Charakteristisch sowohl für die 880 als auch die 990 war außerdem die einzigartige Trapezform der Passagiertüren. Am 27. Januar 1959 hob der Prototyp der 880 vom Lindbergh Field in San Diego zu seinem Jungfernflug ab, doch nur wenige Airlines zeigten Interesse an diesem Modell. In dem Versuch, weitere Kunden zu gewinnen entwickelte Convair die 880M (Modified, modifiziert), die unter anderem über verbesserte Auftriebshilfen, stärkere Triebwerke sowie einen zusätzlichen Treibstofftank im Flügelmittelstück verfügte und im Oktober 1960 zum ersten Mal flog. Die meisten Gesellschaften gaben jedoch den größeren Jets von Boeing und Douglas den Vorzug vor der schnelleren "Eight-Eighty", so daß nur 48 Einheiten der Standardversion und 17 der Baureihe 880M fertiggestellt wurden. Mit 28 Exemplaren unterhielt TWA die größte Flotte von Convair 880, gefolgt von Delta Air Lines, die zwischen 1960 und 1962 insgesamt 17 Stück übernahm. Die Flugzeuge blieben bis 1973 in Dienst, dann gab man sie für neue Boeing 727-200 in Zahlung. Weitere wichtige Betreiber waren Cathay Pacific Airways, Civil Air Transport, Japan Air Lines, Northeast Airlines sowie VIASA. Nach ihrer Ausmusterung aus dem Passagierverkehr wurden einige 880 mit einem großen Ladetor auf der linken Seite des Vorderrumpfs und einem verstärkten Kabinenboden zu Frachtern umgebaut. Diese Jets fanden vor allem bei Unternehmen aus Mittel- oder Südamerika Verwendung.

In den späten neunziger Jahren existierten in den USA noch über 15 Convair 880. Ein Großteil parkte eingemottet auf dem Flugplatz Mojave, die meisten dieser Klassiker scheinen mittlerweile allerdings verschrottet worden zu sein. Zu ihrer aktiven Zeit war die Convair 880 in Europa ein eher seltener Gast, gleichwohl findet man heute ein nicht mehr flugfähiges Exemplar in der Nähe des Flughafens von Lissabon: Die N8806E, ursprünglich an Delta Air Lines geliefert, wurde 1980 von ihrem letzten Besitzer auf dem Flughafen der portugiesischen Hauptstadt abgestellt und später in ein Restaurant umgewandelt. Die Gaststätte hat inzwischen wieder geschlossen, die "Eight-Eighty" steht jedoch noch immer an ihrem Platz. Bekannteste aller überlebenden Convair 880 ist ohne Zweifel die Maschine von Elvis Presley, die in Graceland in Memphis, Tennessee bewundert werden kann. Der "King" hatte den vormaligen Delta Air Lines-Jet 1975 gekauft, mit einer prunkvollen Inneneinrichtung ausstatten lassen und bis zu seinem Tod im August 1977 als Privatflugzeug benutzt.

Daten (der Convair 880)

Spannweite: 36,58 m
Länge: 39,42 m
Motoren: Vier 51,8 kN General Electric CJ-805-3 Strahltriebwerke
Reisegeschwindigkeit: 990 km/h
Passagiere: 88-110, maximal 124

Auch Delta Air Lines Convair 880 N8816E fand nach ihrer Ausmusterung durch die Gesellschaft aus Atlanta, Georgia als Frachter Verwendung. Letzter Betreiber war Latin Carga, die die in Venezuela als YV-145C zugelassene Maschine für Frachtflüge nach Miami einsetzte, wo sie im September 1980 aufgenommen wurde, zwei Monate vor ihrem Absturz in Caracas. (Sammlung Autor)

Elvis Presley war wohl der berühmteste Besitzer einer Convair 880. Im Jahr 1975 erwarb er dieses Flugzeug, das früher zur Flotte von Delta Air Lines gehört hatte, und nannte es nach seiner Tochter "Lisa Marie". Heute ist der luxuriös eingerichtete Jet in Graceland ausgestellt, der zum Museum umfunktionierten Villa des Superstars in Memphis. Die Buchstaben "TCB" und der Blitz im Leitwerk stehen für das Motto "Taking Care of Business in a Flash" (etwa: Das Geschäftliche blitzschnell erledigen). (Sammlung Autor)

Drei von Swissairs acht Coronados, 1972 auf dem Flughafen Zürich-Kloten fotografiert. Nach ihrer Ausmusterung 1974 wurde die HB-ICC im folgenden Jahr auf dem Landweg und zuletzt per Lastkahn in das am Ufer des Vierwaldstätter Sees gelegene Verkehrshaus der Schweiz transportiert. (Bernard King)

CONVAIR 990 & 990A

General Dynamics Corporation
San Diego, Kalifornien
USA

Nachdem die Verkaufszahlen der Convair 880 enttäuschend niedrig geblieben waren beschloß der Convair-Mutterkonzern General Dynamics, den Entwurf weiterzuentwickeln und in ein "neues" Verkehrsflugzeug mit der Bezeichnung Convair 600 umzuarbeiten. In jenen Tagen wetteiferten die Airlines darum, den Passagieren Maschinen mit immer höherer Geschwindigkeit, größerer Reichweite und besserem Komfort zu bieten. Mit den stärkeren und effizienteren GE CJ-805-23B Mantelstromtriebwerken ausgerüstet, sollte die Convair 600 die Schnellste unter ihren Mitbewerbern werden, General Dynamics garantierte eine maximale Reisegeschwindigkeit von 1022 km/h. Der Komfort stand außer Frage: Viele Fluggäste hatten inzwischen die Vorzüge der Convair 880 mit nur fünf Sitzen pro Reihe zu schätzen gelernt, und diese Anordnung wurde auch für das Modell 600 übernommen. Dessen um 3,01 m längerer Rumpf bot Platz für bis zu 137 Reisende in einer Bestuhlung mit fünf Sitzen pro Reihe oder für 98 Passagiere in einer First Class-Konfiguration mit lediglich vier Sitzen. General Dynamics rechnete fest damit, daß die angekündigte Reichweite von 4.400 Meilen erreicht werden kann und hoffte, die Qualitäten des Flugzeugs würden American Airlines und andere Luftverkehrsgesellschaften zu Bestellungen bewegen. American Airlines erteilte im August 1958 dann tatsächlich einen Auftrag über 25 Convair 600. Noch vor dem Erstflug im Januar 1961 änderte General Dynamics die Bezeichnung der Maschine in Convair 990, um deutlich zu machen, daß es sich hierbei um ein neueres Modell als die 880 handelt. Den Namen Coronado erhielt der Jet später von Swissair. Wie die Convair 880 besaß auch die 990 eine Antennenverkleidung auf dem Rumpfrücken und trapezförmige Türen. Augenfälligstes Unterscheidungsmerkmal gegenüber ihrem Vorgänger waren neben dem längeren Rumpf, dünneren Tragflächen mit größerer Flügeltiefe und den vergrößerten Triebwerksgondeln die vier nach der Flächenregel an der Hinterkante der Flügel angebrachten "Speed Pods". Diese Antischock-Körper dienten dazu, durch Beeinflussung der an den Tragflächen entstehenden Schockwellen den Luftwiderstand zu vermindern und so die Reisegeschwindigkeit zu erhöhen. Zur Steigerung der Reichweite konnten sie zudem als zusätzliche Treibstofftanks genutzt werden. Außerdem verfügte die 990 als erstes Strahlverkehrsflugzeug über Radbremsen mit Anti-Blockier-System. In der Erprobung erwies sich die Convair 990 zwar als schnell, aber nicht als schnell genug: Die zugesagte Geschwindigkeit wurde nicht erreicht, was General Dynamics gegenüber ihren Kunden in eine prekäre Lage brachte. Durch umfangreiche und teuere Änderungen an den Triebwerksgondeln, der Vorderkante der Tragflächen und den Flügelwurzelverkleidungen gelang es jedoch schließlich, die maximale Reisegeschwindigkeit auf immerhin 1.006 km/h zu steigern. So modifiziert erhielt der Jet die Bezeichnung Convair 990A. Trotz aller Bemühungen der Verkaufsabteilung gingen nur Bestellungen für 37 Convair 990/990A ein, der Kundenkreis für werksneue Maschinen blieb auf Aerolineas Peruanas S.A., American Airlines, Garuda Indonesian Airways, SAS, Swissair und Varig beschränkt. Convair 990A aus zweiter Hand fanden unter anderem bei Alaska Airlines, Lebanese International Airways, MEA, Nomads, Nordair sowie Ports of Call Verwendung, die amerikanische Modern Air Transport stationierte in den späten sechziger Jahren mehrere ihrer 990A für Charterflüge in Berlin-Tegel. Weltweit größter Betreiber von second hand-Exemplaren war die spanische Chartergesellschaft Spantax, deren Flotte insgesamt 14 Einheiten umfaßte und die diesen Typ über einen Zeitraum von mehr als 10 Jahren einsetzte. Den allerletzten Flug einer 990 führte im August 1995 die Convair 990A N710NA der NASA durch. Mit der letzten Landung dieses Forschungsflugzeugs ging eine Laufbahn zu Ende, die 33 Jahre früher als N5617 bei American Airlines begonnen hatte. Nur wenige Convair 990 haben bis heute überlebt. Eine Coronado in hervorragendem Erhaltungszustand und mit kompletter Inneneinrichtung gehört zur Sammlung des Verkehrshauses der Schweiz in Luzern, die von der Swissair gestiftete HB-ICC ist seit 1975 im Freigelände des Museums zu besichtigen.

Daten (der Convair 990A)

Spannweite: 36,58 m
Länge: 42,43 m
Motoren: Vier 7.280 kg General Electric CJ-805-23B Strahltriebwerke
Maximale Reisegeschwindigkeit: 1.006 km/h
Passagiere: 98-137, maximal 149

Die Convair 990-30A-6 SE-DAY war eines von zwei Flugzeugen dieses Typs, die die skandinavische SAS zwischen 1962 und 1966 von Swissair mietete und zeitweise in Kooperation mit Thai Airways International einsetzte. Anschließend flog diese Coronado als HB-ICG wieder bei Swissair und später bei Spantax, bevor sie 1991 in Palma de Mallorca verschrottet wurde. (Christian Volpati)

Größter Betreiber der Convair 990A außerhalb der USA wurde Spantax aus Spanien. Eine ihrer Maschinen, die EC-BZO, rollt hier im Februar 1984 mit 149 sonnenhungrigen Touristen an Bord zur Startbahn von London-Gatwick. Ziel des Flugs war Palma auf der Baleareninsel Mallorca. (Andy Leaver)

Ein außerordentlich seltener Besucher in London-Gatwick war die C-46A N10435 der Trans Atlantic Airlines, die um 1962 aufgenommen wurde. Ihre letzten Jahre verbrachte diese Maschine im Dienst der bolivianischen Frigorifico Reyes, stationiert inmitten abgestellter und ausgeschlachteter Commandos im Frachtbereich des Flughafens La Paz. (Brian Stainer)

CURTISS C-46 COMMANDO

Curtiss-Wright Corporation
St. Louis, Missouri
USA

Auch die Curtiss-Wright Corporation zählte zu den Unternehmen, die versuchten, einen Konkurrenten für die Douglas DC-3 (siehe S. 78) auf den Markt zu bringen: Die CW-20, im Jahr 1936 angekündigt, war ursprünglich als 24-34sitziges Passagierflugzeug mit druckbelüfteter Kabine entworfen worden. Mehr als drei Jahre Entwicklungs- und Bauzeit vergingen, bis der von zwei R-2600 Wright Cyclone Sternmotoren angetriebene Prototyp im März 1940 in St. Louis zu seinem Erstflug startete. Er besaß ein Doppelleitwerk, und um den "Double-bubble"-Rumpf (Rumpf mit Doppelblasenquerschnitt) stromlinienförmiger zu machen war dessen charakteristische Einbuchtung verkleidet. Während der Erprobung auftretende aerodynamische Probleme führten dazu, daß die Maschine schon bald auf ein einfaches Seitenleitwerk umgerüstet und die Bezeichnung dann in CW-20A geändert wurde. Der Kriegseintritt der USA im Dezember 1941 verhinderte einen Serienbau der Zivilausführung, aber die USAAF, die dringend einen neuen Transporter mit großer Zuladung suchte, bestellte beträchtliche Stückzahlen einer als C-46 Commando bezeichneten Militärvariante des Flugzeugs, das das zweifache Kabinenvolumen der DC-3 und eine um 45% höhere Startmasse aufwies. Curtiss richtete zusätzliche Fertigungsstraßen in seinen Werken in Buffalo, New York sowie in Louisville, Kentucky ein und produzierte von 1940 bis 1945 insgesamt 3.181 C-46. Die verschiedenen Versionen des Commando sahen sich äußerlich sehr ähnlich, ausgenommen der in nur 17 Einheiten gebauten C-46E, die über einen Bug von konventioneller Form verfügte. Nach Kriegsende wurden Hunderte vom Militär ausgemusterter Commandos zu Fracht- oder Passagierflugzeugen für den kommerziellen Luftverkehr umgerüstet, und bis in die frühen sechziger Jahre modifizierten diverse Firmen "Charlies" durch strukturelle Verbesserungen und den Einbau stärkerer Motoren zu Super C-46 mit höherer Zuladung und besseren Leistungen. Eine C-46F erhielt 1952 versuchsweise sogar zwei zusätzliche, unter den Tragflächen montierte Turboméca Palas Strahltriebwerke mit jeweils 1,55 kN Schub, die die Startleistung verbessern sollten. Eigens für den zivilen Gebrauch entwickelte Versionen des Modells CW-20 konnte Curtiss hingegen nicht realisieren. In den Vereinigten Staaten kamen ehemalige USAAF Commandos vor allem bei Frachtgesellschaften zum Einsatz, Unternehmen wie Riddle Airlines, Zantop, Capitol Airways, Slick Airways, Aaxico oder The Flying Tiger Line betrieben in den fünfziger und sechziger Jahren große Flotten. Wegen ihres geräumigen Rumpfs und des großen Ladetors wurde die C-46 noch in den achtziger Jahren als Transportflugzeug geschätzt, insbesondere in Südamerika, zahlreiche Airlines aus Bolivien, Brasilien, Kolumbien und Venezuela betrachteten die Commando als eine ideale Maschine für das Frachtgeschäft. Den berühmten bolivianischen Fleischtransportern ist seit der Fertigstellung der neuen Überlandstraßen in den Kühllastzügen eine bedrohliche Konkurrenz erwachsen, noch aber finden ein paar der altgedienten Propliner für Fracht- und Passagierdienste ab La Paz und Cochabamba Verwendung. Auf diesen Flugplätzen wartet außerdem eine Reihe geparkter und teils schon ausgeschlachteter "Charlies" darauf, vielleicht irgendwann einmal wieder aktiviert zu werden. Als der Autor 1996 in La Paz Gelegenheit hatte, mit einer mit GPS ausgerüsteten C-46 zu fliegen, zwischen den schneebedeckten Gipfeln der Anden hindurch und nicht darüber hinweg, da bestand die Ladung aus 13 erwachsenen Passagieren, für die allerdings keine Sitze vorhanden waren, einem Baby und 11 Ölfässern! Neben Bolivien sind Alaska und Kanada letzte Bastionen kommerziell genutzter C-46: Air Cargo Express und Everts Air Fuel aus Fairbanks transportieren mit kleinen Flotten von Commandos lebensnotwendige Güter in Siedlungen in der Wildnis Alaskas, während im benachbarten Kanada die in Hay River beheimatete Buffalo Airways zwei Maschinen für Frachtflüge einsetzt. Zwei C-46F werden von der Confederate Air Force in USAAF-Farben als fliegende Museumsstücke unterhalten, und eine Handvoll "Charlies" ist in amerikanischen Museen zu bewundern. Aus- oder abgestellte Commandos kann man außerdem in Brasilien, der VR China, der Dominikanischen Republik, Japan, Kolumbien, Mexiko, Südkorea sowie in Taiwan finden.

Daten

Spannweite: 32,92 m
Länge: 23,27 m
Motoren: Zwei 1.495 kW Pratt & Whitney R-2800 Sternmotoren
Reisegeschwindigkeit: 300 km/h
Passagiere: 36, maximal 65

1989 konnte Stephen Piercey die AMSA C-46D HI-503CT über dem Karibischen Meer fotografieren. In den sechziger Jahren war diese Maschine ein vertrauter Anblick auf europäischen Flughäfen, vom damaligen Besitzer Capitol Airways an Lufthansa vermietet kam die als N9892Z registrierte Commando in jenen Tagen auf Frachtkursen innerhalb Europas zum Einsatz. (Stephen Piercey)

Die C-46F C-GTPO, die Buffalo Airways 1993 von Air Manitoba erworben hatte, steht auch heute noch im Dienst dieser Gesellschaft aus Hay River in den kanadischen Northwest Territories. Bemerkenswert ist, daß Goofy, Donald Duck, Pluto und Micky Maus zu den Passagieren dieser "Charlie" zu gehören scheinen! (Henry Tenby)

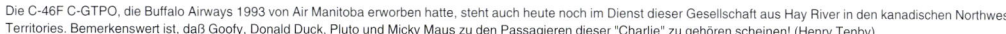

Mit der F-BTTA übernahm Air Inter im Mai 1974 ihre erste Mercure. Sieben Monate vor der Auslieferung fotografiert trägt das Flugzeug hier noch das Erprobungskennzeichen F-WTTA. (Sammlung Autor))

DASSAULT MERCURE

Marcel Dassault Aviation
9 Rond-Point Champs-Elysées
F-75008 Paris, Frankreich

Weltbekannt wurde Dassault Aviation vor allem durch ihre überaus erfolgreichen Mirage-Kampfflugzeuge und eine nicht minder erfolgreiche Familie von Geschäftsreisejets. Mit fast 500 ausgelieferten Exemplaren ist die 1963 erschienene Mystère 20 (Falcon 20) bisher der Bestseller unter den zivilen Mustern des französischen Unternehmens - wozu die Mercure im krassen Gegensatz steht!

In den frühen sechziger Jahren begann Dassault, den Geschäftsbereich Zivilflugzeuge auszubauen und konzipierte 1964 einen als Mystère 30 bezeichneten zweistrahligen Airliner für 40 Passagiere, der jedoch nicht über das Projektstadium hinauskam. Nachdem eingehende Marktanalysen zu dem Ergebnis gekommen waren, unter den Fluggesellschaften würde großes Interesse an einem 150sitzigen Kurzstreckenjet bestehen, nahm man 1967 die Entwicklung eines neuen Modells auf, das den Namen Mercure erhielt und in seiner endgültigen Auslegung stark der Boeing 737 (siehe S. 44) ähnelte. Die in der Standardkonfiguration mit sechs Sitzen pro Reihe bestuhlte Kabine der Mercure war um 5 cm breiter als die ihres amerikanischen Gegenparts, diesen kleinen Unterschied dürften die meisten Fluggäste allerdings kaum wahrgenommen haben.

Mit dem Programmstart waren enorme Kosten verbunden, der französische Staat ließ Dassault jedoch finanzielle Unterstützung in Form eines Darlehens zukommen, das die Hälfte der für den Bau von zwei Prototypen und zwei Zellen für die Festigkeitsprüfung sowie die Bereitstellung der Produktionseinrichtungen und die Zulassung des Flugzeugs benötigten Summe deckte. Weitere 30%

steuerten eine Reihe ausländischer Firmen bei, die Dassault als Partner hatte gewinnen können. Dazu zählten die für das Leitwerk und den Heckkonus verantwortliche Aeritalia, CASA aus Spanien, die die vorderen Rumpfsektionen fertigte und die belgische SABCA, von der Landeklappen, Stör- und Bremsklappen sowie Querruder stammten. Einige Baugruppen der Flügel und die Triebwerksaufhängungen wurden gemäß eines 1972 geschlossenen Vertrags von Canadair geliefert. In Erwartung großer Aufträge errichtete Dassault in Martignas bei Bordeaux eine Fabrik für den Zusammenbau der Tragflächen, während der Endmontage der Serienmaschinen in einem neuen Werk in Istres nordwestlich von Marseille stattfinden sollte.

Am 28. Mai 1971 startete der erste der beiden Mercure-Prototypen in Bordeaux-Mérignac zu seinem erfolgreichen Jungfernflug. Er war mit den schwächeren Pratt & Whitney JT8D-11 ausgerüstet und trug das Kennzeichen F-WTCC, wobei die Buchstaben TCC für "Transport Court-Courrier" (Kurzstreckenverkehrsflugzeug) standen. Entgegen der ursprünglichen Absicht, einen Auftragsbestand von mindestens 50 Einheiten abzuwarten, nahm Dassault die Serienfertigung Anfang 1972 auf, nachdem Air Inter am 29. Januar 1972 als Erstkunde zehn Mercure geordert hatte. Eine elfte Maschine stellte die Gesellschaft 1985 mit dem auf den Standard der Serienflugzeuge gebrachten Prototyp Nr. 2 in Dienst. Weitere Bestellungen blieben indessen aus, und so entwickelte sich Dassaults bislang einziger Ausflug in den Markt für Verkehrsflugzeuge zu einem ökonomischen Fehlschlag für das Unter-

nehmen.

Im Juni 1974 übernahm Air Inter die Mercure in den Linienverkehr. Ihr Einsatz wurde von der französischen Regierung subventioniert, denn aufgrund der kleinen Anzahl waren die Unterhaltskosten sehr hoch. Die letzten Exemplare des nach dem römischen Götterboten benannten Jets legte Air Inter Mitte der achtziger Jahre still, mit einem Flug von Pau nach Paris-Orly ging die Ära der Mercure im kommerziellen Luftverkehr am 29. April 1985 endgültig zu Ende.

Neun der insgesamt zwölf gebauten Maschinen existieren heute noch: Fünf werden in Bordeaux-Mérignac, Montpellier, Morlaix, Toulouse und Vitrolles zu Ausbildungszwecke genutzt, drei weitere stehen in Museen in Bordeaux-Mérignac, Paris-Le Bourget und Paris-Orly. Außerhalb Frankreichs kann man gegenwärtig nur eine Mercure finden, die F-BTTB, das zweite Serienflugzeug, gehört zur Sammlung des Technikmuseums Speyer.

Daten

Spannweite: 30,56 m
Länge: 34,84 m
Motoren: Zwei 7.030 kg Pratt & Whitney JT8D-15 Strahltriebwerke
Reisegeschwindigkeit: 858 km/h
Passagiere: 120-150, maximal 162

Diese seltene, im Juli 1992 entstandene Flugaufnahme zeigt die Mercure 100 F-BTTG in der letzten Bemalungsvariante der Air Inter. Mehr als 20 Jahre leisteten die Dassault-Jets der in Paris-Orly beheimateten Luftverkehrsgesellschaft gute Dienste, wenn auch die Unterhaltskosten sehr hoch waren. (Jacques Guillem)

Seit 1994 wird die Mercure 100 F-BTTE von der auf dem Flughafen Montpellier-Méditerranée ansässigen Luftfahrtschule ESMA (Ecole Supérieure des Métiers de l'Aéronautique) als Ausbildungszelle genutzt. Der farbenfrohe Anstrich der ehemaligen Air Inter-Maschine entspricht der Farbgebung der ESMA-Muttergesellschaft Air Littoral. (Tony Best)

Die im Mai 1969 auf dem Flughafen Genf-Cointrin aufgenommene Comet 4B G-APMF der BEA flog später bei BEA Airtours und Dan-Air London, bevor sie 1976 in Lasham verschrottet wurde. (Sammlung Autor)

DE HAVILLAND D.H.106 COMET

The de Havilland Aircraft Company Ltd.
Hatfield Aerodrome, Hertfordshire und Hawarden Aerodrome, Chester, Großbritannien

Für eine 1944 veröffentlichte Ausschreibung für ein strahlgetriebenes Passagier- und Postflugzeug reichte de Havilland den Typ D.H.106 ein. Nach Gesprächen mit der BOAC entwickelte das Unternehmen den ursprünglichen Entwurf in einen 24sitzigen Tiefdecker mit vier in den Flügelwurzeln montierten de Havilland Ghost Strahlturbinen weiter und begann 1946 unter strenger Geheimhaltung mit dem Bau von zwei vom Ministry of Supply georderten Prototypen. Am 27. Juli 1949 flog die Comet genannte Maschine in Hatfield zum ersten Mal, zwei Monate später gab sie auf der Farnborough Air Show ihr Debüt. BOAC zeigte großes Vertrauen in den neuen Jet, noch vor dem Jungfernflug erteilte sie einen Auftrag über 14 Exemplare. Neben dem Erstkunden blieben Air France, Union Aéromaritime de Transport (UAT), Canadian Pacific Airlines und die Royal Canadian Air Force die einzigen Abnehmer für Comet 1-Versionen. Bestellungen waren zwar auch von Pan American Airways, Panair do Brasil, LAV, Air India sowie British Commonwealth Pacific Airlines eingegangen, sie alle wurden jedoch noch vor der Auslieferung wieder storniert. Mit der Comet 1 G-ALYP eröffnete BOAC am 2. Mai 1952 auf der Strecke von London-Heathrow nach Johannesburg den ersten regulären Passagierdienst mit einem Strahlflugzeug. Eine Serie von Unfällen zerstörte indes bald die Hoffnungen, die man in die D.H.106 setzte: Nachdem im Januar und April 1954 zwei Maschinen unter rätselhaften Umständen verloren gegangen waren entzogen die Behörden dem Muster die Zulassung, die gesamte Flotte mußte am Boden bleiben. Die Comet war ein neuartiges Flugzeug, und

de Havilland hatte der Festigkeitsprüfung des druckbelüfteten Rumpfs große Beachtung geschenkt, die Belastungen im täglichen Flugbetrieb erwiesen sich jedoch größer als in den Tests simuliert: Eine eingehende Untersuchung der Unglücksfälle kam zu dem Ergebnis, daß infolge von Materialermüdung entstandene Risse in der Rumpfbeplankung die Abstürze verursacht hatten. Das Comet-Desaster kostete nach Ansicht vieler Zeitgenossen Großbritanniens Luftfahrtindustrie ihre führende Position im Bau strahlgetriebener Verkehrsflugzeuge. Auf Empfehlung eines Untersuchungsausschusses wurden einige Comet 2 mit stärkerer Außenhaut und ovalen Kabinenfenster für die RAF fertiggestellt, aber es dauerte bis zum Erscheinen der Comet 4, die über einen überarbeiteten und gestreckten Rumpf, größere Treibstoffkapazität sowie stärkere Rolls-Royce Avon Triebwerke verfügte, ehe die Luftverkehrsgesellschaften wieder Vertrauen in das Modell faßten und Aufträge erteilten. Zu den Betreibern werksneuer Comet 4 und der Versionen 4B und 4C gehörten BOAC, BEA, Aerolineas Argentinas, East African Airways, Mexicana, Middle East Airlines, Olympic Airways, Sudan Airways, Kuwait Airways, United Arab Airlines und die RAF. Weltweit die größte Anzahl Comets besaß Dan-Air London: Im Lauf der Jahre erwarb die Chartergesellschaft 51 second hand-Comet 4/4B/4C und Comet C.4 aus Beständen der RAF, von denen etliche aber nur zur Ersatzteilgewinnung dienten. Mit einem Sonderflug der Dan-Air ging der kommerzielle Einsatz des bahnbrechenden de Havilland-Jets im November 1980 zu Ende. In Großbritannien existieren heute noch 11 weitgehend

komplette Comets in unterschiedlichem Erhaltungszustand, die in Museen in Bruntingthorpe, Cosford, Duxford, East Fortune, London Colney und Wroughton sowie auf den Flugplätzen London-Gatwick und RAF Lyneham zu finden sind. Außerhalb der britischen Insel gibt es weitere drei D.H.106: Das in Seattle-Paine Field im US-Bundesstaat Washington beheimatete Museum of Flight restaurierte eine Mexicana Comet 4C in den Farben von BOAC, die Version 4C allerdings nie geflogen hat, eine zweite Mexicana 4C ist in der mexikanischen Stadt Ivapuato ausgestellt, und die Dan-Air Comet G-BDIW, eine vormalige RAF Comet C.4, steht in der Flugausstellung Junior bei Hermeskeil. Die einzige potentiell noch flugtüchtige Maschine ist die Comet 4C XS235 "Canopus", ein ehemaliges Forschungsflugzeug des Aeroplane & Armament Experimental Establishments (A&AEE), das derzeit von der British Aviation Heritage Collection auf dem Flugplatz Bruntingthorpe in rollfähigem Zustand erhalten wird.

Daten (der Comet 4)

Spannweite: 35,00 m
Länge: 33,99 m
Motoren: Vier 5.216 kg Rolls-Royce Avon 524 Strahltriebwerke
Reisegeschwindigkeit: 809 km/h
Passagiere: 60-76

Eine von insgesamt neun Comet 4C der ägyptischen Fluggesellschaft United Arab Airlines war die SU-AMV, die im November 1967 in London-Heathrow fotografiert wurde. 1976 erwarb Dan-Air diese Maschine und schlachtete sie zur Ersatzteilgewinnung aus. (Sammlung Autor)

In BOAC-Farben steht eine der drei 1953 an Air France gelieferten Comet 1A seit vielen Jahren im Aerospace Museum Cosford. Ein Vergleich mit den Fotos der Comet 4 oben und links zeigt deutlich den beträchtlichen Längenunterschied zwischen dem Vorderrumpf der frühen und der späten Versionen dieses Jets. (Autor)

Vor dem Abflug von London-Gatwick lassen die Piloten an einem kalten Tag im Februar 1969 die Gipsy Triebwerke der Heron 1B G-AOXL warmlaufen. Diese Maschine war ursprünglich an Garuda Indonesian Airways geliefert worden. (Sammlung Autor)

DE HAVILLAND D.H.114 HERON

The de Havilland Aircraft Company Ltd.
Hatfield Aerodrome, Hertfordshire und Hawarden Aerodrome, Chester, Großbritannien

De Havilland kündigte 1949 an, die erfolgreiche zweimotorige D.H.104 Dove in ein größeres Zubringerflugzeug mit vier Triebwerken weiterzuentwickeln. Um die Konstruktionsarbeiten zu beschleunigen und gleichzeitig eine gewisse, für die Airlines vorteilhafte Konformität zu erzielen fanden in der neuen D.H.114 Heron viele Baugruppen der Dove Verwendung, darunter die Bugsektion, das Leitwerk und die Außenflügel. Die Maschinen der Series 1 wiesen ein starres Fahrwerk mit schwenkbarem Bugrad auf und wurden von vier luftgekühlten de Havilland Gipsy Queen 30 Sechszylinder-Kolbenmotoren angetrieben. Offenbar traute man den Passagieren in jenen Tagen akrobatische Leistungen zu, nichtsdestotrotz aber dürfte die Positionierung der drei Notausstiege im Rumpfdach ein rasches Verlassen des Flugzeugs im Notfall nicht leichter gemacht haben!

Der in Hatfield gebaute Prototyp der Heron 1 flog im Mai 1950 zum ersten Mal, und sechs Monate später erhielt das Muster seine Zulassung. Insgesamt 52 Einheiten dieser Version stellte die de Havilland Aircraft Company in ihren Werken Hatfield (7) und Chester (45) fertig. Frühe Betreiber der Series 1 waren unter anderem BEA, Braathens S.A.F.E., Garuda Indonesian Airways, Japan Air Lines, Jersey Airlines, New Zealand National Airways, PLUNA aus Uruguay sowie UTA.

Kurz bevor die gesamte Heron-Fertigung in Chester zusammengelegt wurde absolvierte der Prototyp der Series 2 im Dezember 1952 in Hatfield seinen Jungfernflug. Ein einziehbares Fahrwerk machte dieses Modell schneller und zugleich sparsamer im Treibstoffverbrauch. Die robuste und zuverlässige Maschine, die auch auf kurzen oder unbefestigten Pisten starten und landen konnte, war hervorragend geeignet für Zubringerdienste und erfreute sich großer Beliebtheit als Reiseflugzeug: Zu den Kunden des "Reihers" (engl. Heron) zählten nicht nur Großunternehmen wie Shell, Ferranti, Rolls-Royce, Fiat, Vickers-Armstrong oder English Electric, auch der irakische König Feisal II., König Hussein von Jordanien, Prinz Talal al Saud, der ghanaische Präsident Kwame Nkrumah, der Sultan von Marokko und die belgische Königsfamilie besaßen VIP-Herons. Im übrigen verfügte auch die Flugbereitschaft der Bundeswehr von 1957 bis 1963 über zwei Heron Mk.2D, am bekanntesten aber dürften die vier Herons (eine Mk.2, zwei Mk.2D und eine Mk.4) gewesen sein, die ab 1955 für mehr als zehn Jahre zu dem in RAF Benson stationierten Queen`s Flight der Royal Air Force gehörten.

Um ihre Flugleistungen zu verbessern wurde eine Reihe von Herons mit Lycoming Triebwerken remotorisiert: Die Riley Aeronautics Corporation aus Florida modifizierte zwischen 1966 und 1974 etwa 20 Heron 2 durch den Einbau von vier 215 kW starken Lycoming IO-540 mit Turboladern und Hartzell-Dreiblattpropellern zu Riley Turbo Skylinern. Prinair, ein bedeutender D.H.114-Betreiber aus Puerto Rico, rüstete 29 Einheiten zu Riley Herons um, Connellan Airways aus dem australischen Alice Springs weitere acht, und in Japan ersetzte Shin Meiwa Industries die Gipsy Queens von sechs Series 1 der TOA Airways durch Lycoming Motoren. Ein radikaler Umbau der Heron, der seine Basis kaum mehr erahnen läßt, ist die ST-27 der kanadischen Saunders Aircraft Corporation (siehe S. 130).

Weltweit fliegen heute nur noch wenige D.H.114: In Australien betreibt die treffend benannte Heron Airlines aus Sidney-Bankstown eine 15sitzige Riley Heron für Charterdienste, aber auch in Europa existiert dank des Vereins "Friends of the Heron" mit der in Jersey stationierten Heron 2 G-AORG noch ein aktives Exemplar. Auf den britischen Inseln kann man zudem eine Hand voll ausgestellter Flugzeuge bewundern: Zwei D.H.114 haben im Newark Air Museum und im de Havilland Aircraft Heritage Centre in London Colney eine sichere Bleibe gefunden, und vor dem ehemaligen Terminal des 1959 geschlossenen Flughafens Croydon südlich von London steht eine Heron 2D, die die Bemalung der G-AOXL des Morton Air Services trägt, der Maschine, die den letzten Passagierflug ab Croydon durchgeführt hat. Ein paar erhaltene Herons gibt es außerdem noch in Malaysia, Neuseeland, Norwegen, Sri Lanka und in den USA.

Daten

Spannweite: 21,80 m
Länge: 14,80 m
Motoren: Vier 185 kW de Havilland Gipsy Queen 30 Kolbenmotoren
Reisegeschwindigkeit: 307 km/h
Passagiere: 14

Im Jahr 1956 als G-AOGO an Cambrian Airways ausgeliefert wurde diese Heron 2 später von Prinair erworben und 1978 auf Lycoming Triebwerke umgerüstet. Prinair, eine 1985 in Konkurs gegangene Regionalfluggesellschaft aus San Juan auf Puerto Rico, besaß die größte Flotte aller Heron-Betreiber. (Bernard King)

Der Wunsch, einmal mit einer Heron zu fliegen, kann noch in Erfüllung gehen: Die auf der Kanalinsel Jersey beheimatete und in den Farben der Jersey Airlines gehaltene D.H.114 Series 2 G-AORG des britischen Vereins "Friends of the Heron" besucht regelmäßig Flugveranstaltungen sowohl in Großbritannien als auch auf dem europäischen Kontinent, wo sie häufig nicht nur am Flugprogramm teilnimmt, sondern auch Rundflüge durchführt. (Frank McMeiken)

Guyana Airways setzte in den frühen siebziger Jahren neben einigen Twin Otters und einer DC-6 auch zwei DHC-4 in der seltenen Passagierkonfiguration ein. Dieses Foto der Caribou 8R-GDR entstand 1972. (Sammlung Autor)

DE HAVILLAND CANADA DHC-4 CARIBOU

de Havilland Canada
Downsview, Ontario
Kanada

Die Caribou war das Ergebnis von Gesprächen zwischen der U.S. Army, den kanadischen Streitkräften und de Havilland Canada Mitte der fünfziger Jahre. Die Militärs hatten einen zweimotorigen Transporter gefordert, der über die Kapazität der Douglas DC-3 und die STOL (Kurzstart- und Lande-) Fähigkeiten der DHC-3 Otter verfügen sollte, woraufhin de Havilland Canada die DHC-4 entwickelte, eine Konstruktion von außerordentlich zweckmäßiger Auslegung: Um die Gefahr einer Beschädigung der Propeller durch aufgeworfene Steine beim Einsatz von unbefestigten Pisten zu vermindern wurden die großen Tragflächen mit dem charakteristischen Knick hoch am Rumpf angesetzt. Die Kabine faßt 32 Soldaten, 24 Fallschirmjäger, zwei Jeeps oder 3 Tonnen Fracht, in CASEVAC-Konfiguration (Evakuierung von Verwundeten) 14 Tragbahren und 12 sitzende Verletzte oder medizinisches Personal. Ein zum Absetzen von Fallschirmjägern und Nachschubgütern auch im Flug zu öffnendes Heckladetor ermöglicht eine einfache Beladung. Der Prototyp hob am 30. Juli 1958 in Downsview zu seinem Jungfernflug ab. Ende 1959 übernahm die U.S. Army fünf als YAC-1 bezeichnete Vorserienflugzeuge und nachdem das Modell alle Anforderungen erfüllte begann man 1960 mit der Beschaffung größerer Stückzahlen. Im selben Jahr wurden auch die ersten von insgesamt neun CC-108 Caribou an die Royal Canadian Air Force ausgeliefert. Nach dem Bau von 24 DHC-4 stellte de Havilland Canada die Fertigung auf die DHC-4A um, die eine höhere Startmasse aufwies und bis 1973 in Produktion blieb. Bestellungen für die Militärausführung der Caribou gingen unter anderem aus Australien, Ghana, Indien, Kenia und Malaysia ein, die größte Flotte aber besaßen die amerikanischen Streitkräfte: Von den 307 gebauten Caribous flogen 157 Exemplare verschiedener Versionen unter den Bezeichnungen AC-1, AC-1A, CV-2A, CV-2B, C-7A sowie C-7B bei der Army und der USAF. Auch auf dem Zivilmarkt konnte de Havilland Canada ein paar werksneue Caribous verkaufen, AMOCO aus Ecuador, Ansett-Mandated Airlines Ltd. aus Neuguinea, Civil Air Transport (CAT) und Guyana Airways zählten zu den Kunden. Überdies "landeten" später etliche vom Militär ausgemusterte Flugzeuge bei zivilen Betreibern aus Costa Rica, Ecuador, Gabun, Kanada, Südafrika und den USA. Bekanntester "ziviler" Nutzer dürfte Air America gewesen sein, eine verdeckt für die CIA arbeitende Gesellschaft. NewCal Aviation, die zahlreiche DHC-4 aus Militärbeständen erworben hatte und zu Zivilfrachtern umbaute, sah anfangs der neunziger Jahre ein Marktpotential für eine turbopropgetriebene Caribou. Eine mit 1.062 kW P&W PT6A-67R Propellerturbinen und Vierblattpropellern ausgerüstete als DHC-4T bezeichnete Maschine flog im November 1991 zum ersten Mal, wurde aber bald darauf durch einen Unfall zerstört. Die Caribou erwies sich auch als geeignet für Spezialaufgaben: De Havilland Canada nutzte den Prototyp 1961 als Testträger für die für die DHC-5 Buffalo vorgesehene GE T-64-GE4 Propellerturbine, während das Environmental Research Institute Michigan vor einigen Jahren mit einer DHC-4 Meßflüge für Umweltforschungsprogrammen durchführte und NewCal Aviation in Malta eine Caribou in eine "Advanced Maritime Pollution Control"-Konfiguration (Fortgeschrittenes Luftüberwachungssystem für Meeresverschmutzung) modifiziert hat. Jeweils rund ein Dutzend Caribous bilden noch immer einen wesentlichen Bestandteil der taktischen Transportkomponente der australischen und der malaysischen Luftstreitkräfte. In zivilen Diensten ist die Caribou selten geworden: Zur Flotte der Interocean Airways aus dem südafrikanischen Benoni-Brakpan gehören vier Exemplare, je eines fliegt bei Vintage Props & Jets, Inc. und Greatland Air Cargo aus Anchorage. Mindestens 15 Militär-Caribous sind heute in Malaysia, Spanien und den USA ausgestellt, wogegen man nach zivilen DHC-4 in Museen bisher vergeblich sucht. Eine größere Anzahl Überlebender ist auf verschiedenen Flugplätzen in den USA abgestellt, alleine die auf dem Cape May County Airport in New Jersey ansässige Pen Turbo Aviation besitzt 33 Caribous, einschließlich eines Turboprop-Umbaus.

Daten (der DHC-4A)

Spannweite: 29,15 m
Länge: 22,13 m
Motoren: Zwei 1.082 kW Pratt & Whitney R-2000-7M2 Sternmotoren
Reisegeschwindigkeit: 293 km/h
Passagiere: 30
Frachtzuladung: 3.965 kg

Interocean Airways mit einem Wetterradar im Bug ausgerüstete und in Mosambik registrierte DHC-4A C9-ATV wurde 1990 auf dem Flughafen Johannesburg-Jan Smuts aufgenommen. Die Triebwerke der Caribou sind leicht nach unten geneigt eingebaut, was in dieser Bemalung durch die rot-schwarzen Streifen auf den Motorgondeln noch hervorgehoben wird. (Sammlung Autor)

Vorbesitzerin dieser DHC-4A Caribou, die heute zur Flotte von Vintage Props & Jets, Inc. aus New Smyrna Beach im US-Bundesstaat Florida gehört, war die im kanadischen Yellowknife beheimatete Air Tindi. (Sammlung Autor)

Bis vor kurzem wurde diese DC-2 von einer Gruppe McDonnell Douglas-Angestellter in Long Beach flugfähig gehalten. Dort ist die NC1934D noch heute zu finden, allerdings nicht mehr in dem hervorragenden Zustand, in dem sie sich dem Fotografen 1986 präsentierte. (EMCS)

DOUGLAS DC-2

Douglas Aircraft Company
Santa Monica, Kalifornien
USA

Im August 1932 lud Jack Frye, Vizepräsident der Transcontinental & Western Air (TWA, der Vorgänger der Trans World Airlines) fünf namhafte Flugzeugwerke ein, Angebote für einen dreimotorigen Eindecker mit mindestens 12 Sitzen vorzulegen. Härteste Anforderung war, daß die Maschine imstande sein mußte, auf jedem von der TWA bedienten Flughafen vollbeladen und mit einem stehenden Triebwerk sicher starten zu können. Von dem als Sieger ausgewählten Muster beabsichtigte man mindestens 10 Exemplare zu ordern. Douglas reichte den Entwurf eines sauberen Tiefdeckers mit zwei Motoren, Einziehfahrwerk und Platz für 12 Passagiere ein, der die Bezeichnung DC-1 (Douglas Commercial 1) trug. Bei der Entwicklung des strömungsgünstigen Rumpfs, der Tragflächen, der Motorverkleidungen und der Flaps konnten die Konstrukteure auf die mit der Northrop Alpha gewonnenen Erfahrungen zurückgreifen, Northrop war ein Tochterunternehmen von Douglas. Als Antrieb fand der Wright Cyclone Sternmotor Verwendung, dem man den Vorzug gegenüber dem Pratt & Whitney Hornet gegeben hatte. Im Juli 1933 flog die DC-1 in Santa Monica zum ersten Mal, und nachdem eine eingehende Erprobung die TWA von der zweimotorigen Auslegung überzeugt hatte, bestellte die Gesellschaft 1934 zwanzig als DC-2 bezeichnete Serienmaschinen. Von der DC-1, die ein Einzelstück blieb, unterschieden sich diese vor allem durch einen 0,61 m längeren Rumpf mit 14 Sitzen, stärkere Triebwerke und Verstellpropeller. Am 11. Mai 1934 absolvierte die erste DC-2 ihren Jungfernflug, und schon eine Woche später ging sie bei TWA in den Liniendienst. Die Konstruktion erwies sich als überaus gelungen, sie bescherte Douglas den ersten Erfolg auf dem Zivilmarkt: Zwischen 1934 und 1939 wurden 193 DC-2 produziert, 130 davon für zivile Betreiber. Nakajima Hikoki KK aus Japan fertigte 1936/37 in Lizenz fünf Maschinen für die Fluggesellschaft Nihon Koku KK, und die Fokker-Werke aus den Niederlanden, die die Rechte für den Nachbau und den Verkauf in Europa erworben hatten, montierten 39 Einheiten aus von Douglas gelieferten Komponenten.

In Amerika zählten neben TWA American Airlines, Braniff Airways, Eastern Air Lines, Pan American Airways und PANAGRA zu den wichtigsten Kunden. Bestellungen aus Übersee gingen unter anderem von A.L.I. (Italien), C.L.S. (Tschechoslowakei), Holyman's Airways (Australien), K.L.M. (Niederlande), K.N.I.L.M. (Niederländisch-Indien), L.A.P.E. (Spanien), LOT (Polen) und Swissair ein. Die Deutsche Lufthansa beschaffte 1935 eine DC-2 zur Erprobung und erhielt später außerdem einige bei der Besetzung der Tschechoslowakei und der Niederlande erbeutete Maschinen, die jedoch größtenteils bald an die Luftwaffe weitergegeben wurden. Eine DC-2 der K.L.M., die PH-AJU "Uiver", errang 1934 im MacRobertson Air Race von Großbritannien nach Australien den ersten Platz in der Kategorie Verkehrsflugzeuge - schneller war nur das eigens für diesen Wettflug entwickelte Rennflugzeug D.H.88 Comet.

Mindestens neun DC-2 existieren heute noch: Auf dem Flughafen von Long Beach in Kalifornien steht die DC-2 NC1934D der Douglas Historical Foundation, während eine C-39, eine von der USAAF eingesetzte Militärausführung, zu den Beständen des U.S. Air Force Museums auf der Wright-Patterson AFB bei Dayton, Ohio gehört. Drei Exemplare gibt es in Australien, zwei in Finnland, und in einem Hangar in Amsterdam-Schiphol ist zerlegte eine als "Uiver" bemalte ehemalige RAAF DC-2 eingelagert. In den Niederlanden ist auch die derzeit einzige flugtüchtige DC-2 zu finden: Das Nationaal Luchtvaartmuseum Aviodome gab im November 1999 bekannt, man habe genug Geld gesammelt, nicht zuletzt dank einem großzügigen Beitrag der KLM, um die DC-2 NC39165 erwerben zu können, die sich seit 1968 im Besitz von Colgate W. Darden III. aus Edmund, South Carolina befand und nun zum Verkauf stand. Das Flugzeug, das seit seiner Teilnahme an den Feierlichkeiten zum 50. Jahrestag des MacRobertson Air Races ebenfalls die Farben der "Uiver" trägt, war bereits im August 1999 über Grönland, Island und Großbritannien in die Niederlande überführt worden, um dort die Kampagne zur Sammlung von Spenden für den Ankauf dieses Klassikers zu unterstützen.

Daten

Spannweite: 25,91 m
Länge: 18,89 m
Motoren: Zwei 535 kW Pratt & Whitney R-1690 Hornet, 559 kW Bristol Pegasus VI oder 652 kW Wright Cyclone SGR 1820 Sternmotoren
Reisegeschwindigkeit: 318 km/h
Passagiere: 14

Auf dem Flugplatz von Albury im australischen Bundesstaat New South Wales wurde 1980 eine ehemalige Royal Australian Air Force DC-2 aufgestellt, die die Bemalung der PH-AJU von K.L.M. erhalten hatte und an die nächtliche Notlandung dieser Maschine auf der Rennbahn der Stadt während des MacRobertson Air Races im Oktober 1934 erinnern soll. Die echte "Uiver" (Storch) war wenige Wochen nach ihrem Triumph in dem legendären Langstreckenluftrennen auf einem Linienflug nach Batavia bei Rutba im Irak abgestürzt. (Mike Green)

Gegenwärtig die einzige flugfähige DC-2 ist die NC39165, die im September 1935 als R4D-1 an die U.S. Navy ausgeliefert worden war und sich seit 1968 im Besitz von Colgate W. Darden III. aus Edmund in South Carolina befand. Auf dem Flug von den USA in ihre neue Heimat in den Niederlanden im August 1999 legte die Maschine einen Zwischenhalt in Bruntingthorpe in Großbritannien ein, wo diese Aufnahme entstand. (Steve Kinder)

Die DC-3 CF-TDS flog von Juli 1946 bis Oktober 1956 bei TCA, anschließend wurde sie an Quebecair verkauft und fiel knapp zwei Jahre später einem Brand zum Opfer. (Archiv Air Canada)

DOUGLAS DC-3

Douglas Aircraft Company
Santa Monica, Kalifornien
USA

Die DC-3 ist ganz einfach das klassische Verkehrsflugzeug! Ihre Entstehung verdankt die Maschine den 1934 erhobenen Forderungen von Cyrus R Smith, Präsident von American Airlines, nach einem mit Schlafkojen ausgestatteten Flugzeug für Nachtstrecken, das die Leistungsfähigkeit und die Wirtschaftlichkeit der DC-2 mit der Geräumigkeit des Doppeldeckers Curtiss Condor kombinieren sollte. Douglas entwickelte daraufhin die DST (Douglas Sleeper Transport), die auf der DC-2 basierte, jedoch über einen längeren und breiteren Rumpf, ein größeres Seitenleitwerk, größere Tragflächen sowie stärkere Triebwerke verfügte und deren Kabine Platz für 14 Schlafkojen bot. Von späteren DC-3-Varianten unterschied sich der "fliegende Schlafwagen" äußerlich vor allem durch eine Reihe schmaler Fenster über den großen Kabinenfenstern. Während von der am 17. Dezember 1935 zum ersten Mal geflogenen DST nur 38 gebaut wurden, wurde die 21sitzige Tagflug-Version DC-3 zu einem Bestseller: Bis zum Kriegseintritt der USA im Dezember 1941 konnte Douglas nicht weniger als 417 Einheiten an zivile Kunden verkaufen.

Verschiedene Militärausführungen der DC-3 bildeten im Zweiten Weltkrieg das Rückgrat der Transporterflotten der Alliierten, Tausende Maschinen flogen bei der USAAF (vorwiegend C-47 Skytrain und C-53 Skytrooper), der U.S. Navy und dem U.S. Marine Corps (R4D) sowie der RAF, der RAAF, der RCAF, der RNZAF und der SAAF (Dakota). Douglas fertigte während des Kriegs in Werken in Santa Monica, Long Beach und Oklahoma City etwa 10.000 Exemplare.

Im Februar 1938 erwarb Mitsui and Company Ltd., eine amerikanische Tochter der japanischen Handelsgesellschaft Mitsui Bussan KK, im Auftrag der japanischen Marine die Rechte für den Nachbau der DC-3. Als Subkontraktoren fabrizierten Nakajima Hikoki KK und Showa Hikoki Kogyo KK ab 1939 fast 500 L2D (Alliierter Codename Tabby), die den japanischen Marineluftstreitkräften bis Kriegsende als Standardtransporter dienten. Ein Lizenzabkommen wurde 1940 auch mit der sowjetischen Regierung geschlossen. Zwischen 1936 und 1939 hatte die UdSSR bereits 22 in Santa Monica gefertigte DC-3 erworben, wovon einige nun als Muster für die von zwei Schwezow M-62 angetriebenen PS-84 fungierten. Später kamen Schwezow ASch-62IR Sternmotoren zum Einbau, 1942 änderte sich die Bezeichnung des Flugzeugs in Lisunow Li-2. Insgesamt 6.127 Maschinen verließen die Fabriken in Chimki bei Moskau und in Taschkent.

Nach Ende des Zweiten Weltkriegs wurden Hunderte von C-47 aus Militärbeständen zu günstigen Preisen an Fluggesellschaften verkauft und für einen Einsatz im kommerziellen Luftverkehr umgerüstet. Zu den großen Airlines, die mit einigen C-47 den Betrieb aufnahmen, zählen Cathay Pacific, Cyprus Airways, Ethiopian Airlines, Garuda Indonesian Airways, Indian Airlines, JAT, Kuwait Airways, Philippine Air Lines, Saudi Arabian Airlines, TAP, Transbrasil, Tunis Air und Turkish Airlines. Im zivilen Bereich finden DC-3/C-47 noch Verwendung für Passagier- und Frachtcharter, für Nostalgieflüge, als Absetzmaschinen für Fallschirmspringer, zum Versprühen von Insektiziden zur Moskitobekämpfung, für humanitäre Hilfsflüge oder als Sprühflugzeuge für Bindemittel bei Ölunfällen auf See. Nahezu jede Luftwaffe hatte einmal C-47 oder Li-2 in ihren Beständen, heutzutage sind allerdings nur mehr wenige Exemplare in militärischen Diensten anzutreffen. Gewisser Beliebtheit bei den Luftstreitkräften verschiedener afrikanischer und lateinamerikanischer Staaten erfreuen sich in den letzten Jahren mit Propellerturbinen remotorisierte C-47.

Die bei weitem größte Anzahl von DC-3/C-47 fliegt heute in den USA, aber auch in Mittelamerika und Australien finden sich noch etliche aktive Maschinen. In Europa besitzt Atlantic Airlines aus Coventry die größte Flotte. Abgesehen von den weltweit vermutlich rund 150 flugbereiten DC-3/C-47 gibt es noch Hunderte abgestellter Exemplare, vom gepflegten Museumsstück bis zum ausgeschlachteten Wrack, die Gesamtzahl überlebender DC-3/C-47 dürfte annähernd 1.000 betragen. In der FSU, in Polen, Rumänien, Ungarn und in der VR China sind ungefähr 30 Li-2 erhalten geblieben, darunter zwei flugfähige Maschinen im Rußland und Ungarn.

Daten (der C-47A Skytrain)

Spannweite: 29,11 m
Länge: 19,43 m
Motoren: Zwei 895 kW Pratt & Whitney R-1830 Twin Wasp Sternmotoren
Reisegeschwindigkeit: 266 km/h
Pasagiere: Maximal 32

Air Atlantiques C-47B Dakota G-AMPO trug noch die Farben ihres Vorbesitzers, der britischen Eastern Airways, als sie 1982 aufgenommen wurde. (Autor)

Der South African Airways Historic Flight betrieb eine Reihe klassischer Verkehrsflugzeuge, die an Flugveranstaltungen teilnahmen und für Nostalgieflüge zur Verfügung standen. Neben einer CASA 352L, einer in Spanien in Lizenz gebauten Junkers Ju 52/3m und zwei DC-4-1009 zählten auch zwei DC-3C zur Flotte, darunter die ZS-BXF "Klapperkop". Ende der neunziger Jahre war der South African Airways Historic Flight aus der Fluggesellschaft ausgegliedert und in den South African Historic Flight umgewandelt worden. (Richard Ness)

Diese im Januar 1994 in Tucson, Arizona fotografierte C-117D/Super DC-3 trägt die Bemalung und das Kennzeichen des Super DC-3 Prototyps aus dem Jahr 1949. Gut zu erkennen ist die eckige Form der Leitwerks- und Flügelspitzen. (Autor)

DOUGLAS SUPER DC-3 (DC-3S)

Douglas Aircraft Company
Santa Monica, Kalifornien
USA

Auf Drängen der großen US-Airlines kündigte die amerikanische Zivilluftfahrtbehörde CAA in den späten vierziger Jahren den Erlaß neuer Civil Air Regulations an, die ehemaligen Militärtransportern, welche nun im Passagier- und Frachtbedarfsluftverkehr zum Einsatz kamen, die Zulassung zu entziehen drohten. Für den Fall, daß die Vorschriften wie geplant 1952 in Kraft treten sollten, erwartete Douglas eine immense Nachfrage nach einem Ersatz für die zahlreichen kommerziell genutzten C-47. Man versprach sich hier gute Geschäfte und kam zu dem Schluß, man brauche nicht Zeit und Geld für die Entwicklung eines neuen Modells aufwenden, da eine modernisierte DC-3 hierfür bestens geeignet sei. Auf dem Gebrauchtmarkt wurden eine DC-3 und eine C-47 erworben, zerlegt und als Prototypen der als Super DC-3 bekannten DC-3S wieder aufgebaut. Als vordringliche Aufgabe galt, die unzulänglichen Leistungen der "alten" DC-3 beim Start und im Einmotorenbetrieb zu verbessern und die Reisegeschwindigkeit zu steigern. Einfachster Weg, diese Vorgaben zu realisieren, war die Verwendung stärkerer Triebwerke, und so wurde die Super DC-3 mit 1.100 kW Wright Cyclone R-1820 oder 1.080 kW Pratt & Whitney R-2000 Sternmotoren angeboten. Zu den wichtigsten Änderungen an der Zelle gehörten die Verlängerung des Rumpfs um 0,99 m durch das Einsetzen eines "Pfropfens" vor den Tragflächen sowie eine Verstärkung der Rumpfstruktur, ein größeres Leitwerk mit eckigen Spitzen und größere, aerodynamisch verbesserte Triebwerksgondeln, in die das Hauptfahrwerk vollständig eingefahren werden konnte. Die längere Kabine bot bis zu 30 Fluggästen Platz, eine in die Passagiertür integrierte Treppe erleichterte das Einsteigen. An das robuste, unverändert beibehaltene Tragflächenmittelstück montierte man neue kürzere Außenflügel mit eckigen Enden und einer Pfeilung von 15,5 Grad an der Vorder- und 4 Grad an der Hinterkante. Die höhere Startmasse erforderte eine Verstärkung des Fahrwerks, und auch das Spornrad war nun einziehbar. Am 23. Juni 1949 hob die Super DC-3 in Santa Monica zu ihrem Jungfernflug ab. Erste Tests zeigten, daß sie die erwarteten Leistungen noch übertraf und eine um 20% höhere Reisegeschwindigkeit als die DC-3C erreichte. Während die zweite Super DC-3 fertiggestellt wurde startete der Prototyp zu einer 10.000 Meilen-Demonstrationstour durch die USA, Kanada und Mexiko. Inzwischen waren jedoch die eigens als DC-3-Nachfolger entwickelten, moderneren Muster Martin 2-0-2/4-0-4 und Convair 240/340 erschienen, die fast alle über eine druckbelüftete Kabine verfügten, und außerdem hatte die CAA von ihrem Vorhaben, ältere DC-3/C-47 stillzulegen, wieder abgelassen. Dies führte dazu, daß nur eine einzige Fluggesellschaft die DC-3S orderte: Capital Airlines gab 1949 drei ihrer DC-3 an Douglas und kaufte die zu Super DC-3 mit Wright Cyclone Motoren umgebauten Propliners im folgenden Jahr zu einem Stückpreis von $ 275.000 zurück. Douglas hatte in das Projekt DC-3S beträchtliche Mittel investiert, und die Verkaufsabteilung arbeitete nun hart daran, weitere Kunden zu gewinnen: 1951 erwarb die USAF den Prototyp, erteilte aber keine Folgeaufträge und überstellte das Flugzeug nach kurzer Erprobung an die U.S. Navy, die sich von dessen Leistungen so beeindruckt zeigte, daß sie die Umrüstung von 100 ihrer R4D zu Super DC-3 in Auftrag gab. Erst 1976 wurden die letzten dieser anfangs als R4D-8 und ab 1962 als C-117D bezeichneten Maschinen von der Navy und dem U.S. Marine Corps außer Dienst gestellt. So wie für zahlreiche andere Transporter aus US-Militärbeständen fanden sich auch für ausgemusterte C-117D Interessenten auf dem Zivilmarkt, insbesondere unter Frachtgesellschaften aus den USA und Kanada: Unternehmen wie Skyfreighters aus Fort Worth, Texas, Air-Dale, Air 500 oder Millardair aus Kanada zählten in den späten achtziger Jahren zu den größten Betreibern von C-117D-Frachtern. Nachdem die einzige C-117D der philippinischen Mabuhay Airways im August 1999 bei Manila verunglückt ist dürften heute nur noch in den USA und in Kanada aktive Super DC-3 anzutreffen sein. Auf der U.S. Navy-Basis Keflavik in Island ist eine C-117D ausgestellt, und in den USA blieben mindestens drei Militärmaschinen in Museen in El Toro, Pensacola sowie Tucson erhalten.

Daten

Spannweite: 27,43 m
Länge: 20,75 m
Motoren: Zwei 1.100 kW Wright Cyclone R-1820 Sternmotoren
Reisegeschwindigkeit: 400 km/h
Passagiere: 30

Auf dem Flughafen von Manila war im März 1995 die abgestellte C-117D/Super DC-3 RP-C473 der Soriano Air Cargo anzutreffen. Im folgenden Dezember erwarb die in Manila ansässige Mabuhay Airways das Flugzeug und lackierte es in ein neues Farbschema mit weißem Rumpf um. Nach einer Notlandung in der Nähe der philippinischen Hauptstadt am 30. August 1999 mußte die Maschine leider abgeschrieben werden. (Autor)

Einer der letzten kommerziellen Betreiber von C-117D/Super DC-3 ist Kenn Borek Air aus Calgary in der kanadischen Provinz Alberta. In einer auffälligen Arktis-Bemalung präsentierte sich die als Frachter eingesetzte C-GGKG im Jahr 1995 auf ihrer Heimatbasis dem Fotografen. (Sammlung Autor)

Kurz nach ihrer Übernahme durch Ace Freighters aus Coventry konnte die 1946 gebaute DC-4-1009 G-APEZ im Oktober 1964 auf der südlichen Ramp des Flughafens London-Heathrow auf Film gebannt werden. Zwei Jahre später wurde der Frachter außer Dienst gestellt und verschrottet. (Sammlung Autor)

DOUGLAS DC-4

Douglas Aircraft Company
Santa Monica, Kalifornien
USA

Auf eine Anfrage von United Air Lines hin begann Douglas 1935, Vorstudien für ein viermotoriges Verkehrsflugzeug mit großer Passagierkapazität und der Reichweite für Nonstop-Transkontinentalflüge durchzuführen. Die Kosten für die Entwicklung und den Bau waren jedoch für Douglas alleine zu hoch, erst nachdem die fünf führenden US-Fluggesellschaften jeweils $100.000 beigesteuert hatten konnte man 1938 einen Prototyp fertigstellen, der die Bezeichnung DC-4 erhielt. United Air Lines erprobte die für ihre Zeit riesige Maschine, wies sie dann aber als zu kompliziert und zu teuer im Betrieb zurück. Das Flugzeug mit dem Dreifach-Seitenleitwerk, nach der Entscheidung für die Entwicklung einer neuen DC-4 in DC-4E (E für Experimental) umbenannt, blieb ein Einzelstück und wurde 1939 nach Japan verkauft.
Um die wachsende Nachfrage der Airlines nach einem Langstreckenverkehrsflugzeug erfüllen zu können beschloß Douglas, unter der Bezeichnung DC-4 eine völlig neue Maschine herauszubringen, die kleiner und leichter werden sollte als die DC-4E. Großen Wert maß man einem unkomplizierten Aufbau, hoher Wartungsfreundlichkeit und einer besseren Wirtschaftlichkeit bei. Wie sein Vorgänger verfügte das neue Modell über einen elliptischen Rumpfquerschnitt und ein einziehbares Bugradfahrwerk, besaß aber nur ein einfaches Seitenleitwerk. Von United Air Lines, American Airlines und Eastern Air Lines gingen Aufträge für 61 Exemplare ein, doch noch vor der Fertigstellung des Prototyps traten die USA in den Zweiten Weltkrieg ein und das Militär requirierte alle in Produktion stehenden Verkehrsflugzeuge für den dringend notwendigen Ausbau der Lufttransportkapazitäten. In USAAF-Farben gehalten startete die erste DC-4 am 14. Februar 1942 vom Flugplatz Clover Field, Santa Monica zu ihrem erfolgreichen Jungfernflug. Fast 1.200 Einheiten wurden während des Kriegs an die US-Luftstreitkräfte geliefert, die dem Muster die Bezeichnung C-54 Skymaster (USAAF) und R5D (U.S. Navy) zuteilten. Nach Kriegsende überfluteten Hunderte ausgemusterter Militärtransporter den Markt, darunter auch zahlreiche zu günstigen Preisen angebotene C-54, was maßgeblich dazu beitrug, daß das Interesse der Fluggesellschaften an der neu herausgekommenen verbesserten Zivilausführung DC-4-1009 gering blieb: Von dem 44sitzigen, nicht druckbelüfteten Passagierflugzeug konnte Douglas lediglich 78 Stück absetzen.
Dank ihrer Robustheit und ihrem unkomplizierten Aufbau behauptete sich die DC-4/C-54 lange Jahre weltweit in kommerziellen und militärischen Diensten, und einige Flugzeuge stehen nach wie vor im Einsatz, meist als Frachter. In den USA leistet eine Hand voll Skymasters noch immer gute Dienste als Wasserbomber zur Bekämpfung von Waldbränden. Die mit großen Löschmitteltanks unter dem Rumpf ausgerüsteten Maschinen werden in der Sommersaison auf Stützpunkte in den von Bränden bedrohten Bundesstaaten verteilt, wo sie oft wochenlang am Boden warten. Bricht dann aber ein Feuer aus fliegen die Air Tankers von Sonnenaufgang bis Sonnenuntergang und werfen unermüdlich mit feuerhemmenden Chemikalien vermischtes Wasser ab die Flammen ab. Mehrere von der South African Air Force (SAAF) ausgemusterte DC-4-1009 wurden an Vereinigungen aus den Niederlanden und Südafrika verkauft, die sich die Erhaltung von Propolinern zum Ziel gesetzt haben: Die Dutch Dakota Association aus Amsterdam-Schiphol erwarb eine Maschine, und der aus dem South African Airways Historic Flight hervorgegangene, nun auf dem Militärflugplatz Pretoria-Swartkop beheimatete South African Historic Flight betreibt für Nostalgieflüge unter anderem zwei ehemalige SAAF DC-4. Beide Flugzeuge statteten in den letzten Jahren den USA und Europa mehrere Besuche ab, was vielen Kolbenmotorenthusiasten zu dem unvergeßlichen Erlebnis eines Mitflugs in einem dieser hervorragend restaurierten Klassiker verhalf. In Militärmarkierungen ausgestellte Skymasters sind heute in Argentinien, Bolivien, Deutschland, Kolumbien, Saudi-Arabien, Spanien, Südafrika, Südkorea, Taiwan, Venezuela, der Türkei und natürlich in den USA zu finden, zivile Überlebende gibt es in Australien, Belgien, Bolivien, Kanada, Kolumbien, Südafrika, der Demokratischen Republik Kongo, in den Niederlanden und den USA sowie auf den Philippinen.

Daten

Spannweite: 35,81 m
Länge: 28,60 m
Motoren: Vier 1.080 kW Pratt & Whitney R-2000-2SD-BG Twin Wasp Sternmotoren
Reisegeschwindigkeit: 365 km/h
Passagiere: Maximal 86
Frachtzuladung: 14.742 kg

Im Jahr 1997 entstand diese schöne Flugaufnahme der C-54D C9-ATS, die Interocean Airways 1991 erworben hatte. Zu den Vorbesitzern des ursprünglich für die USAAF gebauten Frachters zählen die Kongelige Danske Flyvevåbnet, die Königlich Dänischen Luftstreitkräfte und die kanadische Millardair. (Martin Siegrist)

Die farbenfroh bemalte und hervorragend gewartete C-54E C-GCTF wird von Buffalo Airways vor allem für Frachtdienste und als Wasserbomber eingesetzt. Gut zu erkennen ist der große Löschmitteltank unter dem Rumpf. Neben einigen C-54 gehören Klassiker wie die DC-3, die C-46 Commando und das Amphibienflugzeug PBY-5 Catalina zur Flotte der Gesellschaft aus Hay River in den kanadischen Northwest Territories. (AviationTrade)

Am 9. Oktober 1956 lieferte Douglas die DC-6B N93117 an Western Airlines aus. Später flog diese Maschine bei Japan Air Lines, der isländischen Fragtflug, Pomair und Iscargo, 1977 wurde sie in Island außer Dienst gestellt. (Sammlung Erik Bernhard)

DOUGLAS DC-6

Douglas Aircraft Company
Santa Monica, Kalifornien
USA

Dieser wahrlich klassische Airliner entstand als gestreckte und druckbelüftete Weiterentwicklung der erfolgreichen DC-4/C-54. Ihrer Zuverlässigkeit, ihrer Vielseitigkeit und ihren niedrigen Betriebskosten verdankt es die DC-6, daß auch 55 Jahre nach dem Erstflug des Prototyps noch immer eine Hand voll Maschinen im kommerziellen Einsatz steht. Die DC-6 kombinierte die Tragflächen der DC-4 mit stärkeren Triebwerken und einem um 2,06 m verlängerten Rumpf, der druckbelüftet war und so eine größere Reiseflughöhe erlaubte. Außerdem wurden die als altmodisch angesehenen elliptischen Kabinenfenster durch modernere von rechteckiger Form ersetzt. Der dreiköpfigen Cockpitbesatzung stand die neueste Navigations- und Kommunikationsausrüstung zur Verfügung, eine leistungsfähige thermische Enteisungsanlage sollte Eisansatz an den Frontscheiben sowie den Flügel- und Leitwerksvorderkanten verhindern. Mehr als 15 Monate vor dem Erstflug des von der USAAF georderten und als XC-112A bezeichneten DC-6-Prototyps am 15. Februar 1946 hatte American Airlines 50 Exemplare der Zivilausführung bestellt, um auf den US-Transkontinentalstrecken mit den Constellations der TWA konkurrieren zu können. Zu den amerikanischen Luftverkehrsgesellschaften, die die DC-6 erwarben, zählten auch Braniff International Airways, Delta Air Lines, National Airlines, PANAGRA sowie United Air Lines. Während die letzten der insgesamt 175 gebauten DC-6 fertiggestellt wurden lief bereits die Produktion eines um 1,52 m gestreckten Modells mit stärkeren, mit Wasser/Methanol-Einspritzung ausgerüsteten Double Wasp Motoren und neuen Propellern an. Als erste Version erschien der Frachter DC-6A, der im September 1949 in Santa Monica zu seinem Jungfernflug abhob und in 74 Einheiten gefertigt wurde. Dieses Flugzeug besaß zwei große, nach oben öffnende Ladetüren auf der linken Rumpfseite und einen verstärkten Frachtraumboden, aber keine Kabinenfenster. Ein paar DC-6A wurden später für Passagierdienste umgebaut, und einige Maschinen modifizierte Douglas noch vor der Auslieferung in DC-6C, die als frühes Beispiel einer "Quick Change"-Ausführung schnell in Passagier- oder Frachtkonfiguration umgerüstet werden konnten. Zu einem Bestseller entwickelte sich die am 2. Februar 1951 erstmalig geflogene DC-6B. Abgesehen vom Rumpf, der über Fenster, nicht aber über die Frachttore und den verstärkten Kabinenboden verfügte, entsprach diese Passagiervariante weitgehend der DC-6A. Bis zur Einstellung der Fertigung im Jahr 1958 verließen 288 DC-6B die Douglas-Werke in Santa Monica. Von den großen Airlines ausgemusterte und anschließend zu Frachtflugzeugen umgebaute "Six" trugen oft inoffizielle Bezeichnungen wie DC-6AB, DC-6AC, DC 6A(C) oder DC-6BF. Zwei DC-6B, die die belgische Sabena in den sechziger Jahren für Spantax und die finnische Kar-Air O/Y zu Swing Tail-Frachtern mit abklappbarem Rumpfheck modifiziert hatte, fliegen nun bei Northern Air Cargo. Mit 13 Exemplaren betreibt diese Gesellschaft aus Anchorage, Alaska derzeit weltweit die größte DC-6-Flotte. Insgesamt produzierte Douglas 704 "Sechser". Größter Kunde war das US-Militär, das 168 Maschinen für die USAF (C-118 Liftmaster) sowie die U.S. Navy und das U.S. Marine Corps (R6D) erwarb. Die letzten beiden DC-6, zwei Ende 1958 an JAT ausgelieferte DC-6B, erhielten später eine luxuriöse Inneneinrichtung für nur 66 Passagiere und wurden bis vor kurzem von NCA-Namibia Commercial Aviation für Charterflüge eingesetzt. In Großbritannien, Kolumbien und in den USA steht noch immer eine Anzahl von DC-6 im kommerziellen Frachtdienst, in Alaska finden mehrere mit speziellen Tanks ausgerüstete Flugzeuge Verwendung für den Transport von Treibstoff in abgelegene Siedlungen. Ferner kommen in Kanada und den USA ein paar Maschinen als Air Tanker zur Waldbrandbekämpfung zum Einsatz, als fliegende Feuerwehren, deren unter dem Rumpf angebrachte Tanks bis zu 3.000 US-Gallonen (11.356 Liter) Löschmittel fassen. Aus- oder abgestellte DC-6 gibt es unter an-derem in Ägypten, Äthiopien, Bolivien, Brasilien, Dänemark, in der Demokratischen Republik Kongo, in Deutschland, in der Dominikanischen Republik, in Ecuador, Frankreich, Haiti, Indonesien, Italien, Jugoslawien, Mexiko, Paraguay, Peru, Portugal, der Schweiz, Syrien, Taiwan und in den USA.

Daten (der DC-6B)

Spannweite: 35,81 m
Länge: 32,18 m
Motoren: Vier 1.685 kW Pratt & Whitney R-2800 Double Wasp Sternmotoren
Reisegeschwindigkeit: 501 km/h
Passagiere: Maximal 102
Frachtzuladung: 12.786 kg

Vor einer dramatischen Gebirgskulisse wird die DC-6B CP-1650 der Frigorifico Reyes mit einfachsten Mitteln beladen. Dieses faszinierende Foto entstand im Mai 1984 auf der Graspiste des Flugfelds von Rurrenabaque in Bolivien. (Stephen Piercey)

Unter dem Namen "Classic Air Travel" führte NCA-Namibia Commercial Aviation aus Windhuk-Eros mit zwei DC-6B in luxuriöser 66sitziger Konfiguration bis vor kurzem Charterflüge für Touristen durch. Einer der aufwendig restaurierten Klassiker, die V5-NCF "Fish Eagle", wurde dann von einem österreichischen Getränkehersteller erworben und im Sommer 2000 nach Salzburg überführt. Zusammen mit den anderen Flugzeugen der "Flying Bulls"-Flotte soll die 1958 für JAT gebaute DC-6B nach einer Überholung und mit einer neuen Bemalung versehen für Werbezwecke zum Einsatz kommen. (Sammlung Autor)

Diese Farbaufnahme aus dem März 1966 zeigt eine von Conairs fünf DC-7 auf dem Flughafen von Kopenhagen. Zu den Vorbesitzern der 1969 verschrotteten OY-DMU zählten American Airlines, ONA, Pacific Western Airlines und Flying Enterprise. (Sammlung Autor)

DOUGLAS DC-7

Douglas Aircraft Company
Santa Monica, Kalifornien
USA

Die DC-7 sollte der letzte propellergetriebene Airliner von Douglas werden. Anfänglich hegte man Bedenken, die Entwicklung dieses Flugzeugs könnte das Gros der Gewinne aus dem erfolgreichen DC-6-Programm aufzehren, aber nachdem American Airlines vom Reißbrett weg 25 Einheiten geordert hatte, lief die Fabrikation der DC-7 an. Bis auf eine Verlängerung um 1,02 m entsprach ihr Rumpf weitgehend dem der DC-6B, und auch die Tragflächen waren nahezu baugleich. Lediglich die Struktur der Flügel, die letztendlich auf dem Tragwerk der erheblich kleineren DC-4/C-54 (siehe S. 82) basierten, verstärkte man, um die schwereren und kraftvolleren Wright R-3350-18DA-2 Turbo-Compound (Turboverbund) Triebwerke einbauen zu können. Die Wellenleistung dieses Achtzehnzylinder-Sternmotors wurde durch drei von seinem Abgasstrom angetriebene und an die Kurbelwelle gekoppelte Turbinen erhöht. Neue Vierblattpropeller, deren mächtige Blätter ein Regler automatisch dem jeweiligen Flugzustand anpaßte, setzten die Motorleistung effektiv in Vorwärtsbewegung um. Das stabile Fahrwerk ließ sich auch bei größerer Geschwindigkeit ausfahren und fungierte dann als Luftbremse. Im Mai 1953 startete der Prototyp der DC-7 zu seinem Jungfernflug, und im folgenden Oktober übernahm American Airlines das erste Exemplar. Die 105 gebauten DC-7 gingen an vier große Gesellschaften aus den USA: United Air Lines erwarb 57, American Airlines 34, Delta Air Lines 10 und National Airlines vier. Eine überarbeitete Version, die DC-7B (die Bezeichnung DC-7A wurde nicht verwendet) flog im Oktober 1954 zum ersten Mal. Abgesehen von stärkeren R-3350-18DA-4 Motoren und längeren Triebwerksgondeln, in denen zusätzliche Treibstofftanks installiert werden konnten, glich dieses Modell äußerlich seinem Vorgänger. Während im US-Inlandsverkehr eingesetzte Maschinen nicht mit den Zusatztanks ausgerüstet wurden, ließen sie Pan American Airways und South African Airways einbauen, denn ihre Flugzeuge fanden auf interkontinentalen Langstrecken Verwendung: Pan American Airways eröffnete im Juni 1955 mit ihren DC-7B eine Nonstop-Verbindung New York-London. Auf dem Rückflug von Europa in die USA mußte die DC-7B aufgrund des vorherrschenden Westwinds häufig einen Tankstopp in Grönland oder Neufundland einlegen. Um diese zeitraubenden Zwischenlandungen einsparen zu können regte Pan American Airways die Entwicklung einer DC-7-Variante mit einer noch größeren Treibstoffkapazität an. Das Resultat war das erste echte Langstreckenverkehrsflugzeug der Welt, die DC-7C, die im Dezember 1955 zu ihrem Erstflug startete und bald darauf den passenden, von der englischen Aussprache der Typenbezeichnung 7C abgeleiteten Namen "Seven Seas" ("Die Sieben Weltmeere") erhielt. Zwischen Rumpf und inneren Motoren hatte man Tragflächenstücke von je 1,52 m eingefügt, was nicht nur Platz für zusätzlichen Treibstoff schuf, sondern auch den Abstand zwischen Rumpf und Triebwerken vergrößerte und so zum Wohl der Fluggäste die Vibrationen und den Lärm in der Kabine reduzierte. Der Rumpf war um 1,10 m gestreckt worden und faßte nun bis zu 105 Passagiere. Das Erscheinen der Comet, der Boeing 707 und der DC-8 läutete in den fünfziger Jahren das Ende der Ära des Kolbenmotors im Linienverkehr ein: Die großen Carrier begannen, auf den Hauptstrecken Jets einzuführen, ihre "Sevens" wurden nach und nach auf weniger prestigeträchtige Passagierrouten abgedrängt oder nur noch für Frachtdienste genutzt. Zu Frachtern umgerüstete DC-7 trugen die inoffiziellen Bezeichnungen DC-7F, DC-7BF, DC-7CF oder DC-7C(F). Beliebt waren DC-7 in den späten sechziger und siebziger Jahren bei amerikanischen Travel Clubs, Reise-Klubs, die als Vereine außerhalb der Vorschriften für Fluggesellschaften operieren konnten. Einige DC-7 wurden auch zu Air Tankern zur Waldbrandbekämpfung modifiziert. Die meisten überlebenden DC-7 findet man heute in den USA, aber auch in Europa existieren noch ein paar Exemplare: BASAER aus Spanien betreibt zwei DC-7C Löschflugzeuge, die in Córdoba stationiert sind. Eine "Seven" dient auf dem Flughafen Genf als Feuerwehrübungsobjekt, eine fungiert in Las Palmas als "Reklamewand", und das Musée de l'Air in Paris-Le Bourget besitzt eine Armée de l'Air DC-7C AMOR (Avion de Mesure et d'Observation au Réceptacle), eine im französischen Raumfahrtprogramm zur Verfolgung der Flugbahn von Raumflugkörpern eingesetzte Maschine.

Daten (der DC-7C)

Spannweite: 38,86 m
Länge: 34,21 m
Motoren: Vier 2.535 kW Wright R-3350-18EA-1 Turbo-Compound Sternmotoren
Reisegeschwindigkeit: 571 km/h
Passagiere: 105

Eines der Lieblingsbilder des Autors ist dieses im September 1967 auf dem Flughafen Manchester aufgenommene Foto der DC-7C N90773 von Saturn Airways aus Oakland, Kalifornien. Erster Halter dieser Seven Seas war die in London-Heathrow beheimatete BOAC, die sie 1956 als G-AOIG übernommen hatte. (Sammlung Autor)

Aktive "Siebener" sind heutzutage ein seltener Anblick. Die DC-7 N6353C "Tanker 66", die bei der Butler Aircraft Company aus Redmond, Oregon als Löschflugzeug im Einsatz steht, wurde im September 1998 von Martyn Cooper auf dem Flugplatz von Coeur d`Alene im US-Bundesstaat Idaho meisterhaft auf Film gebannt. (Martyn Cooper)

Diese 1960 gebaute DC-8-31 flog bei Pan American-Grace Airways (PANAGRA) und Braniff, ehe sie 1967 zu einem der "CapitoLiners" der Capitol International Airways aus Nashville, Tennessee wurde. (Sammlung Autor)

DOUGLAS DC-8-10/20/30/40/50

Douglas Aircraft Company, 3855 Lakewood Boulevard, Long Beach, Kalifornien
USA

Im Juni 1955, fast ein Jahr nach dem Erstflug der Dash Eighty, des Vorfahrens der Boeing 707, gab Douglas bekannt, man werde ein als DC-8 bezeichnetes vierstrahliges Verkehrsflugzeug entwickeln. Drei Monate später bestellte Pan American Airways 25 DC-8-30, und bis zum Jahresende 1955 war der Auftragsbestand auf 98 Exemplare für sieben Gesellschaften angewachsen. Im Februar 1957 lief in Long Beach die Fertigung der ersten Serien-DC-8 an. Auf den Bau eines Prototyps wurde verzichtet, denn die Entwicklung war durch ein $7,5 Millionen teures Mock-up in Originalgröße unterstützt worden. In der Auslegung ähnelten sich die Boeing 707 und die DC-8 stark, aber während sein Gegenspieler aus dem Hause Boeing nur fünf Sitze pro Reihe aufwies erlaubte die breitere Kabine des Douglas-Jets sechs Sitze. Am 30. Mai 1958 startete die DC-8 zum Jungfernflug, rund ein Jahr später begann die Auslieferung mit der Übergabe der ersten Maschinen an Delta Air Lines und United Air Lines. Die DC-8 mit kurzem Rumpf (im Unterschied zu den späteren DC-8-60 Serien mit größeren Rumpflängen) erschien in fünf Modellreihen mit nicht weniger als 16 Unterversionen. Anfänglich bot Douglas drei Grundmodelle an: Die Series 10 mit P&W JT3C Triebwerken für den inneramerikanischen Luftverkehr, die Series 20 mit stärkeren JT4A für den Einsatz auf "Hot and high"-Flughäfen (hochgelegener Flughafen und/oder hohe Außentemperaturen) und für interkontinentale Langstrecken die ebenso von JT4A angetriebene Series 30, die über eine größere Treibstoffkapazität verfügte. Erstkunde für die Intercontinental DC-8-30 wurde Pan American Airways mit einem Auftrag über 25 Einheiten, dem bald weitere Bestellungen von Japan Air Lines, KLM, Northwest Orient, PANAGRA, Panair do Brasil, SAS, Swissair, TAI sowie UAT folgten. Mit einer Order über vier Flugzeuge lancierte Trans-Canada Air Lines im Mai 1956 die DC-8-40. Diese auch an Alitalia und Canadian Pacifc Airlines verkaufte Ausführung entsprach weitgehend der Series 30, war jedoch mit Rolls-Royce Conway Triebwerken ausgerüstet. Als letzte kurze DC-8 brachte Douglas 1960 die Series 50 heraus, welche sich von den früheren Baureihen vor allem durch die Verwendung der neuen P&W JT3D und umkonstruierte Triebwerkspylone unterschied. Die modernen Mantelstromtriebwerke verhalfen den DC-8-50-Varianten zu einer beachtlichen Leistungssteigerung: Sie waren schneller, leiser, wirtschaftlicher und besaßen überdies eine größere Reichweite als ihre Vorgänger. Im April 1961 folgte mit der -50CF eine Kombiversion mit verstärktem Kabinenboden und einem großen Ladetor im linken Vorderrumpf. Neu gebaut wurden 39 des mitunter als "Jet Trader" bezeichneten Flugzeugs, außerdem rüstete die McDonnell Douglas Corporation (1967 aus der Fusion von Douglas und McDonnell entstanden) in ihrem Werk in Tulsa, Oklahoma ab 1975 eine Anzahl aus dem Passagierdienst ausgemusterter Series 30, 40 und 50 in diese Konfiguration um. An den fehlenden Fenstern leicht zu erkennen ist der Nurfrachter DC-8-50AF, der zwischen 1964 und 1966 für United Air Lines in 15 Exemplaren produziert wurde. Alle noch aktiven Basisrumpf-DC-8 sind Series 50 Frachter. Zu den größten Betreibern von DC-8-50, die die Stage 2-Lärmvorschriften erfüllten, zählte Ende der neunziger Jahre Fine Air aus Miami, in deren Flotte auch eine mit Stage 3-Hushkits ausgestattete Maschine flog. Die Burbank Aeronautical Corporation und die Quiet Nacelle Corporation haben Stage 3-Schalldämpfer für die Series 50 entwickelt, welche es ermöglichen, diese Jets weiterhin in Nordamerika und Europa einzusetzen. DC-8-50 ohne Hushkits finden noch ein Auskommen im Frachtverkehr in Ländern ohne strenge Lärmschutzbestimmungen, in Swasiland, Liberia, Ghana oder Kolumbien. Kommerziell genutzte kurze DC-8 sind heute vorwiegend in den USA, in Lateinamerika und in Afrika anzutreffen. Überraschenderweise existiert die allererste DC-8 noch, die N8008D parkt eingemottet in Marana, Arizona. Ab- oder ausgestellte "Achter" können in der VR China, in Dänemark, Frankreich, Mexiko, Spanien und in den USA bewundert werden.

Daten

Spannweite: 43,41 m
Länge: 45,87 m
Motoren: Vier 55,3 kN bis 77,8 kN P&W JT3C oder JT4A Strahltriebwerke (Series 10, 20, 30); vier 77,9 kN Rolls-Royce Conway R.Co.12 Strahltriebwerke (Series 40); vier 80,6 kN P&W JT3D Mantelstromtriebwerke (Series 50)
Reisegeschwindigkeit: 900 km/h (Series 10); 933 km/h (Series 50)
Passagiere: Maximal 176 (Series 10, 20, 30, 40); maximal 189 (Series 50)

Im März 1965 als DC-8-43 an Alitalia ausgeliefert wurde diese Maschine 13 Jahre später zur Series 54(F) umgebaut und von der italienischen AERAL erworben. Diese Aufnahme zeigt den Frachter im Juni 1980 in Mailand-Malpensa. (Archiv Brooklands Museum)

Die DC-8-55F N807CK der Kalitta aus Detroit-Willow Run wurde im Oktober 1992 auf dem Flughafen Miami-International fotografiert. 1965 von der berühmten Familie Kalitta gegründet operierte dieser Frachtcarrier Ende der neunziger Jahre unter dem Namen Kitty Hawk International. (Autor)

Im Dezember 1965 an Allegheny Airlines ausgeliefert flog diese Fairchild F-27J später für drei Jahre bei Air South, wurde dann an eine Gesellschaft aus Tahiti verkauft und gelangte schließlich nach Frankreich. (Bruce Drum)

FAIRCHILD F-27 & FH-227

Fairchild Hiller Corporation
Germantown, Maryland
USA

Im April 1956 erwarb die Fairchild Engine and Airplane Company von den niederländischen Fokker-Werken die Lizenzrechte für den Nachbau der F.27 Friendship (siehe S. 92). Das Unternehmen aus Hagerstown im US-Bundesstaat Maryland konnte so seine Angebotspalette um ein modernes Kurzstreckenverkehrsflugzeug mit Turbopropantrieb erweitern, ohne die hohen Kosten für die Entwicklung und Erprobung eines Neuentwurfs aufbringen zu müssen. Fairchilds Hoffnungen auf Bestellungen von amerikanischen Regionalfluggesellschaften erfüllten sich rasch, bald gingen Aufträge von West Coast Airlines, Bonanza Airlines, Piedmont Airlines und Northern Consolidated Airlines ein. Die erste in den USA gefertigte F-27 hob am 12. April 1958 vom Flugplatz Hagerstown zu ihrem Jungfernflug ab, und schon drei Monate später erteilte die FAA die Musterzulassung. Bemerkenswert ist, daß die weltweit erste Friendship im Liniendienst eine Fairchild F-27 der West Coast Airlines war - sie schlug Aer Lingus Fokker F.27 um drei Monate! Obgleich sich die Flugzeuge von Fairchild und Fokker sehr ähnlich sahen, wiesen sie doch so große Unterschiede auf, daß die Techniker zur Wartung jeweils eigene Handbücher und Ersatzteilbestände benötigten: Die Fairchild F-27 hatte andere Räder und Bremsen, eine andere Klimaanlage, eine größere Treibstoffkapazität, in den USA hergestellte Instrumente sowie eine Kabineneinrichtung mit einer Standardbestuhlung von 40 Sitzen. Der verlängerte Bug dagegen, der ein Wetterradar beherbergte, wurde bald auch von Fokker übernommen, wodurch das wichtigste äußerliche Unterscheidungsmerkmal verloren ging. Ein weniger augenfälliges, aber zuverlässiges Erkennungszeichen stellt die unterschiedliche Position der Staurohre dar: Bei den "Fokkers" sitzen sie an den Flügelspitzen, bei den "Fairchilds" am Rumpfbug. Leichter auseinanderzuhalten sind die beiden Modelle bei geöffneter Kabinentür, denn im Gegensatz zur Fokker F.27 verfügen die meisten amerikanischen F-27 über eine pneumatisch ausfahrbare Einstiegstreppe an der hinteren Passagiertür. Zu den Fairchild-Versionen zählten die mit stärkeren Triebwerken ausgerüsteten F-27A und F-27J, die F-27B mit einem großen Frachttor auf der linken Seite des Vorderrumpfs, das der Fokker F.27 Mk.300 Combiplane entsprach, das Geschäftsreiseflugzeug F-27F sowie die für "Hot and high"-Operationen (hochgelegener Flughafen und/oder hohe Außentemperaturen) optimierte F-27M. Beide Friendship-Produzenten brachten Mitte der sechziger Jahre unabhängig voneinander eine gestreckte Ausführung ihrer Maschinen auf den Markt: Fokker entwickelte die F.27 Mk.500, deren Vorderrumpf um 1,50 m verlängert wurde, während in den Vereinigten Staaten nach dem Zusammenschluß von Fairchild und Hiller im Jahr 1964 die Fairchild Hiller FH-227 entstand. Diese Modellreihe besaß einen um 1,83 m längeren Rumpf sowie diverse andere Modifikationen, welche die speziellen Anforderungen des US-Regionalluftverkehrs diktiert hatten. Die FH-227 flog im Januar 1966 erstmalig, fast zwei Jahre vor ihrem niederländischen Gegenstück, und im April 1966 lieferte Fairchild Hiller das erste Exemplar an Mohawk Airlines aus. Als weitere Versionen folgten die im Juni 1967 zugelassene FH-227B für 56 Passagiere sowie die FH-227C, D und E mit verschiedenen Rolls-Royce Dart-Varianten und unterschiedlicher Abflugmasse. Bis zur Einstellung der Fertigung im Juli 1973 wurden insgesamt 128 F-27 und 79 FH-227 gebaut. Aktive Fairchild F-27 sind heute vor allem in Süd- und Mittelamerika anzutreffen, mehr als 20 Einheiten stehen bei Gesellschaften wie Aerocaribe (Mexiko), Aerogal (Ecuador) oder CATA (Argentinien) im Einsatz. In diesem Teil der Welt fliegt auch noch eine ähnliche Anzahl FH-227, außerhalb Lateinamerikas ist dieses Muster dagegen kaum mehr zu finden. Nur wenige in den USA fabrizierte F-27/FH-227 gelangten über den Atlantik nach Europa, hier beherrschten Friendships aus den Fokker-Werken eindeutig das Feld. Als eine der letzten europäischen Gesellschaften betrieb die in Marseille beheimatete Air Provence International bis Ende der neunziger zwei FH-227B als 48sitzige Passagierflugzeuge. Auf verschiedenen Flugplätzen abgestellt wartet eine Hand voll Fairchild F-27/Fairchild Hiller FH-227 auf eine ungewisse Zukunft, in einem Museum "landete" bisher offenbar aber noch kein einziger dieser Turboprops.

Daten

Spannweite: 29,00 m
Länge: 23,50 m (F-27); 25,50 m (FH-227)
Motoren: Zwei Rolls-Royce Dart Propellerturbinen, meist 1.282 kW R.Da.6 Mk.511 (F-27) oder 1.700 kW R.Da.7 Mk.532-7 (FH-227)
Maximale Reisegeschwindigkeit: 439 km/h (F-27); 473 km/h (FH-227)
Passagiere: Maximal 44 (F-27); maximal 52 (FH-227)

Ein Vergleich mit der auf der gegenüberliegenden Seite abgebildeten Fairchild F-27J zeigt deutlich die größere Rumpflänge der Fairchild Hiller FH-227. Die FH-227B OO-DTE, im August 1986 auf der Kanalinsel Jersey abgelichtet, stand neun Jahre im Dienst der in Antwerpen ansässigen Delta Air Transport. (Autor)

In Europa sind nur noch wenige FH-227 zu finden. Bis Ende der neunziger Jahre flog diese 1967 für Ozark Air Lines gebaute FH-227B bei Air Provence International aus Marseille-Marignane, deren Flotte heute aus einigen HS.748 besteht. (Sammlung Autor)

Aer Lingus war die erste Fluggesellschaft, die eine von Fokker gebaute Friendship in den Liniendienst übernahm. Dieses großartige Foto der F.27 Mk.100 EI-AKD wurde im März 1965 aufgenommen und zeigt die Maschine in der zweiten Bemalungsvariante. (Sammlung Graham Simons)

FOKKER F.27 FRIENDSHIP

Fokker
PO Box 12222, NL-1100 AE Amsterdam-Zuidoost
Niederlande

Mit insgesamt 786 von Fokker und Fairchild/Hiller fertiggestellten Exemplaren war die Friendship der Bestseller unter den nach dem Zweiten Weltkrieg in Westeuropa entworfenen Verkehrsflugzeugen bis sie von der Airbus A320-Familie überholt wurde. Um 1950 kündigte Fokker an, unter der Bezeichnung Projekt P.275 einen 32sitzigen Kurzstreckenairline entwickeln zu wollen. Ein Grund für dessen Erfolg liegt sicherlich darin, daß sie um den damals modernsten Luftschraubenantrieb konzipiert wurde, die Rolls-Royce Dart Propellerturbine. 1952 schloß Fokker die Definitionsphase ab und benannte den Entwurf in F.27 um. Mit dem Schulterdecker, der nun 40 Passagieren Platz bot und über eine Reichweite von rund 480 Kilometer verfügte, hoffte man sich gegen die starke Konkurrenz aus den USA durchsetzen und an die Erfolge anknüpfen zu können, die das niederländische Unternehmen in der Zeit zwischen den beiden Weltkriegen mit seinen Verkehrsflugzeugen verzeichnet hatte. Der F.27-Prototyp startete im November 1955 zu seinem Jungfernflug, und bald darauf erhielt der neue Airliner den Beinamen "Friendship" (Freundschaft). Im März 1958 flog das erste Exemplar aus der Serienfertigung im Fokker-Werk in Amsterdam-Schiphol, ab November 1958 wurden die ersten Maschinen an Aer Lingus, Braathens S.A.F.E. und TAA-Trans Australia Airlines ausgeliefert. Auftrieb erlebte das US-Geschäft, als die Fairchild Engine and Airplane Company 1956 die Lizenzrechte erwarb und die Fabrikation des Turboprops aufnahm (siehe S. 90). Zu beachten ist die unterschiedliche Schreibweise der Typenbezeichnung: Fokker setzte einen Punkt zwischen das "F" und die "27", Fairchild dagegen einen Bindestrich! Als erste Friendship-Versionen offerierte Fokker die Mk.100 mit Dart 514 und die mit stärkeren Dart 532 ausgerüstete Mk.200, die im September 1962 ihren Erstflug absolvierte. Das Modell Mk.300 Combiplane ähnelte der Serie 100, besaß als Passagier/Frachtvariante jedoch ein großes Ladetor im linken Vorderrumpf und einen verstärkten Kabinenboden. Entsprechendes Gegenstück zur Mk.200 war die Mk.400, welche auch als Militärtransporter F-27 Mk.400M Troopship (Truppentransporter) angeboten wurde. Um die zunehmende Nachfrage nach Maschinen mit größerer Passagierkapazität erfüllen zu können, entstand nach längerer Planungsphase die um 1,50 m gestreckte, 52-60sitzige Mk.500, die im November 1967 zu ihrem Jungfernflug abhob und bis 1986 in Produktion blieb. Die Quick Change-Ausführung F.27 Mk.600, im November 1968 erstmalig geflogen, verfügte über den kurzen Rumpf der Mk.200, Dart 532 und die große Frachttür der Mk.300/400, nicht aber über einen verstärkten Kabinenboden. Als Fokker in den frühen siebziger Jahren in den USA für ihre zweistrahlige F.28 Fellowship zu werben begann, zeigte sich bald, daß hier auch Interesse an der F.27 bestand, da Fairchild Hiller die F-27/FH-227 Fertigung 1973 eingestellt hatte. Einige Maschinen konnten als Executiveflugzeuge verkauft werden, erster Airline-Kunde wurde Swift Aire aus Kalifornien. Mehr als drei Jahrzehnte nach dem Erstflug des Prototyps verließ 1986 mit einer F.27 Mk.500 die letzte Friendship die Montagehallen, und auch dieses Flugzeug ging als Teil eines Auftrags von Air Wisconsin in die Vereinigten Staaten. Nicht zuletzt dank der Qualitäten der Rolls-Royce Dart sind weltweit noch immer größere Stückzahlen der zuverlässigen Friendship im Luftverkehr anzutreffen, auch wenn sie nach und nach von der nächsten Generation turbopropgetriebener Regionalverkehrsflugzeuge aus dem linienmäßigen Passagierdienst verdrängt werden. Aus den Flotten der großen Airlines der westlichen Welt ist die F.27 bereits weitgehend verschwunden, in den folgenden Ländern aber scheint sie noch im Passagierverkehr zu fliegen: In Algerien, Angola, Australien, Bolivien, Brasilien, Burundi, Guinea-Bissau, Indonesien, Indien, Kuba, Libyen, Mexiko, Myanmar, Pakistan, Peru, auf den Philippinen, in Tansania, im Tschad und in Uganda. Die zweite, 1957 gebaute F.27 wurde im November 1995 von der niederländischen F.27 Friendship Association erworben und in den Farben des 1961 verschrotteten Prototyps restauriert. Unter den vielen älteren noch aktiven Exemplaren findet sich auch die dritte F.27 - über 40 Jahre nach ihrem Erstflug steht sie heute bei Aircruising Australia für Charterflüge im Einsatz.

Daten (der F.27 Mk.500)

Spannweite: 29,00 m
Länge: 25,06 m
Motoren: Zwei 1.279 kW bis 1.730 kW Rolls-Royce Dart Propellerturbinen
Reisegeschwindigkeit: 474 km/h
Passagiere: 52, maximal 60

Sechs Tage nach ihrem Erstflug am 13. März 1970 war die für Royal Air Inter aus Marokko bestimmte F.27 Mk.600 PH-FPG auf dem britischen Flugplatz Hatfield anzutreffen. Heute fliegt diese Friendship in Kanada. (Sammlung Autor)

Im Januar 1965 an East-West Airlines aus Sydney im australischen Bundesstaat New South Wales ausgeliefert wurde diese F.27 Mk.100 später nach Norwegen und anschließend nach Schweden verkauft. Die in Göteborg beheimatete SAE-Swe Aviation Europe besaß im Jahr 2000 eine Flotte von fünf Friendships. (Sammlung Autor)

Wie dieses im August 1974 in Singapur-Seletar aufgenommene Foto zeigt stand der HU-16 Albatross PK-OAH die attraktive Bemalung der 1971 gegründeten indonesischen Gesellschaft Airfast sehr gut. (Peter Keating)

GRUMMAN G-64 & G-111 ALBATROSS

Grumman Aircraft Engineering Corporation
Bethpage, Long Island, New York
USA

Auf Anregung der amerikanischen Marine nahm Grumman im April 1944 die Entwicklung eines Mehrzweckamphibienflugzeugs auf, das die Nachfolge der erfolgreichen G-21 Goose antreten sollte. Das neue, von der Firma als G-64 Albatross bezeichnete Modell verfügte über einen längeren und strömungsgünstigeren Rumpf, größere Tragflächen, ein freitragendes Höhenleitwerk und ein einziehbares Bugradfahrwerk. Der erste der beiden Prototypen, die die U.S. Navy-Bezeichnung XJR2F-1 trugen, startete am 24. Oktober 1947 zu seinem Erstflug. Mit der G-111 erschien neun Jahre später eine verbesserte Version, welche sich von ihrer Vorgängerin vor allem durch überarbeitete, um 5,08 m längere Flügel und ein vergrößertes Leitwerk unterschied. Anfangs war die Albatross nur in militärischen Diensten anzutreffen, wichtigste Kunden für das bis 1961 in insgesamt 466 Einheiten gebaute Flugboot wurden die U.S. Air Force, die es als SA-16 (ab 1962 HU-16) für ihren Such- und Rettungsdienst beschaffte, sowie die U.S. Navy und die U.S. Coast Guard (UF-1, UF-2, ab 1962 HU-16). Grumman machte sich zwar auch Hoffnungen auf Zivilaufträge, die meisten Fluggesellschaften zogen jedoch die wirtschaftlichere G-21 Goose der größeren Albatross mit ihren durstigen Motoren vor. Unter Kontrakt des Trust Territory Air Services betrieb Pan American Airways von 1960 bis 1968 zwei ehemalige USAF-Maschinen auf Flugverbindungen zwischen den Hauptinseln des amerikanischen Treuhandgebiets Mikronesien. In Anlehnung an die berühmten Clipper-Flugboote der dreißiger und vierziger Jahre trugen diese Albatross den Spitznamen "Clipper Duck". Als die US-Streitkräfte in den siebziger Jahren größere Stückzahlen an HU-16 ausmusterten wurden viele der gut gewarteten und robusten Wasserflugzeuge auf dem zivilen Markt als Nachfolger für die "Gans" (Goose) angeboten, aufgrund ihrer weitaus höheren Betriebskosten fanden aber nur wenige einen Käufer. Nachdem der amerikanische Hotelkonzern Resorts International, Besitzer der Chalk's International Airline, starkes Interesse an einer Passagierversion der G-111 bekundet hatte, erwarb Grumman aus den Überschußbeständen des Militärs 57 Exemplare, um sie im Werk St. Augustine, Florida zu 28-30sitzigen Commuter-Flugbooten zu modifizieren: Zelle und Motoren wurden gründlich überholt und auf den Stand von null Betriebsstunden gebracht, die Kabine wurde völlig neu gestaltet und mit einer Galley sowie einer Toilette ausgestattet, außerdem installierte man komfortablere Passagiertüren sowie zusätzliche Notausstiege und modernisierte das Flugdeck und die Avionik. Am 13. Februar 1979 absolvierte die erste umgebaute G-111 ihren Jungfernflug, doch trotz der neuen Konfiguration blieb die Nachfrage nach dem Verkehrsflugboot gering, und Grumman stellte letztlich nur 12 Einheiten für Resorts International fertig. Grumman und Resorts International prüften zudem die Möglichkeit, die Albatross mit Garrett TPE331-15UAR Propellerturbinen und Vierblattpropellern von Dowty-Rotol auszurüsten, verwirklichten dieses Projekt dann aber nicht. Auch die 1986 vorgestellten Pläne von Frakes International, das Flugzeug mit Pratt & Whitney PT6A oder PW120 Turboprops zu remotorisieren fanden keine Umsetzung. Chalk's International Airline, die auf der Watson Island Seaplane Base in Miami beheimatet war und mit dem Slogan "the World's oldest airline" ("Die älteste Fluggesellschaft der Welt") warb, betrieb Mitte der achtziger Jahre fünf G-111 auf Routen von Florida auf die Bahamas. Die Albatross erwies sich allerdings bald als zu groß für die Erfordernisse, so daß das Unternehmen nach und nach die meisten dieser Maschinen außer Dienst stellte und sich auf das kleinere Amphibienflugboot Grumman G-73 Turbo Mallard konzentrierte. Als Chalk's Anfang 1996 in Pan Am Air Bridge umbenannt wurde umfaßte ihre Flotte nur noch eine G-111. Eine größere Anzahl von Militär-Albatross steht heute in Museen in Amerika, Asien und Europa, aktive G-64 oder G-111 aber sind selten geworden. Zu den wenigen kommerziellen Nutzern zählt Mirabella Yachts, Inc. aus Fort Lauderdale, Florida, deren Abteilung Amphibian Operations eine 19sitzige G-111 für Charterflüge anbietet. Der Begeisterung vieler amerikanischer Luftfahrtenthusiasten für Warbirds ist es zu verdanken, daß auch in privaten Händen mehrere Albatross fliegen, die meist authentische Militärmarkierungen tragen und regelmäßig an Airshows teilnehmen.

Daten (der G-111)

Spannweite: 29,46 m
Länge: 18,67 m
Motoren: Zwei 1.100 kW Wright R-1820-982C9HE3 Sternmotoren
Reisegeschwindigkeit: 382 km/h
Passagiere: 28-30

Im Jahr 1919 gegründet beanspruchte Chalk's International Airline für sich, das älteste noch bestehende Luftverkehrsunternehmen der Welt zu sein. In den achtziger Jahren betrieb die Gesellschaft aus Miami eine große Flotte von Grumman-Amphibienflugbooten, darunter die 1984 in Fort Lauderdale, Florida aufgenommene G-111 Albatross N115FB. (EMCS)

Die meisten der heute noch aktiven Albatross fliegen als Warbirds. Die N97HU, im Februar 1999 in Boundary Bay bei Vancouver fotografiert, wurde von ihrem Besitzer Jerry Janes in den Farben einer CSR-110 der Royal Canadian Air Force restauriert und ist derzeit das älteste flugbereite Exemplar dieser erfolgreichen Grumman-Konstruktion. (Chris Mak)

Diese Gulfstream 1 der Coleman Air Transport trägt noch die Bemalung ihres Vorbesitzers, der Ford Motor Company. Später flog die 1967 gebaute Maschine bei den britischen Luftverkehrsgesellschaften Brown Air, Capital Airlines, Peregrine Air Services und Aberdeen Airways. (Sammlung Autor)

GRUMMAN G-159 GULFSTREAM 1 & G-1C

Grumman Aircraft Engineering Corporation Bethpage, Long Island New York, USA

Mitte der fünfziger Jahre sah Leroy Grumman gute Chancen für ein speziell als Geschäftsreisemaschine entwickeltes zweimotoriges Flugzeug, das Unternehmen eine Alternative zu den modifizierten Militärtransportern und Bombern aus dem Zweiten Weltkrieg bieten sollte, die damals in beträchtlichen Stückzahlen als Executiveflugzeuge Verwendung fanden. Grummans neue G-159 Gulfstream (die Bezeichnung Gulfstream 1 benutzte man erst nach dem Erscheinen des Jets Gulfstream II im Jahr 1966) wurde zwar als Geschäftsreiseflugzeug konzipiert, flog jedoch auch bei einer Reihe von Airlines im Liniendienst. Basierten die ersten Entwürfe aus dem Jahr 1956 noch auf der mit zwei Kolbenmotoren ausgerüsteten TF-1 Trader, der Transportversion des U-Boot-Jägers S2F, so war das Endergebnis der Entwicklungsarbeiten eine völlig neue, allen an deren angebotenen Executivemaschinen weit überlegene Konstruktion, von zwei Rolls-Royce Dart Propellerturbinen angetrieben, elegant, geräumig und praktisch. Die Cockpitbesatzung bestand aus zwei Mann, die druckbelüftete Kabine wies in der Standardkonfiguration 14 bequeme, entlang eines Mittelgangs angeordnete Einzelsitze auf. Eine hydraulisch ausfahrbare Einstiegstreppe und eine APU für die Klimaanlage und das Anlassen der Triebwerke erlaubten einen Betrieb unabhängig von Bodendiensten, was es ermöglichte, auch von kleinen Flugplätzen ohne entsprechende Infrastruktur zu operieren. Den Rumpfquerschnitt der G-159 sowie die elliptische Form ihrer Kabinenfenster übernahm Grumman später für den erfolgreichen Geschäftsreisejet G-1159 Gulfstream II, und auch bei den darauffolgenden Modellen dieser Biz-Jet-Familie wurde an diesen Merkmalen festgehalten. Am 14. August 1958 flog die G-159 zum ersten Mal, die Auslieferung begann im Juni 1959. Die Liste der Kunden liest sich wie eine Aufstellung der bedeutendsten US-Großunternehmen, sie umfaßt unter anderem die Brauerei Anheuser-Busch, Conoco, die Dow Chemical Company, Eastman Kodak, die Ford Motor Company, General Electric, die General Foods Corporation, National Distillers, Texaco sowie US Steel. Auch das amerikanische Militär erteilte Aufträge: Die U.S. Coast Guard erwarb 1963 eine Gulfstream 1, die die Bezeichnung VC-4A erhielt und als VIP-Transporter diente, während die U.S. Navy 1966/67 neun mit den Radar- und Navigationssystemen der Grumman A-6 Intruder ausgestattete Einheiten beschaffte und sie als TC-4C Academe zur Ausbildung von Navigatoren/Waffensystemoffizieren für dieses trägergestützte Allwetterangriffsflugzeug einsetzte. Nach dem Bau von insgesamt 200 Maschinen lief die Produktion der G-159 im Jahr 1969 aus. Fast alle Gulfstream 1 wurden als Geschäftsreiseflugzeuge fertiggestellt, das Muster hatte Ende 1962 aber auch die FAA-Zulassung für den kommerziellen Passagierverkehr erhalten, und einige für Associated Airlines aus Australien bestimmte Exemplare verließen die Montagehallen als 19-24sitzige Regionalverkehrsflugzeuge. Im Laufe der Zeit wurden bis zu 30 weitere G-159 von der Executive- in Airlinerkonfiguration umgerüstet. Zehn Jahre nach dem Ende der Gulfstream 1-Fertigung brachte der neue Eigentümer der Designrechte, die Gulfstream American Corporation mit der Gulfstream 1C eine um 3,25 m gestreckte Version auf den Markt, die als Regionalverkehrsflugzeug bis zu 38 Passagieren Platz bot und über eine Toilette sowie Stauraum für Gepäck verfügte. Der Prototyp der G-1C absolvierte im Oktober 1979 seinen Jungfernflug, das Interesse an diesem Modell blieb jedoch gering, nur fünf Maschinen wurden gebaut. Am 1. Dezember 1980 ging die erste Gulfstream 1C bei Air North aus Burlington in Vermont auf der Strecke von Rochester, New York nach Washington, D.C. in den Liniendienst. Zu den frühen G-1C-Betreibern gehörten außerdem Air US aus Denver, Colorado, Chaparral Airlines sowie Metro Airlines. Ein paar Gulfstream 1 stehen noch als Executiveflugzeuge im Einsatz, insbesondere in den USA, und im kommerziellen Luftverkehr ist die G-159 heute in der Demokratischen Republik Kongo, in der Dominikanischen Republik, in Indonesien, Kanada, Mexiko, Spanien, Südafrika, Ungarn sowie in den USA zu finden. Einige dieser Turboprops können je nach Bedarf schnell für Passagier- oder Frachtdienste umgerüstet werden.

Daten (der G-159 Gulfstream 1)

Spannweite: 23,92 m
Länge: 19,43 m
Motoren: Zwei 1.485 kW Rolls-Royce Dart Mk.529-8X oder 8E Propellerturbinen
Maximale Reisegeschwindigkeit: 560 km/h
Passagiere: Maximal 24

Vor ihrem Verkauf nach Großbritannien fand diese Gulfstream 1 in den USA als Geschäftsreiseflugzeug Verwendung. Aberdeen Airways setzte die G-BMSR auf der Route zwischen London-Gatwick und Teesside ein, wo sie der Autor im August 1991 nach einem überaus angenehmen einstündigen Flug fotografieren konnte. (Autor)

Im März 1999 waren in Opa Locka zwei Gulfstream 1 (YV-989C und YV-988C) anzutreffen, die auf ihre Ablieferung an die neue venezolanische Fluggesellschaft AeroPar warteten. Anscheinend kam das Geschäft dann aber doch nicht zustande, beide Maschinen parkten im Frühjahr 2000 noch immer auf dem Flugplatz im Norden Miamis. (Avimage)

Nachdem BOAC die Hermes 4 G-ALDU "Halcyone" ausgemustert hatte wurde sie zur Series 4A umgebaut und 1954 von Britavia aus Blackbushe erworben. Im September 1959 in New York-Idlewild abgelichtet wurde die Maschine drei Jahre später auf dem Flughafen Stansted verschrottet. (Sammlung Tony Eastwood)

HANDLEY PAGE HERMES

Handley Page Ltd., Cricklewood, London, NW2 und Radlett Aerodrome, Hertfordshire
Großbritannien

Für eine Ausschreibung aus dem Jahr 1944 entwickelte Handley Page die H.P.68 Hermes 1, ein mit einem Spornradfahrwerk ausgerüstetes viermotoriges Verkehrsflugzeug von konventioneller Auslegung, dessen druckbelüftete Kabine 50 Passagiere faßte. Die einzelnen Baugruppen des Prototyps wurden in Cricklewood hergestellt und zur Endmontage per Straßentransport nach Radlett gebracht, wo auch die Flugerprobung stattfinden sollte. Leider verunglückte die Maschine beim Start zu ihrem Jungfernflug am 3. Dezember 1945, zwei Mann der Besatzung kamen dabei ums Leben. Nach diesem Rückschlag konzentrierten sich die Arbeiten zunächst auf die Militärversion H.P.67 Hastings, und im Mai 1946 flog der von der RAF dringend benötigte Transporter zum ersten Mal. Die britischen Luftstreitkräfte beschafften insgesamt 147 Einheiten verschiedener Varianten, vier Hastings C.3 kaufte die Royal New Zealand Air Force. Erhaltene H.P.67 sind in Großbritannien in den Museen von Cosford, Duxford und Newark zu finden, in Deutschland erinnert ein Exemplar an die Verdienste dieses schweren Transportflugzeugs bei der Berliner Luftbrücke: Seit 1998 ist eine ehemalige RAF Hastings T.5 im Freigelände des AlliiertenMuseums in Berlin ausgestellt.

Trotz des Unfalls der Hermes 1 führte Handley Page auch die Entwicklung eines Zivilmodells fort, und im April 1947 erteilte BOAC einen Auftrag über 25 H.P.81 Hermes 4. Dieser Airliner bot in seinem um 3,96 m längeren Rumpf 63 Fluggästen Platz, besaß Bristol Hercules 763 Sternmotoren und verfügte im Gegensatz zu seinen Vorgängern über rechteckige Kabinenfenster sowie ein Bugradfahrwerk mit jeweils zwei Rädern. Zur Erprobung entstand ein Prototyp, der schon den verlängerten Rumpf aber noch ein Heckradfahrwerk aufwies und der im September 1947 auf der Leistungsschau des SBAC (Society of British Aircraft Constructors) in Radlett erfolgreich vorgeflogen wurde. Im Auftrag des Ministry of Supply baute Handley Page 1949 zwei mit Propellerturbinen ausgestattete H.P.82 Hermes 5, die dazu eingesetzt werden sollten, das Leistungspotential der neuen Antriebsart gründlich zu untersuchen. Obwohl diese Variante mit einer Reisegeschwindigkeit von 560 km/h hervorragende Flugleistungen zeigte ging sie nicht in Serienproduktion. Am 6. August 1950 nahm BOAC die Hermes 4 auf der Strecke von London nach Accra in den Liniendienst, aber schon nach wenigen Jahren begann die Ablösung durch Canadair C-4. Nach der Stillegung der Comet 1-Flotte tauchte die Hermes 1954 noch einmal kurz im Linienverkehr auf, bald darauf verkaufte BOAC jedoch ihre gesamte Flotte. Viele der Flugzeuge wurden von unabhängigen britischen Fluggesellschaften erworben, darunter Airwork, Britavia und Skyways, die sie zunächst vor allem für Truppentransporte unter Kontrakt des Militärs einsetzten. In den späten fünfziger Jahren flogen einige Hermes bei Air Safaris, Britavia, Falcon Airways und Silver City Airways aber auch im Charterverkehr, außerdem fand die H.P.81 bei einer kleinen Anzahl ausländischer Airlines Verwendung: Kuwait Airways, MEA sowie Bahamas Airways mieteten für kurze Zeit einzelne Exemplare von britischen Gesellschaften. Letzter Betreiber war Air Links aus London-Gatwick, die 1962 drei H.P.81 von Air Safaris kaufte, zwei davon zur Ersatzteilgewinnung ausschlachtete und eine Maschine für Charterdienste nutzte. Mit der letzten Landung der G-ALDA ging die Ära der Hermes im Luftverkehr am 13. Dezember 1964 schließlich endgültig zu Ende.

Erhalten blieb von Handley Pages klassischem Propliner einzig der Rumpf der Hermes 4 G-ALDG, der sich heute in der Obhut der Duxford Aviation Society befindet. Das "flügellose Wunder" hatte British United Airways und British Caledonian Airways für einige Jahre in London - Gatwick zur Ausbildung von Flugbegleitern gedient und war anschließend an die Flughafenfeuerwehr übergeben worden. Glücklicherweise verbrannte man das einzigartige Überbleibsel bei den Rettungsübungen nicht, sondern füllte es lediglich mit Rauch, um die Bergung verletzter Passagiere aus einem brennenden Flugzeug zu üben. Im Januar 1981 wurde der Rumpf dann auf einem Tieflader in eine neue - und sichere - Heimat abtransportiert wurde, in das Imperial War Museum Duxford.

Daten (der Hermes 4)

Spannweite: 34,44 m
Länge: 29,55 m
Motoren: Vier 1.566 kW Bristol Hercules 763 Sternmotoren
Reisegeschwindigkeit: 444 km/h
Passagiere: 63-82

Diese Aufnahme der Hermes 4 G-ALDY entstand 1958 auf dem Vorfeld des Flughafens Singapur. Vier Jahre nach ihrer Auslieferung an BOAC im Januar 1951 wurde die Maschine an Skyways verkauft und später für vier Monate an die libanesische MEA-Middle East Airline vermietet. Nach ihrer Ausmusterung fiel auch diese Hermes in Stansted dem Schneidbrenner zum Opfer. (Sammlung Scott Henderson)

Alles, was von der Hermes noch existiert, ist der ohne Flügel und Leitwerk und mit "hausgemachtem" Fahrwerk plump wirkende Rumpf der G-ALDG. In den sechziger Jahren hatte er British United Airways und anschließend British Caledonian Airways auf dem Flughafen London-Gatwick zur Schulung von Kabinenpersonal gedient, heute ist er in seinen ursprünglichen BOAC-Farben im Imperial War Museum Duxford zu bestaunen. (Autor)

Auf der Luftfahrtmesse von Farnborough im September 1966 stellte Handley Page diese ehemalige BUA Herald 204 aus, welche 1962 an die Gesellschaft aus London-Gatwick geliefert worden war. Das Flugzeug trug bereits die Farben seines neuen Besitzers, der Air Manila, die die Maschine im Oktober 1966 übernahm. (Sammlung Autor)

HANDLEY PAGE DART HERALD

Handley Page (Reading)
Radlett, Hertfordshire
Großbritannien

Auch Handley Page (Reading) nahm in den frühen fünfziger Jahren die Entwicklung eines Kurzstreckenverkehrsflugzeugs auf, das als Nachfolgemodell für die altehrwürdige Douglas DC-3 konzipiert war. Der erste, um 1953 vorgestellte Entwurf präsentierte sich als eine vergrößerte Version der HPR.1 Marathon mit dreifachem Seitenleitwerk und vier jeweils 650 kW leistenden Alvis Leonides Major Sternmotoren. Die Wahl von Kolbenmotoren wurde durch eine Umfrage unter potentiellen Kunden bestärkt: Vor allem kleinere Gesellschaften standen der leistungsstärkeren Propellerturbine anfangs skeptisch gegenüber, da sie Schwierigkeiten bei der Instandhaltung dieses neuartigen Antriebsaggregats befürchteten. Im Januar 1954 fiel der Startschuß für den Bau des nun als HPR.3 Herald bezeichneten Airliners, der in seiner endgültigen Konfiguration ein einfaches Seitenleitwerk aufwies. Zwei Prototypen entstanden, und am 25. August 1955 hob die erste Maschine in Radlett zu ihrem erfolgreichen Jungfernflug ab. Handley Page hatte erwartet, daß die Herald aufgrund ihrer Robustheit und ihrer unkomplizierten und wartungsfreundlichen Kolbenmotoren bei den Fluggesellschaften als DC-3-Nachfolger auf großes Interesse stoßen würde, diese Einschätzung sollte sich jedoch schnell als nicht richtig herausstellen. Die guten Erfahrungen mit der Rolls-Royce Dart-getriebenen Vickers Viscount und das Erscheinen der Fokker F.27 Friendship führten schließlich sogar zur Stornierung der aus Australien und Kolumbien eingegangenen Aufträge über insgesamt 29 Heralds. Im Juni 1957 entschied die Firmenleitung, die Erprobung abzubrechen und den ersten Prototyp mit zwei Rolls-Royce Dart Turboprops zu remotorisieren. Die Arbeiten konnten innerhalb von neun Monaten abgeschlossen werden, und am 11. März 1958 flog die neue HPR.7 Dart Herald erstmals. In Großbritannien orderten British European Airways (BEA), Jersey Airlines und British United Airways (BUA) dieses Modell, zu den frühen Betreibern aus dem Ausland zählten Arkia, Bavaria, Eastern Provincial Airways, Globe Air, Itavia, Maritime Central Airways sowie Sadia. Nach dem Bau von vier Dart Herald Series 101 stellte Handley Page die Fertigung 1961 auf die Series 200 um, die einen 1,09 m längeren Rumpf besaß und in 36 Einheiten produziert wurde. Die geplanten Serien 500, 600, 700 und 800 kamen ebenso wie die für den US-amerikanischen Inlandsmarkt bestimmte Series 300 wegen mangelnder Nachfrage nicht über das Projektstadium hinaus, von der Militärversion Series 400 dagegen konnten 1963-65 acht Exemplare an die Royal Malaysian Air Force geliefert werden. Mehr als zehn Jahre leisteten die Dart Herald 401 den malaysischen Luftstreitkräften gute Dienste, dann wurden die meisten dieser Transporter auf dem Zivilmarkt verkauft. 1966 verlegte Handley Page die Fabrikation von Woodley nach Radlett, doch schon zwei Jahre später endete die Produktion nach insgesamt 50 fertiggestellten Dart Heralds, und im August 1969 meldete das traditionsreiche Unternehmen Konkurs an.

In den späten achtziger Jahren gab es weltweit nur noch eine Hand voll aktiver Dart Heralds. Die größte Flotte betrieb zuletzt Channel Express aus Bournemouth-Hurn, die ihre Maschinen für Frachtflüge vor allem auf die britischen Kanalinseln einsetzte. Viele dieser Flugzeuge waren mit einem modernen Cockpit und einem verstärkten Kabinenboden zu Super Heralds modifiziert worden. Sechs Dart Heralds blieben in Großbritannien erhalten, ausgestellt in Bournemouth, Duxford, Elvington, London-Gatwick, Norwich und Woodley. In Taiwan soll in einer Stadt in der Nähe von Hualien noch eine triebwerkslose Far Eastern Air Transport Dart Herald zu finden sein, während in Südamerika die in Guatemala City beheimatete Aerovias Ende der neunziger Jahren drei Exemplare ihr eigen nannte, von denen zwei als Ersatzteilspender dienten und eine wieder flugfähig gemacht werden sollte. Nachdem die guatemaltekische Gesellschaft jedoch vor kurzem den Betrieb einstellen mußte scheint die Ehre des allerletzten Herald-Flugs bei Channel Express zu verbleiben: Am 9. April 1999 war die langjährige Verbindung der Airline mit dem Handley Page-Turboprop endgültig zu Ende gegangen, als die Super Herald 401 G-BEYF nach ihrem letzten Flug in Bournemouth-Hurn landete und anschließend einem dort ansässigen Museum übergeben wurde.

Daten (der Dart Herald Series 200)

Spannweite: 28,88 m
Länge: 23,01 m
Motoren: Zwei 1.605 kW Rolls-Royce Dart 527 Propellerturbinen
Maximale Reisegeschwindigkeit: 440 km/h
Passagiere: Maximal 56

Auf dem Flughafen von Southend entstand 1983 diese Aufnahme von Trans Azur Aviations einziger Herald Series 214. Das Flugzeug, das im Februar 1966 an die brasilianische Sadia ausgeliefert worden war, ist heute abgestellt in Guatemala zu finden. (Autor)

Am 31. März 1999 schickte Channel Express die weltweit letzte aktive Dart Herald feierlich in den wohlverdienten Ruhestand. Mit einem eindrucksvollen Überflug über ihre Heimatbasis Bournemouth-Hurn verabschiedete sich die zuletzt als Frachter eingesetzte Super Herald 401 G-BEYF aus dem kommerziellen Dienst. (Richard Hunt)

Dieses 1969 in London-Heathrow aufgenommene Foto zeigt die allererste Trident 1C, die im Januar 1962 zum ersten Mal geflogen, aber erst drei Jahre später an BEA ausgeliefert worden war. Leider wurde die historische Maschine 1976 in Prestwick verschrottet. (Sammlung Autor)

HAWKER SIDDELEY HS.121 TRIDENT

Hawker Siddeley Aviation Ltd.
Hatfield Aerodrome
Hertfordshire, Großbritannien

Ihre Entstehung verdankt die Familie der Trident Kurz- und Mittelstreckenjets einer Ausschreibung der British European Airways (BEA) aus dem Jahr 1956 für ein 100sitziges Passagierflugzeug mit einer Mindestreisegeschwindigkeit von 600 mph (965 km/h) und einer Reichweite für Strecken von bis zu 1.000 Meilen (rund 1600 km). De Havilland reichte den Entwurf D.H.121 ein, der 111 Fluggästen Platz bieten und von drei 53,4 kN Rolls-Royce RB.141 Medway Strahlturbinen angetrieben werden sollte. Zu den innovativen Konstruktionsmerkmalen gehörten ein Pendelruder, eine APU sowie ein von der Mittellinie um 61 cm nach links versetzt angeordnetes Bugfahrwerk, das zur Seite einfuhr. Nachdem sich BEA für die D.H.121 entschieden und im Februar 1958 die Absichtserklärung unterzeichnet hatte, 24 Exemplare fest zu bestellen und Optionen für weitere 12 aufzunehmen, erfolgte der offizielle Programmstart, doch schon wenige Monate später ließ die Luftverkehrsgesellschaft verlauten, das Flugzeug sei eigentlich zu groß für ihre Bedürfnisse. Man legte de Havilland nahe, eine verkleinerte Version zu entwickeln, woraufhin das Unternehmen die D.H.121 in einen 101sitzer mit schwächeren Rolls-Royce Spey Triebwerken und reduzierter Reichweite umkonstruierte. Dies war vermutlich eine der folgenschwersten Forderungen der BEA, denn die Verkleinerung kam zwar den spezifischen Anforderungen der britischen Airline entgegen, darin lag aber auch der wesentliche Grund, weshalb dieser Jet bei anderen Fluggesellschaften nur auf geringes Interesse stieß. 1960 wurde de Havilland von der Hawker Siddeley Group übernommen, die die Entwicklung des Dreistrahlers unter der Bezeichnung HS.121 Trident 1C fortsetzte. Am 9. Januar 1962 hob die erste Vorserienmaschine in Hatfield zu ihrem Jungfernflug ab, und am 11. März 1964 nahm BEA die Trident 1C auf der Strecke von London nach Kopenhagen in den Liniendienst. Insbesondere beim Start zeigte dieses Modell allerdings so dürftige Leistungen, daß ihm seine Piloten bald den despektierlichen Spitznamen "Ground Gripper" (etwa: das Flugzeug, das sich am Erdboden festkrallt) verpaßten. Im November 1964 flog die 115sitzige Trident 1E erstmalig, eine überarbeitete Version, die sich von ihrem Vorgänger vor allem durch stärkere Triebwerke, eine größere Spannweite und Vorflügel über die gesamte Länge der Tragflächenvorderkanten unterschied. Bestellungen für diese Baureihe gingen von Air Ceylon, BKS Air Transport, Channel Airways, Cyprus Airways, Iraqi Airways, Kuwait Airways und Pakistan International Airlines ein. Als nächste Variante erschien 1967 die "Langstreckenausführung" Trident 2E mit nochmals vergrößerter Flügelspannweite, schubstärkeren Rolls-Royce Spey 512/5W sowie zusätzlichen Kraftstofftanks. Verkauft werden konnte die Serie 2E an BEA, Cyprus Airways und die CAAC. Deren Flugzeuge verfügten über ein Flugdeck mit einem Arbeitsplatz für einen Navigator, der die ansonsten übliche dreiköpfige Cockpitcrew auf vier Mann vergrößerte. Letzte Serienversion war die Trident 3B - sie entstand, nachdem BEA im Jahr 1966 erklärt hatte, nun benötige man eine Trident mit größerer Passagierkapazität! Der Rumpf wurde um 5,02 m gestreckt, die Treibstoffmenge reduziert und zur Verbesserung der Leistungen beim Start und im Steigflug eine Hilfsstrahlturbine in die Seitenleitwerkswurzel eingebaut. Zwischen 1971 und 1973 lieferte Hawker Siddeley 26 Einheiten dieses 179sitzigen Jets an BEA und ihren Nachfolger British Airways. Weltberühmt machte die HS.121 ihre Fähigkeit, dank dem Smiths Autoland-System auch unter widrigsten Sichtbedingungen sicher landen zu können. Anfangs der neunziger Jahre verblieben als einzige Trident-Betreiber die chinesischen Luftstreitkräfte und ihr kommerzieller Ableger China United Airlines. British Airways hatte die letzten HS.121 im Dezember 1985 aus dem Dienst genommen, die meisten dieser Jets wurden inzwischen verschrottet. Restaurierte Exemplare sind auf den britischen Inseln heute in Heathrow und in Museen in Cosford, Duxford und Wroughton zu bewundern, in der VR China existieren mindestens noch vier ausgestellte oder eingemottete Tridents.

Daten

Spannweite: 27,41 m (Trident 1C); 28,95 m (Trident 1E); 29,90 m (Trident 2E/3B)
Länge: 34,98 m (Trident 1C, 1E und 2E); 40,00 m (Trident 3B)
Motoren: Drei 43,8 kN bis 53,2 kN Rolls-Royce Spey RB.163 Strahltriebwerke (Trident 1C, 1E und 2E); zur Verbesserung der Startleistung besaß die Trident 3B eine zusätzliche 2.381 kg RB.162 Hilfsstrahlturbine
Reisegeschwindigkeit: 974 km/h (Trident 2E)
Passagiere: Maximal 103 (Trident 1C); 139 (Trident 1E); 179 (Trident 3B)

Einen Tag vor ihrem Erstflug am 2. Juni 1974 wurde diese für die CAAC bestimmte Trident 2E auf dem Hawker Siddeley-Werksflugplatz Hatfield fotografiert. Zur Erprobung hatte die Maschine das britische Kennzeichen G-BABP erhalten, am Leitwerk trug sie aber auch schon die Ziffern ihres späteren chinesischen Kennzeichens B-252. (Sammlung Autor)

Als einzige ihrer Trident 2E spritzte British Airways die G-AVFG in dieses Ende 1984 vorgestellte Farbschema um. Nach seiner Ausmusterung aus dem aktiven Dienst im April 1985 fand der Jet auf der Wartungsbasis der Airline in London-Heathrow zur Schulung von technischem Personal Verwendung, bis er im Frühjahr 2000 für Dreharbeiten zu einem Fernsehfilm ein auf eine Autobahn abgestürztes Flugzeug verkörperte und anschließend verschrottet wurde. (Autor)

Eine der vier 1952 von CAAC erworbenen Il-12 war noch 1985 in Xi`an im aktiven Dienst anzutreffen. Die 505 wurde inzwischen zwar verschrottet, ihre Schwestermaschine 503 aber ist im CAAC-Ausbildungszentrum in Tianjin bis heute erhalten geblieben. (Sammlung Autor)

ILJUSCHIN Il-12

OKB Iljuschin
45 Leningradski Prospekt
Moskau, UdSSR

Um das Jahr 1943 forderte die sowjetische Regierung die heimischen Konstruktionsbüros auf, ein Verkehrsflugzeug zu entwerfen, das die Douglas DC-3 und Lisunow Li-2 (siehe S. 78) ablösen sollte, die damals zu Hunderten in der UdSSR im Einsatz standen. Für diese Ausschreibung entwickelte Sergej Wladimirowitsch Iljuschin als sein erstes Passagierflugzeug einen 32sitzigen Tiefdecker mit einem nicht druckbelüfteten Rumpf von rundem Querschnitt, Bugradfahrwerk und vier Tumanski M-88 Sternmotoren. Der Prototyp der als Il-12 bezeichneten Maschine startete am 15. August 1945 zu seinem Jungfernflug. Im Gegensatz zum ursprünglichen Entwurf verfügte er über zwei Tscharomski ATsch-31 Dieselmotoren, die sich jedoch nicht bewährten und bald dem Schwezow ASch-82 weichen mußten. Dieser erfolgreiche Vierzehnzylinder-Sternmotor basierte auf dem legendären Pratt & Whitney Twin Wasp und wurde in großen Stückzahlen in der UdSSR, der DDR und der Tschechoslowakei gebaut. Mit dem neuen Antrieb flog die Il-12 am 9. Januar 1946 zum ersten Mal, ihr Debüt gab sie im folgenden August auf der Luftparade von Tuschino. Von der NATO bekam die Maschine später den Codenamen Coach zugeteilt.
Die Flugerprobung offenbarte gewisse Probleme mit der Richtungsstabilität, außerdem bewerteten die Testpiloten die Flugleistungen und die Steuerbarkeit im Einmotorenbetrieb als nicht befriedigend. Diese Mängel sollten durch eine Verlängerung des Seitenleitwerksansatzes nach vorne und verschiedene andere Verbesserungen beseitigt werden. Zum Einbau kamen ferner eine leistungsfähigere Enteisungsanlage sowie eine Vorrichtung für eine Stützstrebe unter dem Heck, die verhinderte, daß das Flugzeug beim Beladen nach hinten kippte - was es ohne Abstützung offenkundig sehr leicht tat! So modifiziert erhielt der Airliner die Bezeichnung Il-12B. Weitere Versionen waren der Frachter Il-12T mit großem Ladetor auf der linken Rumpfseite und der Militärtransporter Il-12D, dessen mit Segeltuchsitzen ausgerüstete Kabine bis zu 37 Soldaten faßte.
Im August 1947 ging die Il-12 bei der Aeroflot in den Linieneinsatz. Die Maschinen fanden extensiv Verwendung, aufgrund ihrer unzureichenden Flugleistungen sah sich die Gesellschaft jedoch bald dazu gezwungen, die Zahl der Sitze auf maximal 18 zu reduzieren, was die Il-12 sehr kostspielig im Betrieb werden ließ. Überraschend begann der sowjetische Nationalcarrier 1954, das eigentlich für den Inlandsluftverkehr konzipierte Muster auch auf internationalen Strecken einzusetzen: Als erste Destinationen im Westen bediente man Paris und Stockholm mit der Il-12, Ende 1955 folgte Wien. Die albanische Hauptstadt Tirana und Beijing zählten ebenfalls zu den Zielen des Iljuschin-Propliners außerhalb der UdSSR. Exportiert wurde die Il-12 unter anderem nach Polen, Rumänien, in die Tschechoslowakei und in die VR China (vier für CAAC sowie mindestens 24 für die Luftstreitkräfte).
Nach Abschluß der Konstruktionsarbeiten für das Nachfolgemodell Il-14 (siehe S. 106) lief die Fabrikation der Il-12 im Jahr 1949 aus. Über die Produktionszahlen konnten lange Zeit nur Vermutungen angestellt werden, die Angaben bei verschiedenen Autoren reichten von 200 über 663 und mehr als 2.000 bis zu mindestens 3.000 Stück! 1998 erklärte der damalige Leiter des Versuchskonstruktionsbüros Iljuschin dann, die Gesamtfertigung habe genau 839 Einheiten betragen.
Noch 1985 wurde in Xi`an in der chinesischen Provinz Shaanxi eine Il-12 im Dienst der CAAC beobachtet, heute scheint es dagegen keine aktiven Exemplare mehr zu geben. Erhaltene Maschinen stehen in den Luftfahrtmuseen von Monino bei Moskau und Datangshan bei Changping nördlich von Beijing sowie im CAAC-Ausbildungszentrum in Tianjin, außerdem besitzt die Technische Hochschule von Slawjansk in der Ukraine eine ehemalige Aeroflot Il-12. Als Flugzeugenthusiasten aus dem Westen diesen seltenen Klassiker im Februar 1999 "entdeckten" befand er sich noch in einem passablen Erhaltungszustand.

Daten

Spannweite: 31,70 m
Länge: 21,31 m
Motoren: Zwei 1.365 kW Schwezow ASch-82FN Sternmotoren
Reisegeschwindigkeit: 350 km/h
Passagiere: 27-32

Diese Il-12 der chinesischen Luftstreitkräfte ist im Luftfahrtmuseum von Datangshan ausgestellt. Im Unterschied zu dem auf der vorhergehenden Seite abgebildeten Flugzeug der CAAC weist die 35141 ein rechteckiges Beobachtungsfenster hinter dem Cockpit auf. (Mike Green)

Größter Betreiber der Il-12 war erwartungsgemäß die staatliche sowjetische Luftverkehrsgesellschaft Aeroflot. Heute existieren nur noch wenige ihrer Maschinen, darunter die CCCP-73975, die auf dem Gelände der Technischen Hochschule von Slawjansk in der Ukraine steht. Abgesehen von der zerrissenen Bespannung der Höhen- und Seitenruder scheint dieses Exemplar recht gut erhalten zu sein. (Peter Bish)

Il-14 waren in London-Gatwick nur sehr selten zu Gast. Diese vom VEB Flugzeugwerk Dresden gebaute und 1958 an Malev ausgelieferte Il-14P brachte 1966 die ungarische Nationalmannschaft zur Fußballweltmeisterschaft nach Großbritannien. (Sammlung Dave Howell)

ILJUSCHIN Il-14

OKB Iljuschin
45g Leningradski Prospekt
125190 Moskau, UdSSR

Die Il-14 (NATO-Codename Crate) war das Ergebnis von Iljuschins Bemühungen, aus der Il-12 (siehe S.104) ein verbessertes Nachfolgemodell zu entwickeln und die Schwachstellen zu beseitigen, die dieses Muster gezeigt hatte: Als mangelhaft galten vor allem sein Flugverhalten im Einmotorenbetrieb, die Instrumentierung des Cockpits, die Enteisungsanlage und das Feuerlöschsystem. Den Rumpf übernahm man aerodynamisch gesäubert, ansonsten aber weitgehend unverändert von der Il-12, die Tragflächen dagegen wurden neu konstruiert, sie wiesen ein anderes Profil und eine andere Form auf. Neu gestaltete strömungsgünstigere Triebwerksgondeln beherbergten leistungsstärkere ASch-82T Sternmotoren, deren Auspuffrohre wie bei der 1947 erstmalig geflogenen Convair 240 (siehe S. 58) zu Abgasschubrohren über der Flügelhinterkante führten. Ein weiteres augenfälliges Unterscheidungsmerkmal gegenüber der Il-12 war das größere rechteckige Seitenleitwerk.

Am 15. Juli 1950 hob die Il-14 zu ihrem Jungfernflug ab, und rund drei Jahre später lief in einem Werk bei Moskau die Serienfertigung an. Als erste Baureihen erschienen der Militärtransporter Il-14 und das für die Aeroflot bestimmte 18sitzige Passagierflugzeug Il-14P (Passaschirski). Iljuschins Entwurf erwies sich als ähnlich vielseitig wie die Antonow An-2 (siehe S. 14), zahlreiche Varianten entstanden, darunter VIP-Reisemaschinen, Hörsaalflugzeuge für die Navigations- und Funkausbildung, Fotomaschinen, Flugzeuge zur Fischerei- und Eisüberwachung sowie Ambulanzflugzeuge. 1955 brachte Iljuschin die Il-14M (Modifikatsiia - Modifikation) mit verstärkter Zelle und einem um einen Meter verlängerten Rumpf heraus, der bis zu 36 Fluggästen Platz bot und über ein Paar zusätzlicher Kabinenfenster verfügte. Zu den langlebigsten Versionen zählte die Polarnaja (Polar)-Ausführung, die bei einer Aeroflot-Abteilung flog. Eine kleine Anzahl dieser mit Skifahrwerk ausgerüsteten, rot-weiß bemalten Arbeitspferde leistete der sowjetischen Polarforschung noch in den achtziger Jahren gute Dienste in der Arktis und der Antarktis.

Trotz einiger Unzulänglichkeiten entwickelte sich die Il-14 zu einem großen Exporterfolg, sie konnte in 31 Länder verkauft werden und wurde außerdem in der DDR sowie in der Tschechoslowakei in Lizenz gebaut. Zwischen 1956 und 1960 stellte Avia in Prag nicht weniger als 203 Av-14 verschiedener Varianten fertig, einschließlich einiger Einheiten des Modells Av-14 Super mit druckbelüfteter Kabine. Mehr als 50 der 127 ins Ausland exportierten Av-14 gingen 1957/58 an die Sowjetunion. In der DDR produzierte der VEB (Volkseigene Betrieb) Flugzeugwerk Dresden zwischen 1955 und 1959 insgesamt 80 Il-14P, wovon viele in sozialistische Staaten ausgeführt wurden, unter anderem nach Polen, Rumänien, Ungarn und in die VR China.

Letzter regulärer Nutzer in Europa war vermutlich die Interflug, die bis zum März 1984 eine VEB Il-14P (DDR-SAL) als Meßflugzeug für die Kalibrierung von Flugsicherungsanlagen betrieb. Nach ihrer Ausmusterung stellte man diese Maschine als Denkmal auf dem Flughafen Dresden-Klotzsche auf, der Geburtsstätte aller VEB Il-14P, einige Jahre später erhielt sie die Bemalung des ersten in der DDR gebauten Exemplars, der DM-ZZB. Der Propliner ist nach wie vor in Dresden zu finden, trägt inzwischen aber wieder sein altes Kennzeichen DM-SAL und die Farben des Interflug-Vorgängers Deutsche Lufthansa. Außerhalb Europas stand die Il-14 länger im aktiven Dienst: In der VR China flog der Klassiker noch 1991 auf Inlandsrouten der CAAC, während auf der Karibikinsel Kuba bis vor kurzem eine Il-14M zur Flotte der in Havanna beheimateten Aerocaribbean gehörte. In den letzten Jahren war dieser betagte Airliner allerdings nur noch selten zum Einsatz gekommen.

Unter den erhaltenen Il-14 gibt es ein flugtüchtiges Exemplar, das in Krasnodar stationiert ist und für Rundflüge genutzt wird, ab- oder ausgestellte Überlebende existieren in Afghanistan, Albanien, Bulgarien, der VR China, Deutschland, der FSU, Indien, Kuba, der Mongolei, Polen, Rumänien, der Slowakischen und der Tschechischen Republik, Ungarn sowie in den USA.

Daten (der Il-14M)

Spannweite: 31,70 m
Länge: 22,31 m
Motoren: Zwei 1.415 kW Schwezow ASch-82T Sternmotoren
Reisegeschwindigkeit: 320 km/h
Passagiere: 24-36

Inzwischen ist die Avia Av-14F 623 verschrottet worden, aber als 1991 diese Aufnahme entstand war das attraktiv bemalte und mit einem kuppelförmigen Beobachtungsfenster hinter dem Cockpit ausgerüstete Flugzeug noch der Stolz der Flotte von China General Aviation. Man beachte das für die VR China typische Fahrrad, das im Schatten des Propliners parkt! (Sammlung Autor)

Viele klassische Airliner endeten nach ihrem Ausscheiden aus dem aktiven Dienst im Schmelzofen, für ein paar Maschinen fanden sich allerdings auch neue Verwendungszwecke und sie blieben in einem Stück erhalten: Diese Avia Av-14, die zuletzt mit dem Kennzeichen 3152 bei den tschechoslowakischen Luftstreitkräften flog, wurde bei Lemesany in der Slowakischen Republik als Restaurant aufgestellt, unmittelbar neben der Autobahn E50. (Peter Bish)

Einfach großartig ist dieses im September 1966 auf dem Flughafen London-Heathrow aufgenommene Foto von Aeroflots brandneuer Il-18D CCCP-75404! Über den weiteren Lebensweg der Maschine konnte leider nichts in Erfahrung gebracht werden. (Paul Huxford)

ILJUSCHIN Il-18

OKB Iljuschin
45g Leningradski Prospekt
125190 Moskau, UdSSR

Das erste Modell, das die Bezeichnung Il-18 trug, war ein 60sitziges Passagierflugzeug mit einem runden, der Boeing Stratoliner ähnlichen Bug und vier ASch-73 Kolbenmotoren. Dieser nur wenig bekannte Airliner, der im Juli 1947 seinen Jungfernflug absolvierte, wurde 1948 für kurze Zeit von der Aeroflot erprobt, dann aber nicht in die Serienproduktion übernommen.

Als die sowjetische Staatsfluggesellschaft Mitte der fünfziger Jahre Bedarf an einem schnellen Mittelstreckenverkehrsflugzeug mit einer Kapazität von 75-100 Passagieren und der Eignung für unbefestigte Pisten anmeldete, erhielt das von Sergej Wladimirowitsch Iljuschin geleitete Konstruktionskollektiv den Auftrag, eine Turbopropmaschine zu entwickeln, die in ihren Leistungen der Vickers Viscount und der Lockheed L-188 Electra ebenbürtig sein sollte. Die Flügelform und der Rumpfquerschnitt des neuen Entwurfs basierten auf der alten Kolbenmotor-Il-18, als Antrieb fanden vier starke Propellerturbinen Verwendung: Während die Prototypen und einige frühe Serienflugzeuge mit der 2.985 kW Kusnetzow NK-4 ausgerüstet waren, kamen ab dem 21. Exemplar Iwtschenko AI-20 zum Einbau.

Am 4. Juli 1957 startete der zu Ehren der russischen Hauptstadt "Moskwa" genannte Prototyp vom Flugplatz Frunse zu seinem erfolgreichen Erstflug. In den Linienbetrieb ging der elegante Propliner im April 1959 auf der Strecke von Moskau nach Adler, und sechs Monate später begann Aeroflot, die Il-18 auf internationalen Routen einzusetzen: Als erste Destination im Ausland flog man von Moskau aus London-Heathrow an. Mehr als 560 Il-18 (NATO-Codename Coot) verließen die Montagehallen der GAZ-30 in Moskau-Kodinka. So wie bei vielen anderen Verkehrsflugzeugmustern auch entstand durch Verbesserungen und Modifikationen eine Anzahl verschiedener Baureihen: Die erste Variante, die aus dem Basismodell hervorging, war die Il-18B mit höherer Startmasse und überarbeiteter Kabineneinrichtung für 84 Fluggäste. 1961 erschien die 90-100sitzige Il-18V, die schnell zur Standardausführung der Aeroflot wurde. Im Juli 1964 flog die für Langstrecken konzipierte und anfangs als Il-18I bezeichnete Il-18D erstmalig. Sie verfügte über stärkere AI-20M Propellerturbinen und vier zusätzliche, 6.300 Liter fassende Tanks im Flügelmittelstück, ihre durch das Verschieben des hinteren Druckschotts verlängerte Kabine bot bis zu 122 Reisenden Platz - in Diensten der Aeroflot allerdings nur in den Sommermonaten, wenn man keinen Stauraum für die dicken Wintermäntel benötigte! Die Il-18E entsprach weitgehend der D, Hauptunterschied war ihre geringere Treibstoffkapazität. Ebenso wie ihr kolbenmotorgetriebener Vorgänger Il-14 konnte auch die Il-18 beachtliche Exporterfolge erzielen, zwischen 1960 und 1969 wurden mehr als 100 in sozialistische oder der UdSSR politisch nahestehende Staaten verkauft. Zu den ausländischen Betreibern zählten Malev, die Deutsche Lufthansa und ihr Nachfolger Interflug, Cubana, Ghana Airways, United Arab Airlines, Air Mali, Air Guinée, CSA, Balkan Bulgarian Airlines, CAAK, LOT sowie Tarom. Die Fertigung der zivilen Il-18 endete um 1970, aus dem Airliner entwickelte Militärversionen wurden dagegen bis Mitte der siebziger Jahre gebaut: Die Il-20M ist eine Maschine zur elektronischen Aufklärung, die Il-22 ein fliegender Kommandostand und die Il-38 (NATO-Codename May) ein Seeaufklärungs- und U-Jagd-Flugzeug. Ein ziviler Verwandter der Il-20M trägt die Bezeichnung Il-24N, zwei Maschinen kamen bis 1994 in Aeroflot-Farben zur Eisüberwachung zum Einsatz.

1999 standen noch fast 50 Einheiten der langlebigen und zuverlässigen Il-18 im kommerziellen Passagier- und/oder Frachtdienst. Die meisten flogen bei Gesellschaften aus der FSU, aber auch in Bulgarien, Kuba, Nordkorea, Rumänien sowie in den Vereinigten Arabischen Emiraten und einigen weiteren Ländern waren aktive Exemplare anzutreffen. Erfreulicherweise scheinen der Nachwelt etliche Il-18 als Museumsstücke, Restaurants, Cafés oder Ausbildungszellen erhalten zu bleiben, Überlebende sind heute in Bulgarien, der VR China, Deutschland, der FSU, Ungarn, Polen, Rumänien und in der Tschechischen Republik zu finden.

Daten

Spannweite: 37,40 m
Länge: 35,90 m
Motoren: Vier 3.170 kW Iwtschenko AI-20M Propellerturbinen
Maximale Reisegeschwindigkeit: 675 km/h
Passagiere: Maximal 122

Diese Aufnahme datiert aus dem Juni 1989 und zeigt die 105sitzige Il-18E SP-LSF der LOT, als sie in London-Gatwick auf dem Weg zur Startbahn auf den Taxiway 8 einschwenkt. (Autor)

Es ist erfreulich, daß noch immer rund 50 Il-18 in kommerziellen Diensten fliegen, die meisten davon bei Betreibern aus der FSU. Die Il-18D RA-75449, eine von sechs Maschinen der russischen Ramair wurde im März 1998 auf dem Flughafen von Sharjah in den Vereinigten Arabischen Emiraten auf Film festgehalten. (Autor)

Auf dieser im August 1969 in Paris-Le Bourget entstandenen Aufnahme präsentiert die Il-62 CCCP-86662 eine frühe Variante der Aeroflot-Bemalung. Die Flügelspitzen der 1965 in Kasan gebauten Maschine weisen noch die ursprüngliche Form auf. (Sammlung Colin Ballantine)

ILJUSCHIN Il-62

OKB Iljuschin
45g Leningradski Prospekt
125190 Moskau, UdSSR

Unter der üblichen strengen Geheimhaltung entstand in den frühen sechziger Jahren in der Staatlichen Flugzeugfabrik 22 in Kasan der Prototyp der Iljuschin Il-62, eines der Vickers VC-10 bemerkenswert ähnlich sehenden Langstreckenpassagierjets. In diese Maschine mußten vier Ljulka AL-7 Strahlturbinen eingebaut werden, denn zum Zeitpunkt ihres Jungfernflugs im Januar 1963 war die Erprobung des eigentlich dafür vorgesehenen Kusnetzow NK-8-4 Mantelstromtriebwerks noch nicht abgeschlossen. Ihr Debüt im Westen gab die Il-62 im Juni 1965 auf dem Aérosalon von Paris-Le Bourget, an dem ein mit NK-8-4 ausgerüstetes Vorserienflugzeug teilnahm. Das Testprogramm erfuhr lange Verzögerungen, wiederholt traten Schwierigkeiten mit dem Antrieb auf, und ähnlich anderer Jets mit T-Leitwerk und am Heck angeordneten Triebwerken zeigte auch die Il-62 ein kritisches Verhalten im Langsamflug. Gelöst werden konnte dieses Problem schließlich durch eine Modifikation der Vorderkante der Außenflügel. Im Februar 1966 begann die Streckenerprobung auf der Route Moskau-Chabarowsk, ein Jahr später ging die Il-62 auf diesem Kurs in den Frachtdienst. In den Passagierdienst übernahm Aeroflot das neue Modell im März 1967 auf den Verbindungen von Moskau nach Nowosibirsk und Chabarowsk. Erstes Ziel im Ausland, das der sowjetische Nationalcarrier mit der Il-62 bediente, war Montreal, das man ab dem 15. September 1967 von Moskau aus anflog. Insgesamt stellte die GAZ-22 rund 95 Einheiten der Version Il-62 fertig. Als das effizientere Solowjew D-30KU Mantelstromtriebwerk verfügbar wurde entwickelte Iljuschin eine verbesserte Ausführung des Vierstrahlers, die

Il-62M, die 1971 zum ersten Mal flog und 1974 den Liniendienst aufnahm. Dank dem günstigeren spezifischen Treibstoffverbrauch der D-30KU und einem zusätzlichen 5.000 Liter-Tank im Seitenleitwerk konnte diese Maschine die Strecke von Moskau nach Washington, D.C. nonstop zurücklegen, die Notwendigkeit einer Zwischenlandung in Shannon oder Gander entfiel. Weitere Unterschiede der Il-62M gegenüberihrer Vorgängerin waren eine neue Schubumkehranlage mit Umlenkklappen an den beiden äußeren Triebwerken, eine veränderte Kabineneinrichtung, die bis zu 198 Passagieren Platz bot, modernere Avionik sowie einige Verbesserungen an den Tragflächen und den Unterflurgepäckräumen. 1978 erschien als letzte Version die auf der Il-62M basierende Il-62MK. Sie besaß eine höhere Startmasse, eine verstärkte Flügelstruktur, die eine längere Lebensdauer garantieren sollte, und ein neues Hauptfahrwerk mit größerer Spurweite, die überarbeitete Kabine wies nun einen breiteren Mittelgang und Gepäckablagefächer über den Sitzen auf. Nahezu 90 Il-62 konnten ins Ausland verkauft werden, unter anderem nach Ägypten, Angola, in die VR China und die DDR, nach Kuba, Nordkorea, Polen, Rumänien sowie in die Tschechoslowakei. In der FSU finden sich noch mehr als 50 Maschinen in den Flotten diverser Gesellschaften, darunter der Aeroflot, der Air Ukraine und der Domodedovo Airlines. Überdies kommen in einigen Nachfolgestaaten der UdSSR Il-62 als VIP-Flugzeuge für die politische Führung zum Einsatz. Erkennbar sind diese fliegenden Staatskarossen gewöhnlich an ihrer makellosen Bemalung und einer langen Verkleidung auf dem Rumpfrücken,

die die Antennen der zusätzlichen Navigations- und Kommunikationsausrüstung enthält. Zu den letzten Betreibern außerhalb der FSU zählen Air Koryo, Cubana und TAAG Angola Airlines. Ein paar Il-62 entgingen nach ihrer Ausmusterung der Verschrottung: Eine 1967 gebaute Il-62 gehört zur Sammlung des Luftfahrtmuseums von Monino, ein weiteres ehemaliges Aeroflot-Exemplar ist in Uljanowsk ausgestellt. Il-62 aus Beständen der Interflug blieben in Leipzig (DDR-SEF) und Stölln (DDR-SEG) erhalten. CAAC übergab eine ihrer Il-62 an das Museum von Datangshan, und in Havanna dient eine Maschine der Cubana heute als "Bar-Cafeteria". Auch zwei Il-62MK der CSA fanden eine neue Verwendung in der Gastronomie, eine in Lípa in der Tschechischen Republik und eine in Heidenreichstein in Österreich, während ein dritter OK-Jet in den frühen neunziger Jahren auf einem Schrottplatz in Laurinburg-Maxton in North Carolina auftauchte.

Daten

Spannweite: 43,20 m
Länge: 53,12 m
Motoren: Vier 103 kN Kusnetzow NK-8-4 Strahltriebwerke (Il-62); vier 107,9 kN Solowjew D-30KU Strahltriebwerke
Maximale Reisegeschwindigkeit: 900 km/h
Passagiere: 186 (Il-62); 198 (Il-62M); 195 (Il-62MK)

Zürich-Kloten 1992: Kurz nach dem Abheben von der Startbahn ziehen die Piloten das Fahrwerk der CSA Il-62M OK-JBJ ein. Offensichtlich ist die Il-62 einfach dazu bestimmt, in dieses Buch aufgenommen zu werden - von der NATO hatte sie den Codenamen Classic erhalten! (Autor)

Sechs Il-62M waren Ende der neunziger Jahre die Flaggschiffe von Air Ukraines großer Flotte von Jets und Propellerflugzeugen. Die 1987 gebaute UR-86135 flog vor dem Auseinanderbrechen der UdSSR bei der Aeroflot, heute ist der Flughafen Kiew-Borispol ihre Heimatbasis. (Rolf Wallner)

Diese CASA 352L, die 1950 an die spanische Luftwaffe ausgeliefert worden war, wurde 1974 auf der ILA in Hannover fotografiert. Seit 1997 ist die Maschine im Besucherpark des Flughafens München ausgestellt. (Sammlung Autor)

JUNKERS Ju 52/3m, AAC 1 & CASA 352L

Junkers Flugzeug- und Motorenwerke AG, Dessau
Deutschland; Ateliers Aéronautiques de Colombes, Frankreich
Construcciones Aeronauticas S.A., Madrid, Spanien

Als erste Baureihe der Ju 52-Familie erschien eine einmotorige Frachtversion, deren von einem BMW VIIaU V-Motor angetriebener Prototyp am 11. September 1930 zu seinem Jungfernflug startete. Die sieben fertiggestellten Exemplare dieser Variante wurden mit verschiedenen Triebwerksmustern ausgerüstet. Die Zelle des neuen Flugzeugs war von vornherein für eine Weiterentwicklung in eine dreimotorige Ausführung konzipiert, die die Anforderungen der Fluggesellschaften hinsichtlich der Leistungen und der Betriebssicherheit für eine Verwendung im Passagierverkehr erfüllen sollte. Nachdem mehrere Unternehmen Interesse an diesem Projekt zeigten und die Verkaufszahlen des Frachters weit hinter den Erwartungen zurückblieben stellte Junkers die Produktion 1931 von der einmotorigen Ju 52 auf das Modell 3m (3 Motoren) um. Die erste Ju 52/3m entstand als Umbau aus der achten Ju 52, verfügte über 410 kW BMW/Pratt & Whitney Hornet Sternmotoren und flog im April 1931 erstmalig. 1932 begann die Auslieferung, und Mitte der dreißiger Jahre standen weltweit fast 100 Einheiten in kommerziellen Diensten, rund die Hälfte davon bei der Deutschen Lufthansa. Die zahlreichen Varianten der Zivilversion unterschieden sich hauptsächlich in der Motorisierung, entsprechend der Kundenwünsche kam eine Reihe verschiedener Triebwerke zum Einbau. Ihre Robustheit, ihre Zuverlässigkeit und die Möglichkeit der Ausrüstung mit Schwimmern, Rad- oder Skifahrwerk machten die Ju 52/3m auch für eine militärische Verwendung hervorragend geeignet. Die deutsche Luftwaffe setzte die "Tante Ju" bis zum Ende des Zweiten Weltkriegs in großen Stückzahlen ein, hauptsächlich als Transporter und Schlepper für Lastensegler, aber auch als Schul- und Kuriermaschine, Behelfsbomber oder Minenräumflugzeug. Nach der Besetzung Frankreichs lief Ende 1942 in den ehemaligen Amiot-Werken in Columbes die Produktion von Ju53/3m an. Die Fabrikation wurde nach der Befreiung Frankreichs fortgesetzt, und bis 1948 stellte Ateliers Aéronautiques de Colombes noch 415 der nun als AAC 1 Toucan bezeichneten Maschinen fertig, die an die Armée de l`Air, die Aéronavale, Air France und einige andere Fluggesellschaften gingen. Unter Lizenz von Junkers baute Construcciones Aeronauticas S.A. ab 1945 in Spanien insgesamt 170 Ju 52/3m. Die meisten dieser Flugzeuge, die die Bezeichnung CASA 352L trugen, besaßen BMW 132 Triebwerke, 64 aber erhielten die stärkeren, in Barcelona fabrizierten ENMASA B3 Sternmotoren. Als Transporter und Schulflugzeuge leisteten die CASA 352L den spanischen Luftstreitkräften über viele Jahre hinweg gute Dienste, das letzte Exemplar wurde erst Ende 1973 ausgemustert. Von Junkers oder in Lizenz produzierte Ju 52/3m flogen nach dem Zweiten Weltkrieg bei etlichen großen Luftverkehrsunternehmen, AB Aerotransport, Aero O/Y, Aeroposta Argentina, Air France, CSA, DDL, Iberia, Lloyd Aero Boliviano und Sabena zählten zu den wichtigsten Haltern der Wellblechmaschine. Weltweit sind heute noch rund 40 dieser unverwüstlichen Arbeitspferde vorhanden. Zu der Hand voll flugfähiger Überlebender gehören die CASA 352L des South African Historic Flights und die in Hamburg stationierte Ju 52/3m der Lufthansa Traditionsflug GmbH, die für Nostalgieflüge zum Einsatz kommen. Leser, die sich das Vergnügen einer Luftreise an Bord einer "Tante Ju" gönnen wollen, seien außerdem an die Ju-Air aus der Schweiz verwiesen: Die auf dem Militärflugplatz Dübendorf beheimatete Gesellschaft betreibt drei von der Schweizerischen Flugwaffe übernommene Ju 52/3m g4e und eine CASA 352L. Weitere flugtüchtige oder ausgestellte Ju 52/3m sind in Argentinien, Belgien, Deutschland, Frankreich, Großbritannien, Jugoslawien, Kolumbien, Norwegen, Portugal, Schweden, Spanien und in den USA zu finden, eine Ju 52/3m auf Schwimmern ist derzeit nur im Norsk Luftfartssenter im nordnorwegischen Bodø zu sehen. Keine einzige originale Ju 52 blieb erhalten, doch das Western Canada Aviation Museum aus Winnipeg baute Mitte der achtziger Jahre eine CASA 352L in die einmotorige Konfiguration um und lackierte sie in den Farben der Ju 52 cao CF-ARM der Canadian Airways Ltd.

Daten (der Ju 52/3m)

Spannweite: 29,25 m
Länge: 18,90 m
Motoren: Drei 490 kW BMW 132 A-2 Sternmotoren (Ju 52/3m ge)
Reisegeschwindigkeit: 240 km/h
Passagiere: 17

Für Nostalgieflüge betreibt die in Dübendorf nordöstlich von Zürich beheimatete Ju-Air heute drei bestens gepflegte Ju 52/3m g4e sowie eine CASA 352L, die früher auf dem Flughafen Düsseldorf ausgestellt war und nach einer gründlichen Restaurierung 1997 zur Flotte stieß. Die Ju 52/3m g4e HB-HOT trägt noch die Farben der Schweizerischen Flugwaffe und ihr altes Militärkennzeichen A-702. (Hans Oehninger)

Mit dieser auffälligen lila Bemalung warb Ju-Airs Ju 52/3m g4e HB-HOS für eine wohlbekannte Schweizerische Schokoladenmarke. Die Milka-Ju und die auf Seite 11 abgebildete Pepsi-Concorde nebeneinander geparkt wären sicherlich ein bemerkenswerter Anblick gewesen! (Hans Oehninger)

Nach der Ausmusterung durch die 1952 von Braniff International aufgekaufte Mid-Continent Airlines aus Kansas City flog die Lodestar NC25602 bei einigen privaten Haltern aus den USA und Kuba. Die Maschine überlebte bis 1971 in Amerika. (Lockheed Martin)

LOCKHEED MODEL 18 LODESTAR

Lockheed Aircraft Corporation, Burbank Kalifornien, USA

Zum Zeitpunkt ihres Erscheinens war die Lodestar (Polarstern) das schnellste Verkehrsflugzeug der Welt. Der Prototyp entstand aus einer 1937 an Northwest Airlines gelieferten, aber schon zwei Jahre später retournierten Lockheed 14 Super Electra, die überarbeitet und deren Rumpf um 1,68 m gestreckt wurde, so daß in der Kabine nun eine Stewardeß und zwei Passagiere mehr untergebracht werden konnten. Dieser Maschine, die am 21. September 1939 zum ersten Mal flog, folgten zwei weitere aus Super Electras modifizierte Exemplare, bevor das erste neu gebaute Model 18 die Montagehallen verließ und am 2. Februar 1940 zu seinem Jungfernflug startete. Entsprechend der Firmenpolitik offerierte Lockheed die Lodestar in sieben Grundversionen mit unterschiedlichen Triebwerksmustern. Zur erfolgreichsten Ausführung entwickelte sich das mit zwei 895 kW Wright Cyclones ausgerüstete Model 18-56. Das erste Luftverkehrsunternehmen, das die zu einem Stückpreis von $ 85.000 angebotene Lodestar erwarb und im März 1940 in Dienst stellte war Mid-Continent Airlines, zu den weiteren Kunden gehörten BOAC, BWIA, Canadian Pacific Airlines, Continental Airlines, East African Airways, Linea Aeropostal Venezolana, National Airlines, New Zealand National Airways Corporation, Panair do Brasil, Pan American Airways, Sabena, South African Airways, TACA, Trans-Australia Airlines und Trans-Canada Air Lines. Während die meisten Model 18 in der Standardkonfiguration mit 14 Sitzen flogen besaß mindestens ein Exemplar der National Airlines für den Einsatz auf der stark frequentierten Route nach Puerto Rico Sitzbänke, die 26 Passagieren Platz boten. Bis zum Ende der Fertigung im Jahr 1943 lieferte Lockheed insgesamt 625 Lodestars aus. Über zwei Drittel aller Model 18 wurden für die amerikanischen Streitkräfte gebaut. Zahlenmäßig stärkste Versionen waren die von der USAAF hauptsächlich als Transporter genutzte C-60A sowie die R5O-6 der U.S. Navy und des Marine Corps. Im Zweiten Weltkrieg requirierte das Militär außerdem mehr als 100 Zivilmaschinen, die die Bezeichnungen C-56, C-57, C-59, C-60, R5O-4 und R5O-5 erhielten. Einige C-59 und C-60 überstellten die Vereinigten Staaten im Rahmen des Lend-Lease-Programms an Großbritannien. Als letzte Abkömmlinge gingen aus der Familie der zweimotorigen Airliner mit dem charakteristischen Doppelleitwerk 1941 die leichten Bomber und Patrouillenflugzeuge Lockheed-Vega Model 37/137 Ventura und Model 15 Harpoon hervor. Nach dem Zweiten Weltkrieg erfreute sich die Lodestar großer Beliebtheit als Geschäftsreiseflugzeug. Mehrere speziell für diese Zwecke umgebaute Versionen erschien, der Super Lodestar von Minnesota Airmotive, Bill Lears Learcraft Conversions Learstar, die Howard Aero Howard 250, die Gulfstar von Executive Aircraft Services oder die Dallaero Lodestar. Zu den Modifikationen zählten unter anderem die Remotorisierung mit stärkeren Triebwerken, aerodynamische Verfeinerungen an der Zelle, ein einziehbares Spornrad sowie eine komfortable Kabineneinrichtung, und sogar die Umrüstung auf ein Bugradfahrwerk wurde angeboten. Letzter kommerzieller Nutzer der PV-2 (Lockheed-Vega Model 15) dürfte Hirth Air Tankers sein, ein Unternehmen aus Buffalo, Wyoming, das im Jahr 2001 noch fünf Harpoons als Sprüh- und Löschflugzeuge einsetzte. Einer der letzten Betreiber von Lodestars war die finnische Sir-Air, deren Model 18-56 zum Erstellen von Luftbildern für kartographische Zwecke Verwendung fand und das sinnige Kennzeichen OH-MAP (map: engl. Landkarte) trug. Dieses Flugzeug wird derzeit in einem norwegischen Museum in den Farben einer BOAC Lodestar restauriert, es soll an jene Maschinen erinnern, die während des Zweiten Weltkriegs regelmäßig Flüge zwischen Schottland und dem neutralen Schweden durchführten. Mindestens neun Lodestars blieben in den USA erhalten, fünf in Kanada. Weitere Exemplare gibt es in Neuseeland und Südafrika: Ein ehemaliges South African Airways Model 18-08 wurde Ende der siebziger Jahre von der Fluggesellschaft zurückgekauft und als Ausstellungsstück für das South African Airways Museum restauriert. In Neuseeland haben mehrere Lodestars überlebt, darunter ein Model 18-07, das zuletzt als Landwirtschaftsflugzeug zum Einsatz gekommen war und seit 1974 als Denkmal an der Zufahrt zum Flughafen von Gisborne steht.

Daten

Spannweite: 19,96 m
Länge: 15,18 m
Motoren: Zwei 540 kW bis 895 kW P&W Hornet, P&W Twin Wasp oder Wright Cyclone Sternmotoren
Reisegeschwindigkeit: 400 km/h
Passagiere: 14

Alaska Star Airlines Lodestar NC21707 "Starliner Anchorage" hatte nur ein kurzes Leben, schon in den späten vierziger Jahren wurde das in Seattle im US-Bundesstaat Washington stationierte Flugzeug aus dem Register gestrichen. Alaska Star Airlines war im November 1943 entstanden und 1944 in Alaska Airlines umbenannt worden. (Lockheed Martin)

In Südafrika sind etliche erhaltene klassische Airliner zu finden, darunter mehrere Douglas DC-3 und DC-4, eine CASA 352L (Junkers Ju 52/3m), eine Lockheed L-1649 Starliner, eine Vickers Viking sowie die nicht mehr flugfähige Lockheed 18-08 ZS-ASN. Die in der blau-silbernen Nachkriegsbemalung restaurierte "Andries Pretorius" repräsentiert die Lodestars der South African Airways, die noch bis Mitte der fünfziger Jahre im Inlandsverkehr eingesetzt wurden. (Andy Heape)

Mit den Sicherungsstiften des Fahrwerks noch am Platz rollt die Skyways L-749 Constellation G-ANUR über den südlichen Abstellbereich von London-Heathrow. Das Herz vieler Flugzeugliebhaber höher schlagen lassen sicherlich auch die klassischen Airliner im Hintergrund dieses im Juni 1962 aufgenommenen Fotos. (Sammlung Autor)

LOCKHEED CONSTELLATION

Lockheed Aircraft Corporation
Burbank, Kalifornien
USA

Ende der dreißiger Jahre begann Lockheed mit der Entwicklung eines Langstreckenverkehrsflugzeugs, das in seiner endgültigen Konfiguration als viermotoriger Tiefdecker mit Druckkabine und dreifachem Seitenleitwerk die Bezeichnung Model 049 Constellation erhielt. Da die amerikanischen Streitkräfte nach dem Kriegseintritt der USA im Dezember 1941 dringend ein schnelles Transportflugzeug mit großer Reichweite benötigten wurden die ersten von TWA georderten "Connies" unverzüglich requiriert und als C-69 für die United States Army Air Force fertiggestellt. In Tarnbemalung gehalten startete der Prototyp am 9. Januar 1943 in Burbank zu seinem Erstflug. Der charakteristische Rumpf der Constellation war das Resultat von Monaten aerodynamischer Forschung und mehr als 500 Versuchen im Windkanal, die geschwungene Form, die ungemein elegant wirkt, erzeugte sogar zusätzlichen Auftrieb. Beim Bau der Maschine verwendete man nur die besten und modernsten Materialien. Höhen-, Seiten- und Querruder waren mit Stoff bespannt, was zu dieser Zeit noch immer als das bestmögliche Konstruktionsprinzip galt.

Bis zum VJ-Tag, der Kapitulation Japans im September 1945 hatte die USAAF erst 15 von über 300 in Auftrag gegebenen Constellations übernommen, und kurze Zeit später stornierte das Militär alle verbleibenden Bestellungen, woraufhin Lockheed eine Reihe von C-69, die sich bereits in Fertigung befanden, zu L-049 Passagierflugzeugen umrüstete. Bald gingen weitere Aufträge für neue L-049 ein, während frühe Betreiber wie TWA oder Pan American Airways immer wieder Rekordzeiten auf Transkontinental- und Transatlantikrouten vermeldeten. Die Constellation wurde zum Flaggschiff vieler Nationalcarrier, darunter Air France, Air India, BOAC, KLM, Qantas und South African Airways, denen sie half, ihre Flugzeiten beträchtlich zu verkürzen und ihre Zuverlässigkeit zu steigern.

Im Herbst 1946 präsentierte Lockheed die überarbeitete und mit leistungsstärkeren Triebwerken ausgerüstete Version L-649, von der jedoch nur 14 Stück an Eastern Air Lines verkauft werden konnten. Ein Jahr später erschienen dann das Langstreckenmodell L-749 mit zusätzlichen Treibstofftanks in den Außenflügeln und die L-749A mit verstärkter Zelle und höherer Startmasse. Mit insgesamt 131 Einheiten war diese Serie die meistgebaute Ausführung der Constellation. Eine von Pan American Airways vier L-749 flog im Juni 1947 den ersten "Round the World"-Dienst, und eine VC-121A der USAF, eine Militärvariante der L-749, erlangte Berühmtheit als Präsident Eisenhowers Reiseflugzeug "Columbine II".

Die neuen Jets D.H.106 Comet, Boeing 707 und DC-8, die in den fünfziger Jahren auftauchten, verdrängten die Constellation schnell von den prestigeträchtigen Hauptrouten der großen Airlines auf weniger glamouröse Tätigkeiten: Im Frachtgeschäft fanden einige Maschinen bis in die achtziger Jahre Verwendung, vor allem in Mittel- und Südamerika. Als letzte Bastion arbeitender „Connies" verblieb Ende der achtziger Jahre die Dominikanische Republik, auf der ölgetränkten Ramp des Aeropuerto Las Americas, des Flughafens von Santo Domingo, konnte man damals noch eine Hand voll Constellations und Super Constellations bewundern, die für Frachtflüge in der Karibik und nach Miami genutzt wurden.

Heute existieren noch rund 15 L-049/649/749, im kommerziellen Einsatz steht die Constellation aber nicht mehr. Erwartungsgemäß sind in den USA die meisten Überlebenden anzutreffen, einzelne Exemplare gibt es jedoch auch in Bolivien, Brasilien, Chile, Großbritannien, Frankreich und Marokko. Derzeit einzige flugbereite Constellation ist die von der Constellation Group aus Scottsdale, Arizona betriebene C-121A (L-749) N494TW, die in ihren ursprünglichen Military Air Transport Service (MATS)-Farben restauriert wurde (siehe S. 4), regelmäßig Flugveranstaltungen besucht und 1998 eine äußerst erfolgreiche Tour durch Europa unternahm.

Daten (der L-749)

Spannweite: 37,49 m
Länge: 29,00 m
Motoren: Vier 1.620 kW Wright Cyclone R-3350 Sternmotoren
Reisegeschwindigkeit: 480 km/h
Passagiere: 43

Letztes Land, in dem Constellations im kommerziellen Einsatz standen, war die Dominikanische Republik. Auf dieser 1987 entstandenen Aufnahme wird die in Santo Domingo beheimatete L-749A HI-422 der Aerochago S.A. in San Juan auf der Antilleninsel Puerto Rico für den Abflug vorbereitet. Leider wurde diese Maschine 1988 schwer beschädigt. (Sammlung Autor)

Diese L-749A, die Royal Air Maroc 1960 von Air France erworben hatte, „verschwand" nach ihrer Außerdienststellung in einem Hangar der RAM-Werft auf dem Flughafen von Casablanca, wo sie der Ausbildung von Technikern diente. Als die Constellation Jahre später wieder ans Tageslicht gelangte befand sie sich noch immer in einem sehr guten Erhaltungszustand. (Jacques Guillem)

Von 1962 bis 1968 flog Alaska Airlines diese L-1649A Starliner, die 1957 an TWA ausgeliefert und schon drei Jahre später zum Frachter umgebaut worden war. (Sammlung Autor)

LOCKHEED SUPER CONSTELLATION & STARLINER

Lockheed Aircraft Corporation, Burbank Kalifornien, USA

Ein Jahr nach dem Roll-out der L-749 projektierte Lockheed eine gestreckte Version dieser Langstreckenmaschine, die die Bezeichnung L-949 erhielt, deren Entwicklung dann aber zugunsten der noch größeren L-1049 wieder eingestellt wurde. Dieser Super Constellation genannte Entwurf hatte eine um 40% höhere Nutzlast als die Constellation und bot 92 Fluggästen Platz. In zwei Stufen baute Lockheed den zurückgekauften Prototyp der L-049 Constellation 1950/51 in Burbank zum Super Constellation-Prototyp um: Zuerst wurde der Rumpf durch das Einfügen von zwei Segmenten mit gleichbleibendem Durchmesser vor und hinter den Tragflächen um 5,59 m verlängert, dann ersetzte man die Triebwerke durch stärkere Wright R-3350-956C18CA-1 Double Cyclones. Die Serienausführung besaß zudem rechteckige Kabinenfenster, größere Seitenleitwerke sowie eine überarbeitete Windschutzscheibe und ein höheres Rumpfdach über dem Cockpit. Auch wenn sie infolge der Streckung des Rumpfs und des Knicks über dem Flugdeck nicht mehr die harmonisch geschwungene Linienführung ihrer Vorgängerin aufwies war die "Super Connie" noch immer eine überaus elegante Maschine. In seiner endgültigen Konfiguration flog der Prototyp am 4. April 1951 zum ersten Mal, das erste neu gebaute Exemplar startete drei Monate später zu seinem Jungfernflug, und im Dezember 1951 ging der Propliner bei Eastern Air Lines auf der Route New York-Miami in den Liniendienst. Von der L-1049 konnten nur 24 Einheiten verkauft werden, 14 an Eastern Air Lines und zehn an TWA, denn sie war untermotorisiert. Das Erscheinen des kraftvollen Wright Turbo-Compound Triebwerks ermöglichte es Lockheed, diesen Mangel zu beseitigen und eine Reihe ziviler und militärischer Super Constellation-Versionen mit erheblich besseren Leistungen und höherem MTOW zu entwickeln. Trotz gewisser Probleme mit der Zuverlässigkeit ihrer komplizierten Motoren erzielte man mit diesen Flugzeugen beachtliche Verkaufserfolge. Das erste Zivilmodell war die von 2.424 kW Wright 872TC-18DA-1 angetriebene L-1049C, Erstbesteller dieser Maschine, die im Februar 1953 ihren Jungfernflug absolvierte, wurde KLM. Weitere Varianten waren der Frachter L-1049D, das legendäre, mit Zusatztanks an den Flügelspitzen ausgestattete Langstreckenpassagierflugzeug L-1049G "Super G" und die für Passagier- oder Frachtdienste umrüstbare L-1049H, deren Auslieferung im Herbst 1956 begann. Für die amerikanischen Streitkräfte entstanden die Militärversionen L-1049A, B und F, Transporter, Aufklärungs- und Frühwarnflugzeuge, die die USAF (C-121C, VC-121E, RC/EC-121) und die U.S. Navy (R7V, WV-2, WV-3) in großen Stückzahlen beschaffte.

Die L-1649A Starliner, oft als das Nonplusultra kolbenmotorgetriebener Verkehrsflugzeuge bezeichnet, kombinierte den strukturell verstärkten Rumpf der L-1049G mit einer Treibstoffkapazität von 36.340 Litern und einem neu konstruierten Flügel mit dünnerem Profil und einer um 8,10 m größeren Spannweite, was die maximale Reichweite auf 10.170 km steigen ließ. Als Erstkunde TWA die L-1649A im Juni 1957 auf der Strecke New York-Paris in Dienst nahm boten allerdings sowohl Boeing als auch Douglas bereits strahlgetriebene Airliner an, denen viele Gesellschaften den Vorzug gaben, und so verließen lediglich 44 "Stars" die Werkshallen. Vier L-1649A blieben erhalten, eine im SAA Museum in Südafrika und drei in den USA, eine in Sanford, Florida und zwei in Auburn-Lewiston, Maine. Dieses Trio gehört dem Starliner-Enthusiasten Maurice Roundy, der darauf hinarbeitet, mindestens eine Maschine wieder in die Luft zu bringen. Größer ist der Bestand an überlebenden Super Constellations: Aus- oder abgestellte zivil registrierte Exemplare, einige davon ehemalige Militärflugzeuge, findet man in Helena (Montana), Hermeskeil, Manila, München, Nantes, Penndel (Pennsylvania), Plonéis, Topeka (Kansas), Toronto sowie in Washington, D.C., rund 11 Militär-"Super Connies" verschiedener Versionen sind in den USA ausgestellt, und ein paar eingemottete „Super G" der indischen Streitkräfte parken in Agra, Poona und Goa. Flugtüchtig restaurierte Maschinen gibt es gegenwärtig vier, die L-1049H des Airline History Museum At Kansas City (vormals Save A Connie), eine C-121C und eine EC-121T, beide in Camarillo, Kalifornien beheimatet sowie die C-121C der australischen HARS.

Daten (der Starliner)

Spannweite: 45,72 m
Länge: 35,41 m
Motoren: Vier 2.535 kW Wright 988TC-18EA-2 Turbo-Compound Sternmotoren
Reisegeschwindigkeit: 550 km/h
Passagiere: 106

Nach der Ausmusterung durch die USAF gelangte diese C-121C (L-1049F) über verschiedene Zwischenstationen zu AMSA (Aerolineas Mundo S.A.), einer Frachtgesellschaft aus Santo Domingo, der die Super Constellation zwei Jahre gute Dienste leistete, bevor sie 1990 infolge eines Feuers an Bord vor Puerto Rico notwassern mußte. (EMCS)

Eine weitere USAF C-121C (L-1049F), die jahrelang auf der Davis-Monthan AFB in Tucson, Arizona eingemottet war und dann ein zweites Leben als "Zivilist" fand, ist die hervorragend restaurierte VH-EAG "Southern Preservation" der Historical Aircraft Restoration Society (HARS) aus Sydney. (John Mounce)

Diese im Februar 1959 als VH-RMA an Ansett-ANA ausgelieferte L-188A Electra wurde später zum Frachter umgebaut und flog dann unter anderem bei den britischen Gesellschaften Air Bridge Carriers und Hunting Cargo Airlines. (Lockheed Martin)

LOCKHEED L-188 ELECTRA

Lockheed Aircraft Corporation
Burbank, Kalifornien
USA

Die L-188 verdankt ihre Entstehung einer anfangs 1955 veröffentlichten Ausschreibung von American Airlines für ein für ihre Inlandsrouten bestimmtes Mittelstreckenpassagierflugzeug. Mit der vergrößerten Weiterentwicklung des Projekts CL-310 konnte sich Lockheed gegen seine Konkurrenten durchsetzen, und nachdem American Airlines und Eastern Air Lines als Erstkunden im Sommer 1955 zusammen 75 L-188A geordert hatten lief in Burbank die Fertigung der Electra an. Lockheeds Hoffnungen auf gute Geschäfte schienen berechtigt, bis zum Jungfernflug des Prototyps am 6. Dezember 1957 war der Auftragsbestand auf 144 Einheiten angewachsen. Die nach dem 1934 erschienenen Model 10 Electra benannte L-188 ist das erste und bisher einzige in den USA entwickelte viermotorige Verkehrsflugzeug mit Propellerturbinen, das in größeren Stückzahlen hergestellt wurde. Der Entwurf präsentierte sich als 100sitziger Tiefdecker von konventioneller Auslegung, der durch die Verwendung starker Triebwerke und Tragflächen modernster Bauweise die Flugleistungen der kleineren Vickers Viscount erreichen sollte. Im Januar 1959 stellte Eastern Air Lines die erste Electra auf der Verbindung von New York nach Miami in den Liniendienst. Bei den Passagieren erlangte die neue Maschine schnell große Beliebtheit, weitere Aufträge liefen ein, bald tauchten jedoch ernsthafte Probleme auf, die die in das Muster gesetzten kommerziellen Hoffnungen letztlich zunichte machten: Auf den Mittelstrecken mußte die L-188 gegen Jets wie die Boeing 707 oder die DC-8 antreten, wobei sich der Turboprop rasch als nicht konkurrenzfähig erwies. Verhängnisvoll aber war, daß innerhalb der ersten 15 Monate nach der Indienststellung drei Electras abstürzten. Eine eingehende Untersuchung der Wrackteile ergab als Ursache strukturelle Schwächen der Triebwerksaufhängungen. Durch umfangreiche Modifikationen konnten die Mängel beseitigt werden, und im Februar 1961 hob die FAA die nach dem letzten Unfall Ende März 1960 angeordnete Geschwindigkeitsbeschränkung auf 475 km/h wieder auf, Bestellungen gingen allerdings keine mehr ein. Insgesamt stellte Lockheed 170 Electras fertig, das letzte Exemplar lieferte man im Januar 1961 an Garuda Indonesian Airways aus. Die von der Basisversion L-188A abgeleitete L-188C verfügte über eine höhere Startmasse und eine größere Treibstoffkapazität, die ihre Reichweite um 1.390 km steigen ließ. Produziert wurde diese Ausführung in 55 Einheiten, wichtigste Abnehmer waren Northwest Airlines und KLM. Ab 1968 rüstete Lockheed Aircraft Services 40 Electras zu L-188AF und CF Frachtern mit verstärktem Kabinenboden und einer oder zwei Ladetüren auf der linken Rumpfseite um. Der erste Auftrag über sechs Umbauten kam von Northwest Orient Airlines, zu den weiteren Kunden zählten Western Airlines, Overseas National Airways und Universal Airlines. Auf dem Entwurf der L-188 basiert zudem das erfolgreichste Langstreckenseeaufklärungs- und U-Jagd-Flugzeug des Westens, die P-3 Orion, die von Lockheed und dem japanischen Lizenznehmer Kawasaki zwischen 1960 und 2000 in über 750 Exemplaren fabriziert wurde. Ein paar vom Militär ausgemusterter und von Aero Union modifizierter P-3A/B finden nun in den Vereinigten Staaten als Löschmaschinen zur Bekämpfung von Waldbränden Verwendung. Aus dem regulären Passagierverkehr war die Electra in den späten siebziger Jahren weitgehend verschwunden, im Frachtgeschäft hingegen leistet der zuverlässige und effiziente Propliner bis zum heutigen Tage gute Dienste. Abgesehen von einer bis vor kurzem von Reeve Aleutian Airways betriebenen L-188C dürften alle noch aktiven Electras Kombi- oder Vollfrachtvarianten sein. Die größten Flotten in Europa besitzen heute Atlantic Airlines und Channel Express aus Großbritannien sowie die österreichische Amerer Air. In den USA wird mindestens eine Electra für Forschungsaufgaben eingesetzt, während in Kanada mehrere Flugzeuge zu Wasserbombern umgebaut wurden. Dutzende stillgelegter Electras parken eingemottet auf verschiedenen Flugplätzen, ein Großteil davon in Amerika, in ein Museum scheinen bisher aber nur zwei Maschinen gelangt zu sein: Eine Varig L-188A gehört zur Sammlung des Museu Aeroespacial in Rio de Janeiro, und eine Armada Argentina L-188AF steht im Museum der argentinischen Marineflieger in Bahía Blanca.

Daten

Spannweite: 30,18 m
Länge: 31,81 m
Motoren: Vier 2.800 kW Allison 501D-13A oder 3.022 kW 501D-15 Propellerturbinen
Reisegeschwindigkeit: 602 km/h
Passagiere: 99
Frachtzuladung: 15.331 kg (L-188CF)

Die Electras der Varig kamen bis in die frühen neunziger Jahre auf dem "Ponte Aérea" (Luftbrücken)-Passagiershuttledienst zwischen den brasilianischen Metropolen Rio de Janeiro und São Paulo zum Einsatz. In makelloser Erscheinung präsentierte sich die L-188A PP-VJW im September 1988 dem Fotografen. (Henry Tenby)

Da kolbenmotorgetriebene Löschflugzeuge im Betrieb immer teuerer werden finden zunehmend modifizierte Turbopropmaschinen wie die Lockheed C-130A Hercules, die P-3A/B Orion oder auch die Electra Verwendung. Conairs Tanker 53, die L-188AF C-FZCS wurde im September 1998 auf dem Flughafen Victoria International in der kanadischen Provinz British Columbia abgelichtet. (Avimage)

Diese im Juli 1972 in den Farben von Southeast aufgenommene Martin 2-0-2A flog ursprünglich als "Skyliner Los Angeles" bei TWA, ihre letzten Tage verbrachte sie als Frachter auf dem Flughafen von La Paz in Bolivien. Gut zu erkennen ist die Passagiertür im Heck. (Bruce Drum)

MARTIN 2-0-2 & 4-0-4

Glenn L. Martin Company
Baltimore, Maryland
USA

Bekannt geworden ist die Glenn L. Martin Company vor allem durch die große Zahl von Militärmaschinen, die sie vor und während des Zweiten Weltkriegs produziert hat. In den späten Kriegsjahren wandte sich das Unternehmen aber auch wieder dem Markt für Verkehrsflugzeuge zu und nahm wie so viele andere Firmen die Entwicklung eines Nachfolgers für die Douglas DC-3 (siehe S. 78) in Angriff: Ende 1944 schloß man die Definitionsphase für einen 30sitzigen Kurzstreckenairliner ab, der in seiner endgültigen Form 1946 erschien. Der als Modell 2-0-2 bezeichnete Tiefdecker bot nun bis zu 40 Passagieren Platz und wies zahlreiche innovative Konstruktionsmerkmale auf, darunter eine Einstiegstür mit integrierter Treppe im Heck, umsteuerbare Propeller und Tankstutzen auf der Unterseite der Tragflächen. Knapp vier Monate vor der in der Konfiguration ähnlichen Convair 240 (siehe S. 58) startete der Prototyp am 22. November 1946 zu seinem Jungfernflug. Der Martinliner war das erste nach Kriegsende fertiggestellte zweimotorige Verkehrsflugzeug aus den USA, das die Zulassung der amerikanischen Zivilluftfahrtbehörde erhielt und in den Serienbau ging.

Die Auslieferung der neuen Maschine begann im September 1947. Eastern Air Lines, Northwest Airlines und Pennsylvania-Central Airlines orderten große Stückzahlen, das Auftragsbuch verzeichnete bald Festbestellungen und Optionen für fast 300 Exemplare der Modelle 2-0-2 und 3-0-3, einer Version mit druckbelüftetem Rumpf. Nach dem Absturz einer Northwest Orient Airlines 2-0-2 im August 1948 wurde ein Großteil dieser Aufträge allerdings wieder storniert, die Produktion der 2-0-2/2-0-2A endete 1950 nach nur 43 Einheiten. Untersuchungen hatten ergeben, daß der Unfall durch strukturelle Schwächen in den Tragflächen verursacht worden war, woraufhin alle bereits ausgelieferten Flugzeuge vorübergehend aus dem Dienst genommen und von Martin modifiziert werden mußten.

Trotz dieses schweren Rückschlags zeigte sich das Unternehmen entschlossen, im Zivilgeschäft zu bleiben und brachte 1950 die 40sitzige 4-0-4 auf den Markt. Obwohl dieses Modell seinem Vorgänger äußerlich sehr ähnlich sah, handelte es sich im Grunde genommen um eine neue Maschine, nur 20% ihrer Teile waren baugleich mit denen der 2-0-2. Der Rumpf der 4-0-4 war um 0,99 m länger und verfügte über Druckbelüftung, die Tragflächen wurden umkonstruiert und in der Struktur soweit verstärkt, daß sie auch Propellerturbinen hätten aufnehmen können. Zwischen 1950 und 1953 fertigte Martin insgesamt 103 "Four-0-Fours", 60 für Eastern Air Lines, 41 für TWA und zwei für die U.S. Coast Guard, die die als RM-1Z (ab 1962 VC-3A) bezeichneten VIP-Transporter 1969 an die U.S. Navy überstellte.

Viele Martinliners wurden nach ihrer Ausmusterung durch die großen Airlines von kleineren Gesellschaften aus Nord- und Südamerika erworben und im Passagier- oder Frachtverkehr eingesetzt. In den USA verschwand die 4-0-4 in den achtziger Jahren aus dem kommerziellen Dienst, zu den letzten regulären Betreibern zählten Air Florida Commuter, Marco Island Airways und PBA, in Bolivien flog die in La Paz beheimatete TASS noch 1990 eine 4-0-4 als Frachter. Einige Exemplare erhielten eine luxuriöse Kabineneinrichtung und fanden als Geschäftsreisemaschinen Verwendung, andere rüstete man in den Vereinigten Staaten zu Sprühflugzeugen für den Agrareinsatz um, und ein paar der robusten Propliner wurden gelegentlich auch für Drogenschmuggelflüge benutzt! Derzeit einziger kommerzieller Betreiber eines Martinliners ist Rentavion aus Higuerote in Venezuela, die mit einer 4-0-4 Touristenflüge zu Destinationen wie dem Nationalpark Canaima durchführt.

Mehrere 4-0-4 werden heute von Museen oder Vereinigungen aus Kalifornien, Missouri, Pennsylvania und Tennessee als fliegende Museumsstücke unterhalten, außerdem gibt es noch rund 20 aus- oder abgestellte Maschinen, wovon die meisten erwartungsgemäß in den USA zu finden sind.

Daten (der 4-0-4)

Spannweite: 28,44 m
Länge: 22,75 m
Motoren: Zwei 1.790 kW Pratt & Whitney R-2800 Double Wasp Sternmotoren
Reisegeschwindigkeit: 444 km/h
Passagiere: 40, maximal 52

Zehn Jahre stand diese Martin 4-0-4 im Dienst der Eastern Air Lines, bevor sie 1962 an Southern Airways aus Atlanta verkauft wurde. 1978 auf Film gebannt kam die N147S später bei einer Reihe weiterer Gesellschaften zum Einsatz, darunter Florida Air Lines, Ocean Airways und Southern International Airways. (Sammlung Autor)

Einer der von Luftfahrtenthusiasten flugfähig erhaltenen Martinliners ist die im kalifornischen Camarillo stationierte 4-0-4 N636X. Jeff Whitesell und sein Team von Airliners of America haben das ehemalige Executiveflugzeug in der Bemalung der Pacific Air Lines restauriert und nehmen mit diesem klassischen Propliner regelmäßig an US-Airshows teil. (Autor)

Wenige Tage nach ihrer Auslieferung an Cruzeiro do Sul im März 1968 entstand dieses Foto der YS-11A-202 PP-CTE. Die Maschine, die im Dezember 1967 zum ersten Mal geflogen war, kehrte später nach Japan zurück und kam ab 1979 bei TDA-Toa Domestic Airlines zum Einsatz. (Sammlung Autor)

NAMC YS-11

Nihon Aeroplane Manufacturing Co Ltd.
Toranomon Building, No. 1, Kotohira-cho Shiba
Minato-ku, Tokio, Japan

Mitte der fünfziger Jahre legte das japanische Ministerium für Außenhandel und Industrie den größten Luftfahrtfirmen des Landes nahe, gemeinsam einen Kurz- und Mittelstreckenairliner mit Propellerturbinen zu entwickeln und offerierte dafür finanzielle Unterstützung durch den Staat. Die Inlandsfluggesellschaften benötigten ein solches Flugzeug, um damit ältere Kolbenmotormaschinen zu ersetzen und weiter expandieren zu können, und die Industrie Japans besaß zweifellos die nötigen Fähigkeiten, ein solches Flugzeug zu bauen. Mitsubishi Heavy Industries Ltd., Kawasaki Aircraft Co Ltd., Fuji Heavy Industries Ltd., Shin Meiwa Industry Co Ltd., Nippi und Showa Industry Co Ltd. gründeten daraufhin im Mai 1957 die Transport Aircraft Development Association (TADA), die einen Entwurf für eine entsprechende Maschine erarbeitete. Am 2. Juni 1959 wurde die TADA dann in die Nihon Aeroplane Manufacturing Company (NAMC) umgewandelt, unter deren Leitung die weitere Entwicklung, die Erprobung und die Produktion sowie der Vertrieb des als YS-11 bezeichneten Modells stehen sollte. Jede der sechs Partnerfirmen übernahm die Fertigung bestimmter Baugruppen, aufgeteilt nach der jeweiligen Beteiligung an NAMC, wobei Kawasaki (Flügel und Triebwerksgondeln) und Mitsubishi (Vorderrumpf und Endmontage) die Hauptanteile hielten. Da kein japanisches Unternehmen eine geeignete Propellerturbine im Angebot hatte mußte man bei den Motoren auf ein ausländisches Erzeugnis zurückgreifen und entschied sich für die stärkste Version des bewährten Rolls-Royce Darts. Der Bau der beiden Prototypen lief im März 1961 an, und am 30. August 1962 absolvierte die erste Maschine in Nagoya ihren Jungfernflug. Die YS-11 wies einen druckbelüfteten Rumpf von kreisrundem Querschnitt auf und besaß in der Passagierausführung zwei Einstiegstüren mit bordeigenen Treppen. Wie bei der in der Konfiguration ähnlichen, jedoch kleineren HS.748 (siehe S. 32) saßen die Triebwerke deutlich vor und über den Tragflächen, untergebracht in großen Gondeln, die auch das Hauptfahrwerk beherbergten. Im März 1965 begann die Auslieferung der YS-11 an die ersten Kunden, verschiedene japanische Inlandsfluggesellschaften sowie die Zivilluftfahrtbehörde und die Streitkräfte des Inselstaats, und im folgenden April übernahm Toa Airways das neue Muster in den Liniendienst. Innerhalb der nächsten Monate gingen erste Aufträge aus dem Ausland ein, Gesellschaften von den Philippinen und aus Hawaii bestellten eine kleine Anzahl von Flugzeugen. Die Nachfrage nach der YS-11 war nie besonders groß, aber beständig, Mitte der siebziger Jahre flog die Maschine mit Ausnahme Australiens auf allen Kontinenten. Zu den ausländischen Betreibern gehörten zu dieser Zeit Olympic Airways, Piedmont Airlines, Cruzeiro do Sul, S.G.A. aus Zaire und Korean Air Lines. Nach dem Bau von insgesamt 50 Einheiten der später als YS-11-100 bezeichneten Basisversion stellte NAMC die Produktion 1967 auf die YS-11A um. Diese Ausführung hatte eine größere Startmasse und wurde anfangs in drei Varianten angeboten, als YS-11A-200 Passagierflugzeug sowie -300 Combi und -400 Frachter, beide mit großem Ladetor auf der linken Rumpfseite. Als abschließende Modellreihen folgten später die YS-11A-500 und -600 mit nochmals erhöhter Startmasse, die Serie 700 kam hingegen nicht über das Planungsstadium hinaus. Im Februar 1974 wurde die letzte der 132 fertiggestellten YS-11A ausgeliefert, sie ging an die Japanese Maritime Self-Defence Force (JMSDF). Die japanische Marine und die Luftwaffe (JASDF) betreiben heute noch mehr als 20 YS-11, die für eine Vielzahl verschiedener Aufgaben zum Einsatz kommen. Wirtschaftlich war das Projekt YS-11 kein Erfolg, es bescherte NAMC einen Verlust von rund 600 Millionen US-Dollar, im Betrieb erwies sich das Flugzeug indes als zuverlässig und sicher. Fast 40 Jahre nach ihrem Erstflug ist die YS-11 noch immer im kommerziellen Dienst anzutreffen: Air Nippon und Japan Air Commuter setzen nach wie vor einige Exemplare auf japanischen Inlandsrouten ein, und auf den Philippinen fliegt der Propliner bei drei Gesellschaften im Passagier- und Frachtverkehr. Eine Hand voll YS-11 landete in japanischen Museen, darunter der erste Prototyp, der im Museum of Aeronautical Sciences am Flughafen Narita steht, während abgestellte Zivilmaschinen unter anderem in Mexiko und in den USA zu finden sind.

Daten

Spannweite: 32,00 m
Länge: 26,30 m
Motoren: Zwei 2.280 kW Rolls-Royce Dart Mk.542-10K Propellerturbinen
Maximale Reisegeschwindigkeit: 478 km/h
Passagiere: 60
Frachtzuladung: 6.670 kg

Diese YS-11A-205 der PBA-Provincetown-Boston Airline wurde 1988 auf dem Barnstaple Municipal Airport auf der Halbinsel Cape Cod abgelichtet. Erstbetreiber der N273P war Piedmont Airlines aus Winston-Salem in North Carolina, die die Maschine 1970 übernommen und ihr den Namen "Peachtree Pacemaker" gegeben hatte. (Autor)

Im Oktober 1998 konnte man in Sharjah die YS-11A-310(F) P4-GLC der Global Aircargo antreffen. Der Frachter trug noch die Grundbemalung seines Vorbesitzers Mid Pacific Cargo, einer Gesellschaft aus Lafayette im US-Bundesstaat Indiana, die aus der in Honolulu auf Hawaii ansässigen Mid Pacific Air hervorgegangen war und bis zu ihrem Konkurs im Jahr 1995 eine große Flotte von YS-11 betrieben hatte. (Sammlung Autor)

Bevor er von der französischen Luftwaffe übernommen wurde trug der Nord 262 Prototyp F-WKVR 1963 für kurze Zeit die Farben der Lake Central Airlines. Als erster Kunde aus den USA bestellte diese Gesellschaft acht Maschinen fest und nahm Optionen auf weitere 13. (Sammlung Graham Simons)

NORD 260, NORD 262 & MOHAWK 298

Aérospatiale, 37 Boulevard de Montmorency, F-75781 Paris Cedex 16, Frankreich

Wie verschiedene andere Verkehrsflugzeugmuster auch waren die Nord 260 und 262 vergrößerte und mit moderneren Triebwerken ausgestattete Weiterentwicklungen eines früheren Entwurfs: 1959 hatte Avions Max Holste aus Reims die M.H.250 Super Broussard herausgebracht, ein 22sitziges Zubringerflugzeug in Schulterdeckerauslegung mit zwei Pratt & Whitney Sternmotoren und seitlich am Rumpf angebrachten Verkleidungen für das Hauptfahrwerk. Durch die Verlängerung des Kastenrumpfs um 1,39 m und den Einbau von zwei Turboméca Bastan Propellerturbinen entstand aus diesem in nur einem Exemplar gebauten Modell dann die M.H.260, die ebenso Super Broussard genannt wurde und am 29. Juli 1960 zum ersten Mal flog. Nachdem Avions Max Holste in wirtschaftliche Schwierigkeiten geraten war übernahm Nord-Aviation im November 1960 dieses Programm und stellte mit finanzieller Unterstützung des Staats zehn als Nord 260 bezeichnete Serienmaschinen fertig. Air Inter aus Frankreich und die norwegische Gesellschaft Widerøe`s Flyveselskap mieteten einige dieser Flugzeuge und setzten sie versuchsweise im Regionalluftverkehr ein, Bestellungen blieben jedoch aus, und so wurden die meisten Nord 260 letztlich an die französischen Luftstreitkräfte überstellt. Mitte der neunziger Jahre hatte die Armée de l`Air noch mindestens vier Maschinen in ihrem Bestand, außerdem flog eine Super Broussard für Transport- und Verbindungsaufgaben bei dem Triebwerkshersteller Turboméca. Die dritte Nord 260 ging nach ihrer endgültigen Stillegung als Ausbildungszelle an eine Schule für Luftfahrttechnik in Montpellier, und die Bugsektion des ersten Serienflugzeugs befindet sich heute im Musée de l`Air in Paris-Le Bourget. Aus dem Modell 260 entwickelte Nord-Aviation anfangs der sechziger Jahre das Regionalverkehrsflugzeug Nord 262, das über einen längeren, neu konstruierten Rumpf von kreisrundem Querschnitt verfügte, in seiner druckbelüfteten Kabine bei einer Bestuhlung von drei Sitzen pro Reihe bis zu 29 Passagieren Platz bot und mit der leistungsstärkeren Bastan VI Propellerturbine ausgerüstet war. Dem Prototyp, der am 24. Dezember 1962 zu seinem Erstflug startete, folgten drei Vorserienmaschinen. Sie wurden in Chatillon-sous-Bagneux gebaut und in Melun/Réau-Villaroche endmontiert und erprobt, wohingegen die Serienfertigung in Bourges stattfand. Aufträge für den neuen Propliner erteilten unter anderem Air Ceylon, Air Inter, Alisarda, Cimber Air, Japan Domestic Airlines, Lake Central Airlines, Linjeflyg sowie Rousseau Aviation, zu den Kunden gehörten aber auch die Luftwaffe und die Marine Frankreichs, die die Nord 262 als leichten Transporter, Trainer, Verbindungs- und Seeüberwachungsflugzeug in Dienst nahmen. Mit Wirkung zum 1. Januar 1970 fusionierte die französische Regierung die Firmen Nord-Aviation, Sud-Aviation und SEREB zur Société Nationale Industrielle Aérospatiale. Unter deren Namen wurde eine zweite Modellreihe der 262 produziert, die 262C Frégate, die 1968 erschienen war, im Dezember 1970 die Verkehrszulassung erhielt und verlängerte Flügelspitzen, ein vergrößertes Leitwerk sowie stärkere Bastan VIIC Motoren aufwies. Eine für die Armée de l`Air entwickelte Militärausführung dieser Version trug die Bezeichnung 262D Frégate. In den USA ließ Allegheny Airlines ab 1974 neun ihrer Nord 262 von ihrer Tochtergesellschaft Mohawk Air Services zu Mohawk 298 umrüsten. Diese Variante zeichnete sich durch 880 kW Pratt & Whitney PT6A-45 Turboprops mit Fünfblattpropellern, überarbeitete Flügelspitzen, eine neue APU sowie modernere Avionik aus und absolvierte im Januar 1975 ihren Jungfernflug. Seinen Namen verdankte der "neue" Airliner zu einem Teil den FAR Part 298, den Lufttüchtigkeitsvorschriften der FAA für Regionalverkehrsflugzeuge, nach denen er zugelassen wurde. Bei der Armée de l`Air und der Aéronavale stehen noch immer rund 40 Nord 262 verschiedener Versionen im Einsatz, aus dem kommerziellen Luftverkehr ist die Maschine dagegen weitgehend verschwunden. Guatemala, Honduras, Kolumbien und die Demokratische Republik Kongo zählen zu den wenigen Staaten, in denen in den letzten Jahren noch aktive Nord 262 zu finden waren, während von der Mohawk 298 seit einiger Zeit kein einziges Exemplar mehr fliegt. Abgestellte Nord 262 gibt es unter anderem in Australien, Frankreich und in den USA.

Daten (der Nord 262C)

Spannweite: 22,60 m
Länge: 19,28 m
Motoren: Zwei 843 kW Turboméca Bastan VIIC Propellerturbinen
Reisegeschwindigkeit: 408 km/h
Passagiere: 26

Air Algérie erwarb 1970/71 fünf der an Lake Central Airlines gelieferten Nord 262 und verkaufte die vier überlebenden Exemplare 1981 an Air Limousin T.A. aus Limoges weiter. Eines dieser Flugzeuge, die F-BVFG "Lac Vassivière", konnte der Autor im Mai 1982 in London-Gatwick aufnehmen. (Autor)

Zu den letzten Nord 262 im kommerziellen Passagierverkehr gehörte die 1995 auf ihrer Heimatbasis Guatemala City-La Aurora fotografierte TG-ANP der Aerovias. Wenige Jahre später mußte diese Gesellschaft den Betrieb einstellen, ihre einzige, "Rey Quiche" getaufte Nord 262 wurde 1999 von Aerolineas Sosa aus La Ceiba in Honduras erworben. (Pierre-Alain Petit)

Kaum vier Jahre nach ihrer Indienststellung im Oktober 1954 hatte Scandinavian Airlines System diese SAAB 90A-2 an VASP verkauft. Dieses Foto der PP-SQZ entstand im November 1960 in São Paulo-Congonhas, wo der Propliner 1965 ausgemustert und später verschrottet wurde. (Peter Keating)

SAAB 90 SCANDIA

Svenska Aeroplan AB
Linköping
Schweden

Nach Gesprächen mit der Direktion der AB Aerotransport nahm Svenska Aeroplan Aktiebolaget (SAAB) anfangs 1944 die Entwicklung eines Kurzstreckenpassagierflugzeugs auf, die unter der Leitung des Chefkonstrukteurs Tord Lidmalm stand. In seiner endgültigen Konfiguration präsentierte sich dieser Entwurf als zweimotoriger Tiefdecker in Ganzmetallbauweise mit nicht druckbelüftetem Rumpf und einziehbarem Bugradfahrwerk. Ursprünglich als Projekt CT (Civilt Trafikflygplan - Ziviles Verkehrsflugzeug) bekannt erhielt die Maschine später die Bezeichnung SAAB 90 und den durch einen Wettbewerb unter der Belegschaft der Firma ermittelten Namen Scandia. Der Prototyp wurde im Herbst 1946 fertiggestellt, besaß zwei 1.081 kW Pratt & Whitney R-2000-2SDI3-G Sternmotoren, elliptische Cowlings sowie Dreiblattpropeller und flog am 16. November 1946 zum ersten Mal. Bemerkenswert ist die Ähnlichkeit des Erscheinungsbilds der SAAB 90 und der sowjetischen Iljuschin Il-12 (siehe S. 104), die ungefähr zur selben Zeit entstanden war. Angesichts des großen Angebots an günstig zu erwerbenden Douglas C-47 Skytrain/Dakotas aus den Überschußbeständen des Militärs zeigten die Fluggesellschaften aus Schweden und den anderen Ländern Europas nur wenig Interesse für das neue Modell. Trotz zahlreicher Demonstrationsflüge für die Repräsentanten vieler europäischer Airlines in den Jahren 1947/48 ging die erste Bestellung erst 17 Monate nach dem Jungfernflug ein: Im April 1948 orderte AB Aerotransport zehn Exemplare, was es erlaubte, endlich die Serienfabrikation anlaufen zu lassen. Einen späteren Auftrag aus Brasilien schien SAAB allerdings als wichtiger anzusehen, die ersten fertiggestellten Maschinen wurden 1950 an Aerovias Brasil und VASP ausgeliefert. Im Unterschied zum Prototyp SAAB 90A-1 verfügte die Serienversion SAAB 90A-2 über stärkere Pratt & Whitney R-2180-E1 Twin Wasps, runde Motorverkleidungen und Vierblattpropeller. In den frühen fünfziger Jahren waren die Orderbücher von SAAB randvoll mit Aufträgen der schwedischen Luftstreitkräfte für J 29 Jagdflugzeuge und Sk 50 Safir Trainer, die höchste Priorität genossen. Dies bereitete gewisse Probleme, denn die Werkshallen in Linköping boten einfach nicht genügend Platz, um hier zugleich die Produktion der Scandia fortzuführen. Als im Juni 1952 eine Bestellung der VASP über sechs Maschinen einlief, traf SAAB daher eine Übereinkunft mit Fokker, die vorsah, daß das in Amsterdam-Schiphol ansässige Unternehmen den Zusammenbau der Flugzeuge übernimmt. Die Produktionslinie in den Niederlanden schloß nach der Montage von nur sechs Einheiten Ende 1954 wieder. Fokker hatte jedoch wichtige Erfahrungen sammeln können, die in das Entwicklungsprogramm der erfolgreichen F.27 Friendship (siehe S. 92) einflossen. Inklusive des Prototyps wurden 18 Scandia fertiggestellt, 12 von SAAB in Linköping und der Rest von Fokker. Von den geplanten Varianten verwirklichte man nur die 90A-2, die 90A-3 mit größerer Passagierkapazität und die 90B-3 mit Druckkabine blieben Projekte. Scandinavian Airlines System (SAS), im August 1946 durch die Fusion von AB Aerotransport, DDL (Dänemark) und DNL (Norwegen) entstanden, setzte zwischen 1950 und 1957 auf innereuropäischen Strecken insgesamt acht Scandia ein und verkaufte die gesamte Flotte dann an VASP. Diese in São Paulo beheimatete Gesellschaft hatte 1950 auch den Prototyp erworben, womit sich die überaus seltene Situation ergab, daß jedes einzelne Exemplar eines Verkehrsflugzeugmusters irgendwann einmal bei der selben Airline im Dienst stand. Anfang 1965 flogen weltweit noch neun SAAB 90, die alle der VASP gehörten und fast ausschließlich auf dem "Ponte Aérea"-Passagiershuttledienst zwischen Rio de Janeiro und São Paulo zum Einsatz kamen. Die letzten Maschinen wurden in den späten sechziger Jahren stillgelegt. Nur eine einzige SAAB 90 ist erhalten geblieben: Die PP-SQR der VASP, die letzte aktive Scandia, gelangte 1974 in das bemerkenswerte Museu de Armas, Veiculos Motorizados e Avioes Antigos "Eduardo Andreia Matarazzo", das sich in der 360 Kilometer nordwestlich von São Paulo gelegenen Stadt Bebedouro befindet. Laut einer Meldung aus dem August 1999 ist jedoch geplant, das Museum von seinem langjährigen Standort Bebedouro nach Americana bei Rio de Janeiro zu verlegen.

Daten

Spannweite: 28,00 m
Länge: 21,30 m
Motoren: Zwei 1.342 kW Pratt & Whitney R-2180-E1 Twin Wasp Sternmotoren
Maximale Reisegeschwindigkeit: 391 km/h
Passagiere: 24-32, maximal 36

Farbaufnahmen der Scandia sind nur sehr schwer zu finden, insbesondere von Maschinen in der Bemalung des Scandinavian Airlines Systems (SAS). Ein seltenes Stück ist dieses Agfacolor-Dia aus den späten fünfziger Jahren, das die PP-SQQ der VASP in einer frühen Bemalungsvariante zeigt. (Sammlung Tony Eastwood)

Die beengten Verhältnisse im Museu de Armas, Veiculos Motorizados e Avioes Antigos "Eduardo Andreia Matarazzo" verdeutlicht dieses 1979 aufgenommene Foto der SAAB 90A-2 PP-SQR, der weltweit einzigen erhalten gebliebenen Scandia. (Sammlung Autor)

ACES Colombia aus Medellin nahm im Februar 1972 mit einer ST-27 den Betrieb auf und mietete später zwei weitere Exemplare. Die HK-1268, ursprünglich der ST-27-Prototyp, war eine von nur vier Maschinen dieses Typs, die auch außerhalb Kanadas zum Einsatz kamen. (Sammlung Autor)

SAUNDERS ST-27

Saunders Aircraft Corp Ltd.
Gimli, Manitoba
Kanada

Mehr als 30 der insgesamt 148 fertiggestellten de Havilland D.H.114 Heron (siehe S. 72) wurden von verschiedenen Unternehmen modernisiert und mit stärkeren Kolbentriebwerken von Continental oder Lycoming remotorisiert: Connellan Airways aus Australien und Executive Air Engineering aus Coventry in Großbritannien bauten jeweils eine kleine Anzahl von Flugzeugen um, am bekanntesten aber sind sicherlich die von Riley Aeronautics aus Florida modifizierten Maschinen. Die von vier Lycoming IO-540 mit Turboladern angetriebenen Riley Herons waren hoch geschätzt und leisteten Regionalfluggesellschaften wie der auf Puerto Rico beheimateten Prinair lange Jahre gute Dienste. Durch die Modifikation mit stärkeren Kolbenmotoren verbesserten sich die Leistungen der Heron erheblich, eine Gruppe von Ingenieuren und Geschäftsleuten aus Kanada war jedoch zu der Überzeugung gelangt, daß durch die Verwendung von zwei Propellerturbinen noch eine weitere Steigerung der Flugleistungen, der Zuverlässigkeit und der Wirtschaftlichkeit erreicht werden könnte. Zur Umrüstung von D.H.114 auf Pratt & Whitney Turboprops gründeten sie im Mai 1968 die Saunders Aircraft Corporation, die das Regionalverkehrsflugzeug ST-27 schuf, das Nonplusultra der Heron-Familie. Saunders erwarb einige gebrauchte Heron Series 2, zerlegte sie komplett, prüfte alle Komponenten und baute die Maschinen als ST-27 wieder auf. Die vier Gipsy Queen Kolbentriebwerke wurden durch zwei PT6A Propellerturbinen ersetzt, und auch an der Zelle nahm man diverse Veränderungen vor: Ein neuer verstärkter Tragflächenhauptholm kam zum Einbau, der Rumpf wurde durch das Einfügen eines 2,60 m langen Abschnitts gestreckt und erhielt einen längeren Bug, außerdem mußten aufgrund der gestiegenen Passagierkapazität zusätzliche Notausgänge sowie eine neue Einstiegstür auf der rechten Rumpfseite installiert werden. Die größere Seitenfläche des verlängerten Rumpfs machte ein größeres Seitenruder nötig, während das übrige Leitwerk ebenso wie das Fahrwerk unverändert von der Heron 2 übernommen wurde. Der Prototyp der ST-27 flog am 28. Mai 1969 zum ersten Mal, und bis 1975 entstand ein Dutzend Serienmaschinen, die an Fluggesellschaften aus Kolumbien und Kanada gingen. Größter Betreiber des Turboprops war die in Toronto ansässige Regionalairline City Express. Diese bis 1984 als Air Atonabee bekannte Gesellschaft erwarb in den späten siebziger Jahren insgesamt 11 ST-27, einschließlich der drei vorher an Aerolineas Centrales de Colombia (ACES) vermieteten Exemplare. Nachdem geeignete Heron-Zellen nur in begrenzter Zahl verfügbar waren entschloß sich Saunders schließlich, aus der ST-27 ein Flugzeug zu entwickeln, das komplett neu gebaut werden sollte. Als Basis für den Prototyp des anfänglich als ST-27A bezeichneten Modells diente eine ursprünglich an die South African Air Force gelieferte Heron 2B, die mit einem neuen Seitenleitwerk, einer überarbeiteten Kabineneinrichtung, zusätzlichen Treibstofftanks und einer stärkeren Version der PT6A Propellerturbine ausgerüstet wurde. Innerhalb von drei Jahren wechselte die Bezeichnung des am 17. Juli 1974 erstmals geflogenen Airliners zweimal, zuerst in ST-27B und im Februar 1975 dann in ST-28. Finanzielle Probleme zwangen Saunders Ende 1975, alle Arbeiten an dem ST-28-Programm abzubrechen und den Betrieb einzustellen, obwohl bereits Festbestellungen und Optionen für über 30 Flugzeuge eingelaufen waren. Aktive ST-27 gibt es heute keine mehr. Ein paar Maschinen sind in Kanada erhalten geblieben, darunter auch der ST-28-Prototyp C-GYAP-X, der sich im Besitz des Western Canada Aviation Museums (WCAM) befindet und auf dem Flugplatz von Gimli in Manitoba eingemottet auf eine Entscheidung über seine Zukunft wartet. Zum Bestand des in Winnipeg beheimateten WCAM gehört außerdem die sechste ST-27, die man im Tausch gegen eine Fairchild Husky vom Canadian Bushplane Heritage Centre erworben hat und die derzeit noch unrestauriert eingelagert ist. Anfang der neunziger Jahre hatte Voyageur Airways ihre drei ausgemusterten ST-27 an das Canadian Bushplane Heritage Centre aus Sault Ste. Marie übergeben, das eine eintauschte, eine dem Sault College für Ausbildungszwecke stiftete und eine selbst behielt: Die C-GCML, die neunte ST-27, wurde 1994 auf dem Landweg nach Sault Ste. Marie im Nordwesten Ontarios transportiert und ist seit 1995 in dem faszinierenden Museum ausgestellt.

Daten

Spannweite: 21,79 m
Länge: 17,98 m
Motoren: Zwei 560 kW PWC PT6A-34 Propellerturbinen
Reisegeschwindigkeit: 338 km/h
Passagiere: 20, maximal 24

C-FCNX, die achte ST-27, entstand aus einer Heron 2D der Kuwait Air Force und flog von 1975 bis zu ihrer Stillegung 1988 in Kanada. Zusammen mit zwei weiteren ST-27 gehörte die Maschine 1985 zur Flotte der Voyageur Airways aus North Bay in der Provinz Ontario. (Pierre Langlois)

Bis 1984 trug die auf dem Toronto Island Airport beheimatete City Express den Namen Air Atonabee. Zwischen 1979 und 1988 setzte diese Gesellschaft insgesamt sieben ST-27 ein, darunter die C-FJFH, die ursprünglich als Heron 2 gebaut und mit dem Kennzeichen G-AOGU an Cambrian Airways ausgeliefert worden war. (Sammlung Autor)

In den sechziger Jahren reisten nicht viele Luftfahrtenthusiasten nach Nepal, aber zum Glück kam Harry Holmes im Oktober 1968 durch Katmandu und schoß dieses Foto einer Twin Pioneer Series 3 des nepalesischen Royal Flights, an der gerade Wartungsarbeiten durchgeführt wurden. (Harry Holmes)

SCOTTISH AVIATION TWIN PIONEER

Scottish Aviation Ltd.
Prestwick Airport, Ayrshire
Schottland, Großbritannien

Obwohl es ihr Name vermuten lassen könnte war die bemerkenswerte Twin Pioneer nicht die zweimotorige Ausführung des fünfsitzigen STOL-Mehrzweckflugzeugs Scottish Aviation Pioneer II, sondern eine völlig neue Konstruktion, die mit dem einmotorigen Hochdecker nur die Tragflächenendstücke und die Verwendung des Alvis Leonides Sternmotors gemeinsam hatte. Dank dem großen Dreifachseitenleitwerk, den hervorragenden STOL-Eigenschaften und dem robusten Fahrwerk war die für den zivilen und den militärischen Einsatz entwickelte Twin Pioneer leicht zu fliegen und kam mit extrem kurzen Start- und Landestrecken aus. Am 25. Juni 1955 absolvierte der Prototyp der liebevoll auch „Twin Pin" genannten Maschine in Prestwick seinen Jungfernflug, dem eine erfolgreiche Flugerprobung folgte. Auf der Farnborough Air Show 1955 beeindruckte das ganz in poliertem Naturmetall gehaltene Flugzeug durch seine brillante Vorführung und einen Startlauf von nur 130 Metern, später schickte man zwei frühe Serienmaschinen auf ausgedehnte Verkaufstouren in alle Welt. Das Interesse potentieller Kunden an der vielseitigen Twin Pioneer war anfangs groß, Scottish Aviation rechnete mit einem Absatz von rund 200 Exemplaren. Gebaut wurde die „Twin Pin" in drei Versionen: Die Series 1 verfügte über zwei 418 kW Alvis Leonides Sternmotoren und startete im April 1956 zu ihrem Erstflug. 1958 erschien die von dem berühmten 447 kW Pratt & Whitney Twin Wasp angetriebene Series 2, für die nur ein kleiner Auftrag von Philippine Airlines einging. Die 1959 erstmals geflogene Series 3 unterschied sich von ihren Vorgängern vor allem durch stärkere Leonides Triebwerke, ihre größere Startmasse er-

möglichte eine höhere Zuladung an Nutzlast oder Treibstoff. Entgegen den anfänglichen Hoffnungen liefen Bestellungen von Fluggesellschaften nur langsam und in kleinem Umfang ein. Borneo Airways, De Kroonduif, eine KLM-Tochter aus Niederländisch-Neuguinea und Philippine Airlines gehörten zu den ersten Käufern der Zivilausführung, die meisten Aufträge umfaßten allerdings nur ein oder zwei Flugzeuge. Die Royal Malaysian Air Force orderte vierzehn Einheiten, größter Kunde aber waren die britischen Luftstreitkräfte: Die Royal Air Force beschaffte 32 Twin Pioneer CC.1 und sieben CC.2, die ab 1958 ausgeliefert wurden und bis 1968 im Dienst blieben. Zum Einsatz kamen die Maschinen hauptsächlich in Afrika, Aden und im Fernen Osten, zu ihren Aufgaben zählten Verbindungsflüge, die Evakuierung von Verwundeten und der Transport von bis zu 1.520 kg Fracht, 13 voll ausgerüsteten Soldaten oder 11 Fallschirmjägern. In der Rolle als leichter Bomber konnte die „Twin Pin" an externen Aufhängungen Splitterbomben im Gesamtgewicht von 2.000 lb (908 kg) tragen, die Flugzeuge fanden jedoch eher zum Abwurf von Nachschubgütern als von Bomben Verwendung. Da die Twin Pioneer stabil in der Luft lag und fähig war, von unbefestigten Pisten aus zu operieren erfreute sie sich einiger Beliebtheit als Plattform für das Erstellen von Luftbildern zu kartographischen Zwecken und für geophysikalische Messungen für die Suche nach Lagerstätten von Bodenschätzen. Sowohl die österreichische als auch die Schweizerische Regierung betrieb eine mit Kameraöffnungen ausgestattete Foto-"Twin Pin", während der Bergbaukonzern Rio Tinto Zinc Corpo-

ration Ltd. eine modifizierte Series 1 mit großen Fiberglasbehältern an den Flügelspitzen besaß, die die Prüfspulen eines Magnetometers enthielten. In Großbritannien begann der Einsatz der Twin Pioneer im gewerblichen Luftverkehr erst 1971, als die in Portsmouth beheimatete JF Airlines für Linienflüge auf die Kanalinseln zwei ehemalige Borneo Airways-Maschinen erwarb. Knapp zwei Jahre später wurden die beiden Flugzeuge dann an Flight One aus Staverton verkauft, die ihre kleine Flotte von „Twin Pins" in erster Linie für Vermessungsaufgaben im Auftrag der britischen Regierung nutzte. Ein paar Exemplare des robusten STOL-Transporters sind bis heute erhalten geblieben: In Großbritannien gibt es noch vier vollständige Twin Pioneers, in Australien drei, in Malaysia zwei und in Kanada und in der Schweiz je eine. Die derzeit einzige regelmäßig fliegende „Twin Pin" ist die vorwiegend für Rundflüge eingesetzte Series 3 G-APRS der Atlantic Airlines aus Coventry.

Daten (der Twin Pioneer Series 3)

Spannweite: 23,33 m
Länge: 13,80 m
Motoren: Zwei 475 kW Alvis Leonides 531/8 Sternmotoren
Reisegeschwindigkeit: 210 km/h
Passagiere: 16

Mit zwei Twin Pioneers bediente JF Airlines anfangs der siebziger Jahre die Strecke von ihrer Heimatbasis Portsmouth auf die britischen Kanalinseln. Vor ihrem Verkauf an Flight One im Oktober 1972 wurden beide Flugzeuge umbemalt, eines rot und eines gelb. (Paul Wakefield)

Einer der letzten Betreiber der schottischen STOL-Maschine war Sherwell Aviation aus Coolangatta im australischen Bundesstaat Queensland, die mit zwei Twin Pioneer Series 3 in den späten neunziger Jahren Charterflüge für Touristen durchführte. Die VH-AIS bot 16 Passagieren Platz und trug am Hinterrumpf den Slogan "Fly Twin Pion Air". (Craig Justo, Aero Aspects)

Dieses Foto aus dem Oktober 1964 zeigt die Sunderland 5 VH-BRF des Ansett Flying Boat Services an ihrem Liegeplatz in Sydney-Rose Bay. Ansett hatte die ehemalige RNZAF Sunderland 1963 auf Sandringham-Standard umgerüstet. (Sammlung Autor)

SHORT SUNDERLAND, SANDRINGHAM & SOLENT

Short Bros (Rochester and Bedford) Ltd., Seaplane Works Rochester, Kent und Windermere, Cumberland; Short Bros and Harland Ltd., Queen`s Island, Belfast, Nordirland, Großbritannien

Für den Einsatz auf verschiedenen von BOAC und dem RAF Transport Command gemeinsam unterhaltenen Linienverbindungen wurden ab Januar 1943 insgesamt 27 von Bristol Pegasus XVIII Sternmotoren angetriebene S.25 Sunderland III Seeaufklärungs- und U-Jagd-Flugboote demilitarisiert. Die von BOAC-Besatzungen geflogenen Maschinen trugen Tarnbemalung, BOACs Speedbird-Logo sowie rot/weiß/ blaue Erkennungsstreifen unter ihrem Zivilkennzeichen und beförderten sowohl Post als auch wichtige Passagiere, die mit einer lauten Kabine und unbequemen Sitzbänken vorlieb nehmen mußten. Nach dem Ende des Kriegs in Europa modifizierten BOAC und Shorts 22 Sunderlands für eine Verwendung im Luftverkehr: Man entfernte den Tarnanstrich, installierte eine stärkere Version des Bristol Pegasus und überarbeitete die Inneneinrichtung des Rumpfs und die Kabine, die nun 24 Passagieren auf Tagflügen und 16 auf Nachtstrecken Platz bot. BOAC gab diesem Modell den Klassennamen "Hythe" und eröffnete mit den Flugbooten 1946 die berühmten, in der Vorkriegszeit erschlossenen Empire-Routen wieder. Eine der Maschinen, die "Himalaya", wurde 1945 von Shorts in Rochester zum Prototyp der Sandringham 1 umgerüstet. Hauptunterschiede zu den "Hythe"-Sunderlands waren die elegantere Bug- und Hecksektion sowie eine komfortablere Inneneinrichtung mit zwei Decks, Cocktailbar und Speisesalon. Die Sandringham 1 blieb ein Einzelstück, als Umbauten aus P&W Twin Wasp-getriebenen Sunderland V entstand in Belfast jedoch eine größere Anzahl äußerlich ähnlicher Sandringham Mk.2, 3, 4, 5, 6 und 7. Zu den Kunden gehörten die TEAL, die 1946 vier 30sitzige Sandringham 4 erhielt sowie die norwegische DNL, die 1948 für ihre Oslo-Tromsø-Route drei mit Radar und 37 Sitzen ausgerüstete Mk.6 beschaffte. Dodero aus Argentinien kaufte drei 45sitzige Sandringham 2 und zwei 21sitzige Mk.3, die nach der Übernahme der Gesellschaft durch Aerolineas Argentinas durch zwei Sunderland V ergänzt wurden. CAUSA aus Uruguay und die argentinische ALFA erstanden jeweils eine Sunderland III, deren Inneneinrichtung auf Sandringham-Standard gebracht worden war. Größter Betreiber wurde BOAC, die 1947 neun "Plymouth"-Klasse Sandringham 5 und 1948 drei als "Bermuda"-Klasse bezeichnete Mk.7 erwarb. Ende der vierziger Jahre begann BOAC, ihre Flugboote durch Lockheed Constellations und Canadair C-4 zu ersetzen. Drei der Sandringham 5 gingen an Qantas, zwei Mk.7 an CAUSA und die dritte an Captain Sir Gordon Taylor. Nach einer Überholung durch Saunders-Roe in Cowes überflog die "Frigate Bird" 1954 nach Australien und führte mit dem Flugboot "Kreuzflüge" in der Südsee durch. Vier Jahre später wurde die Maschine als F-OBIP an RAI aus Tahiti verkauft, heute befindet sie sich im Besitz des Musée de l`Airs in Paris. Die einzige andere überlebende Sandringham, die Mk.4 VH-BRC, ist in der Southampton Hall of Aviation in Großbritannien ausgestellt. Aus der Sunderland entwickelte Shorts 1944 den Seeaufklärer Seaford, aus dem man wiederum eine Zivilausführung ableitete, die S.45 Solent. Dieses Flugboot besaß Bristol Hercules Sternmotoren, hatte einen breiteren und etwas längeren Rumpf als die Sandringham und wies eine größere Startmasse auf, ihre luxuriöse zweistöckige Kabine verfügte über eine Cocktailbar, eine Bibliothek und ein Promenadendeck. Zwischen 1946 und 1948 lieferte das Werk Rochester zwölf 34sitzige Solent 2 an BOAC, denen 1949 sechs Solent 3 mit 39 Sitzen folgten. Als Seaford 1 in Belfast auf Kiel gelegt waren diese Maschinen nach der Stornierung des RAF-Auftrags als Passagierflugzeuge fertiggestellt worden. Mit dem Rückflug einer Solent von Südafrika nach Southampton endete im November 1950 die Ära der Flugboote in BOAC-Diensten. Je vier Solents wurden an Trans-Oceanic Airways aus Sydney und Aquila Airways aus Hamble verkauft, die sie für Flüge auf die Kanarischen Inseln und nach Madeira einsetzte, eine Solent 3 übernahm TEAL, die bereits vier 44sitzige Solent 4 ihr eigen nannte. Zwei S.45 sind bis heute erhalten geblieben, die Solent 3 N9946F im Western Aerospace Museum im kalifornischen Oakland und die Solent 4 ZK-AMO im Museum of Transport and Technology in Auckland. Das einzige noch flugtüchtige Short-Flugboot ist die in Polk City, Florida beheimatete Sunderland V N814ML, die in den achtziger Jahren als G-BJHS in Großbritannien stationiert war.

Daten (der Solent 2)

Spannweite: 34,36 m
Länge: 26,70 m
Motoren: Vier 1.260 kW Bristol Hercules 637 Sternmotoren
Reisegeschwindigkeit: 393 km/h
Passagiere: 34

Viele Enthusiasten nutzten die Gelegenheit zu einem Rundflug mit einer Sandringham, als die VP-LVE im September 1976 von Studland aus einige Flüge um die Isle of Wight durchführte. Am Steuer der "Southern Cross" saß der legendäre Captain Charles Blair. (Autor)

Die Solent 4 ZK-AMO "Aranui", die seit etlichen Jahren im Museum of Transport and Technology (MOTAT) in Auckland ausgestellt ist, war das letzte Flugboot im Dienst der TEAL (Tasman Empire Airways Ltd) und wurde von der neuseeländischen Gesellschaft im September 1960 stillgelegt. Gut zu erkennen ist das zusätzliche Fensterpaar im Oberdeck dieser Solent. (Sammlung Dave Howell)

Als ihre erste Caravelle III übernahm Alitalia im April 1960 die I-DAXA "Altair". Diese Maschine trug den gleichen Namen wie eine Fluggesellschaft aus Venedig, die Mitte der achtziger Jahre eine Flotte von fünf Caravelle betrieb. (Sammlung John Wegg)

SUD-EST SE-210 CARAVELLE

Société Nationale des Constructions Aéronautiques du Sud-Est (SNCASE)
Toulouse, Frankreich

Auch wenn die Caravelle heute in vielen Teilen der Welt aufgrund der geltenden Lärmschutzbestimmungen nicht mehr fliegen darf haben ihr ihr elegantes Erscheinungsbild, ihre Leistungen und ihr hoher Passagierkomfort längst einen festen Platz unter den klassischen Airlinern gesichert. Im November 1951 veröffentlichte die französische Zivilluftfahrtbehörde SGACC eine Ausschreibung für ein schnelles Mittelstreckenpassagierflugzeug für den Einsatz auf innereuropäischen Routen und den Verbindungen vom Mutterland in die Kolonien in Nordafrika. Durchsetzen konnte sich der Entwurf X-210 von SNCASE, der in seiner endgültigen Form die Bezeichnung SE-210 Caravelle erhielt und eine damals revolutionäre Triebwerksanordnung aufwies: Die beiden Rolls-Royce Avon Strahlturbinen waren am Rumpfheck angebracht. Zu den Vorteilen dieser Konfiguration zählten ein aerodynamisch sauberer Flügel ohne störende Triebwerksaufhängungen, ein niedriger Lärmpegel im Kabineninneren und die Möglichkeit der Verwendung eines Fahrwerks von geringer Höhe, was den Zugang zur Kabine vereinfachte. Aus Gründen der Zeitersparnis übernahm Sud-Est den gesamten Vorderrumpf einschließlich des Flugdecks und seiner Fenster von der de Havilland D.H.106 Comet (siehe S. 70). Größter Unterschied in der Cockpitauslegung der beiden Jets war, daß die Besatzung der SE-210 aus nur zwei Mann bestand. Einzigartig ist die dreieckige Form der Kabinenfenster der Caravelle, die zu einem Symbol für die französische Maschine geworden ist und immer wieder für Werbezwecke genutzt wurde. Der erste der beiden Prototypen startete am 27. Mai 1955 in Toulouse zum Jungfernflug, und im Februar 1956 erteilte Air France einen ersten Auftrag über 12 Caravelle I. In den nächsten Monaten liefen weitere Bestellungen über kleine Stückzahlen ein, unter anderem von SAS, Air Algérie und Varig, während Air France im Juli 1958 weitere 12 Caravelle der verbesserten Serie III orderte. Ein wichtiger Durchbruch gelang im Februar 1960, als United Airlines ihr Interesse an der SE-210, das 1957 durch eine Vorführung des zweiten Prototyps auf seiner Demonstrationstour durch die USA geweckt worden war, in eine Bestellung über 20 Einheiten der speziell für amerikanische Gesellschaften konzipierten Version VI-R umwandelte. Dieser Anfangserfolg fand jedoch keine Fortsetzung. Sud-Aviation, im März 1957 durch die Fusion von SNCASE und SNCASO entstanden, konnte keine einzige weitere Caravelle an US-Airlines verkaufen und die 1960 begonnene Zusammenarbeit mit Douglas beim Vertrieb und der technischen Betreuung des Jets wurde bereits 1961 wieder beendet. Bis zum Erscheinen des Modells 10B Mitte der sechziger Jahre besaßen alle Serienausführungen der Caravelle Rolls-Royce RA.29 Avon Turbojets und wiesen ähnliche Abmessungen auf. Kommerziell erfolgreichste Variante wurde die Serie III mit insgesamt 78 fertiggestellten Maschinen. Flugtüchtige Exemplare der Serien I, IA, III, VI-N und VI-R gibt es heute keine mehr. Die von P&W JT8D Turbofans angetriebene Caravelle 10B war ein 104sitzer mit einem um einen Meter gestreckten Rumpf, der im März 1964 erstmals flog und vier Monate später mit Finnair in den Liniendienst ging. Von der Kombiversion 11R, die über ein Frachttor im linken Vorderrumpf und eine APU verfügte, wurden nur sechs Einheiten für Air Afrique, Air Congo und Transeuropa gebaut. Letztes und mit 36,24 m Rumpflänge größtes Modell war die in 12 Exemplaren gefertigte 140sitzige Caravelle 12. Im März 1971 übernahm Sterling Airways aus Dänemark den ersten dieser JT8D-9-getriebenen Jets, zwei Jahre später endete die Caravelle-Produktion mit der Auslieferung des letzten Flugzeugs an die französische Inlandsfluggesellschaft Air Inter. Im März 1999 gab es weltweit noch rund 75 Caravelle, darunter 11 aktive Maschinen in der Demokratischen Republik Kongo, in Kolumbien und in Südafrika. Einige Caravelle gelangten in Museen, andere dienen als Restaurants, als Ausbildungszellen für Techniker und Flugbegleiter oder werden für Reklamezwecke genutzt. Überlebende SE-210 findet man unter anderem in Belgrad, Brüssel, Cincinnati, Columbus, Damaskus, Dänemark, Ecuador, Frankreich, Istanbul, Italien, auf Kuba, in Marokko, Oslo, Schweden, Thessaloniki, Tucson, Tunesien, Van Nuys und in Windsor Locks.

Daten (der Caravelle 10B)

Spannweite: 34,30 m
Länge: 33,01 m
Motoren: Zwei 62,3 kN Pratt & Whitney JT8D-7 Strahltriebwerke
Maximale Reisegeschwindigkeit: 825 km/h
Passagiere: Maximal 104

Dieses im August 1984 vom Kontrollturm des Flughafens London-Gatwick aus aufgenommene Foto zeigt eine der drei Caravelle 10B3 der Altair. Die I-GISI wurde ursprünglich an Finnair geliefert und soll heute in Kolumbien zu finden sein. (Autor)

Ende der neunziger Jahre flog diese von der französischen Armée de l`Air 1976 gebraucht erworbene und 1996 ausgemusterte Caravelle 11R als 9Q-CNA "Lynn" bei Malu Aviation aus Kinshasa. Im Militärdienst stand die Caravelle unter anderem in Argentinien, Frankreich, Jugoslawien, Mexiko und in Schweden. (African Aviation Slide Service)

Dieses frühe Foto einer Tu-104A zeigt die CCCP-L5445, als sie im Juni 1956 New York-Idlewild besuchte, einige Monate, bevor Aeroflot den Typ in den Liniendienst übernahm. (Sammlung Autor)

TUPOLEW Tu-104

Tupolew Joint Stock Company
15, Akademika Tupolewa, Moskau 111250
Rußland

Die politische Führung der Sowjetunion bestand darauf, die Aeroflot mit Flugzeugen aus heimischer Produktion auszurüsten, was die Konstruktionsbüros gelegentlich dazu zwang, eine "Abkürzung" zu nehmen, um die Nachfrage nach Maschinen, welche den neuesten Modellen westlicher Hersteller gleichkamen, rasch erfüllen zu können. Ein Beispiel hierfür ist der erste Passagierjet der Aeroflot, die Tu-104 (NATO-Codename Camel), die auf der Basis des Entwurfs für einen zweistrahligen Bomber entstand. Aufgrund seiner Abstammung verfügte dieser Airliner über unverhältnismäßig starke Triebwerke mit hohem Treibstoffverbrauch, und die Kabinenausstattung galt als nicht zeitgemäß, war aber auch robust und zuverlässig und bildete lange Jahre das Rückgrat der Mittelstreckenflotte der sowjetischen Staatsfluggesellschaft - bis zur Außerdienststellung des letzten Exemplars im August 1981 transportierten deren Tu-104 über 100 Millionen Passagiere. Die Entwicklung der Tu-104, die unter der Leitung von Andrej Nikolajewitsch Tupolew stand, begann 1953. In Moskau-Bykowo wurden fünf Prototypen gebaut. Um ihre Fertigstellung zu beschleunigen fanden viele Komponenten der 1952 erstmalig geflogenen Tu-16 Verwendung: Neu war nur der druckbelüftete Rumpf mit rundem Querschnitt, Tragflächen, Leitwerk, Triebwerke und Fahrwerk übernahm man leicht verändert von dem mittleren Jetbomber. Am 17. Juni 1955 startete die erste Maschine zu ihrem Jungfernflug und 1956 lief die Serienproduktion in Charkow an, zwei Jahre später in Kasan. Zusätzlich wurde mindestens ein halbes Dutzend Tu-16 zu Tu-104G umgerüstet, die für die Ausbildung von Besatzungen und die Streckenerprobung zum Einsatz kamen. Die von der Tu-16 übernommene 35 Grad-Pfeilung der Flügelvorderkanten und die charakteristischen Fahrwerksgondeln an der Tragflächenhinterkante besassen auch Tupolews spätere Strahlverkehrsflugzeuge Tu-124, Tu-134 und Tu-154. Ein interessantes Konstruktionsmerkmal der Tu-104 stellte der zur Verkürzung der Landestrecke dienende Bremsschirm dar. In den fünfziger Jahren waren die Landebahnen der meisten Flughäfen von der Länge her noch für Propellerflugzeuge ausgelegt, was den neuen Jets mit ihrer höheren Landegeschwindigkeit Probleme bereiten konnte, insbesondere bei ungünstigen Witterungsverhältnissen, und in solchen Situationen erwies sich der doppelte Bremsschirm der Tu-104 als überaus nützlich. Am 15. September 1956 übernahm Aeroflot die Tu-104 auf der Strecke Moskau-Omsk-Irkutsk in den Liniendienst. Einige Monate früher war das Flugzeug erstmals im westlichen Ausland aufgetaucht, der Prototyp hatte im März 1956 eine Delegation nach London-Heathrow gebracht und großes Aufsehen in der Presse erregt. Vermutlich verließen insgesamt 207 neu gebaute Tu-104 die Werkshallen. Auf die Basisausführung Tu-104 mit 50 Sitzen folgte die Tu-104A mit überarbeiteter Kabine für 70 Fluggäste, die 1957 bei Aeroflot in Dienst ging. Zahlreiche Tu-104A wurden später durch die Umgestaltung der Kabineneinrichtung zu 100sitzigen Tu-104V modifiziert. Die in 97 Einheiten produzierte Tu-104B hatte einen um 1,21 m längeren Rumpf und bot 100 Passagieren Platz. Einziger Betreiber der Tu-104 außerhalb der UdSSR war der tschechoslowakische Nationalcarrier CSA, der für seine Mittelstrecken sechs Tu-104A erwarb. Parallel zur Tu-104B entwickelte Tupolew die 78-100sitzige Tu-110, die sich von ihrer Schwester vor allem durch den Einbau von vier Triebwerken unterschied. Trotz seiner guten Leistungen entschied sich Aeroflot aber gegen eine Beschaffung dieses Modells, der einzige Prototyp, der im Frühjahr 1957 zum ersten Mal geflogen und im folgenden Juli in Moskau-Wnukowo der Öffentlichkeit vorgestellt worden war, beendete seine Laufbahn bei den sowjetischen Luftstreitkräften. Die meisten Tu-104 wurden nach ihrer Ausmusterung verschrottet, nur eine Hand voll blieb der Nachwelt erhalten: Eine CSA Tu-104A gehört zur Sammlung des Luftfahrtmuseums in Prag-Kbely, zwei weitere dienen in Olomouc und Petrovice (Tschechische Republik) als Restaurants, und in der Nähe des Flughafens von Nikosia ist das Wrack einer 1973 verunglückten CSA-Maschine zu finden. In der FSU dürfte es noch etwa zehn Tu-104 der Aeroflot und der sowjetischen Luftstreitkräfte geben, auf dem Flughafen Moskau-Wnukowo stellte man 1976 zum 20. Jahrestag des Beginns des Jetzeitalters im sowjetischen Passagierluftverkehr eine Tu-104 als Denkmal auf.

Daten (der Tu-104B)

Spannweite: 34,54 m
Länge: 40,06 m
Motoren: Zwei 9.700 kg Mikulin RD-3M-500 Strahltriebwerke
Reisegeschwindigkeit: 800 km/h
Passagiere: 100

Diese Aufnahme der Aeroflot Tu-104B CCCP-42471 entstand im September 1970 in London-Heathrow. Das Flugzeug, das um 1960 in Kasan gebaut worden war, verunglückte am 28. November 1976 beim Start in Moskau-Scheremetjewo. (Paul Huxford)

Nach ihrer Ausmusterung aus dem aktiven Dienst wurde die Tu-104B CCCP-42441 für Ausbildungszwecke an das Institut für Luftfahrttechnik in Kujbyschew (heute wieder Samara)-Uchebny überstellt und entging so dem Schneidbrenner. Obwohl der Zahn der Zeit auch an diesem betagten Jet nagt konnte er sein elegantes Erscheinungsbild augenscheinlich noch bewahren. (Sammlung Autor)

Wie dieses Foto aus dem Juli 1966 zeigt erregte der Besuch einer Tu-114 jedesmal großes Aufsehen in London-Heathrow. Die Tu-114B CCCP-76485 steht heute in einer technischen Schule in Kriwoj Rog. (Sammlung Autor)

TUPOLEW Tu-114

Tupolew Joint Stock Company
15, Akademika Tupolewa,
Moskau, 111250 Rußland

Das Passagierflugzeug Tu-114 (NATO-Codename Cleat) wurde von dem im Westen als Bear bekannten Langstreckenbomber Tu-95 abgeleitet und flog im November 1957 zum ersten Mal. Der Prototyp, der den Namen „Rossija" (Rußland) trug, war die Sensation des Pariser Aérosalons 1959, und am 15. September 1959 verursachte dieselbe Maschine großes Aufsehen in den USA, als sie mit Ministerpräsident Chruschtschow an Bord von Moskau kommend nach einem elfstündigen Nonstop-Flug in New York eintraf. Nach einer mehrmonatigen Erprobungsphase ging die Tu-114 im April 1961 auf der Strecke Moskau-Chabarowks in den regulären Liniendienst. Knapp zwei Jahre später, am 7. Januar 1963, eröffnete Aeroflot mit der Tu-114 die erste wöchentliche Nonstop-Verbindung zwischen der russischen Hauptstadt und Havanna. Laut Flugplan dauerte der Hinflug 20h 5min, der Rückflug dank der vorherrschenden Westwinde "nur" 16h 25min! Aufgrund der großen Entfernung mußte die Zahl der Passagiere auf diesen Flügen auf maximal 60 beschränkt werden. Der Aeroflot-Flugplan von 1963 enthielt außerdem einen wöchentlichen Tu-114-Kurs von Moskau-Scheremetjewo nach Delhi. Die planmäßige Flugzeit von 6h 35min entsprach derjenigen der Air India Boeing 707, was die hohe Reisegeschwindigkeit des Propliners erahnen läßt. Später wurden auf diesen beiden Nonstop-Verbindungen Zwischenstopps eingeführt, auf dem Kuba-Flug in Conakry und auf dem Delhi-Kurs in Taschkent. 1965 begannen Aeroflot und Japan Air Lines mit Gesprächen über die Eröffnung eines gemeinsamen Nonstop-Dienstes zwischen Moskau und Tokio, der im April 1967 anlief und auf dem zwei Tu-114 mit zusätzlichen Japan Air Lines-Titeln zum Einsatz kamen. Weitere mit der Tu-114 angeflogene Destinationen im In- und Ausland waren Accra, Algier, Murmansk, Paris und Montreal.

Insgesamt 33 Tu-114 wurden in Kujbyschew (heute wieder Samara) gebaut. Die Tu-114 ist nicht nur das schnellste propellergetriebene Verkehrsflugzeug, bis zum Erscheinen der Boeing 747 (siehe S. 46) war sie auch der größte Airliner der Welt. In der Standardkonfiguration mit sechs Sitzen pro Reihe bot die in acht Abteile untergliederte Kabine 150 Passagieren Platz, eine dichtere 4+4-Bestuhlung für bis zu 220 Reisende soll auf Inlandsrouten nach Alma-Ata und Suchumi Verwendung gefunden haben. Zu den herausragenden Konstruktionsmerkmalen der Tu-114 zählen das lange Bugfahrwerksbein, die stark gepfeilten Tragflächen mit negativer V-Stellung und die kraftvollen Kusnezow Propellerturbinen, die gegenläufige Vierblattpropeller mit 5,60 m Durchmesser antrieben. Die Passagiertüren befanden sich in fünf Metern Höhe, was den Bodendiensten von Flughäfen gewisse Probleme bereiten konnte: Beim ersten Besuch des Tupolew-Giganten in London-Heathrow im Februar 1963 mußte man eine zweite Treppe auf eine normale Gangway montieren, um an die Kabinentür zu gelangen!

Nicht unerwähnt bleiben dürfen die beiden Tu-116, zwei umgerüstete Tu-95, die über eine komfortabel eingerichtete Druckkabine für 30 Passagiere im hinteren Rumpfteil verfügten und 1957 erstmals flogen. Vorgesehen waren die von der Aeroflot als Tu-114D bezeichneten Maschinen für die schnelle Beförderung von Regierungsmitgliedern über weite Strecken, und es ging das Gerücht um, sie seien dazu bestimmt, die sowjetische Führungsspitze im Notfall nach Kuba in Sicherheit zu bringen. Eine Tu-116 ist erhalten geblieben und steht heute im Museum der zivilen Luftfahrt in Uljanowsk.

Nach der Stillegung der letzten Tu-114 im Jahr 1977 übergab Aeroflot einige der überlebenden Flugzeuge an Museen oder technische Schulen. Um an den signifikanten Beitrag zu erinnern, den dieses Modell zur Entwicklung des sowjetischen Luftverkehrs geleistet hat, wurde in den späten siebziger Jahren eine Tu-114B am Flughafen Moskau-Domodedowo auf einem Sockel aufgestellt. Mindestens sieben weitere Exemplare existieren noch, zu finden sind sie in Monino, Moskau, Nowgorod und Uljanowsk. 1999 stießen Enthusiasten aus dem Westen auf einer Reise durch die Ukraine in der Technischen Schule von Kriwoj Rog auf eine Tu-114B, die 1978 auf dem Luftweg dort eingetroffen und sicher auf der Graspiste des Flugplatzes gelandet war.

Daten

Spannweite: 51,00 m
Länge: 54,00 m
Motoren: Vier 11.033 kW Kusnetzow NK-12M Propellerturbinen
Reisegeschwindigkeit: 800 km/h
Passagiere: 150-170, maximal 220

Diese im September 1966 in Paris-Le Bourget abgelichtete Tu-114B war eine der beiden Maschinen, die auf einer 1967 eröffneten und von Aeroflot und Japan Air Lines gemeinschaftlich betriebenen Nonstop-Verbindung zwischen Moskau und Tokio zum Einsatz kamen. Ende der siebziger Jahre stellte man den Propliner als Denkmal an der Zufahrt zum Flughafen Moskau-Domodedowo auf, wo er noch immer zu finden ist. (Sammlung Autor)

Die Tu-114A CCCP-L5611, die im November 1957 ihren Erstflug absolviert hatte, wurde 1991 in der letzten Bemalungsvariante im Luftfahrtmuseum von Monino aufgenommen. Im Hintergrund sind links eine Lisunow Li-2 und rechts eine Antonow An-22 zu erkennen. (Sammlung Autor)

Die im Juni 1970 in London-Heathrow fotografierte OK-TEA war die erste der drei von CSA erworbenen Tu-124V. Am Hinterrumpf des 1972 ausgemusterten und später in den Irak verkauften Flugzeugs prangt das Wappen der Stadt Melnik. (Sammlung Autor)

TUPOLEW Tu-124

Tupolew Joint Stock Company
15, Akademika Tupolewa,
Moskau 111250, Rußland

Betrachtet man diesen schnittigen Jet möchte man kaum glauben, daß er der direkte Nachfolger der kolbenmotorgetriebenen Il-14 auf dem von den Moskauer Flughäfen ausgehenden Kurzstreckennetz der Aeroflot war. Die Passagierzahlen auf den meisten Routen mit einer Flugzeit von bis zu einer Stunde erschienen als nicht ausreichend, um den Einsatz der Tu-104 oder der Iljuschin-18 zu rechtfertigen, und so hatte Tupolew den Auftrag erhalten, ein kleines Strahlverkehrsflugzeug für Kurzstrecken zu entwickeln.

Als Basis für die neue 44sitzige Tu-124 (NATO-Codename Cookpot) diente die bewährte Mittelstreckenmaschine Tu-104, deren Rumpf verkürzt und deren Flügel verkleinert und überarbeitet wurden. Da die Tu-124 mit kurzen oder unbefestigten Pisten auskommen sollte erhielt sie ein robusteres Fahrwerk mit kurzen Federbeinen und Niederdruckreifen, außerdem legten die Konstrukteure besonderen Wert auf gute Start- und Landeeigenschaften: Die Tragflächen besaßen Doppelspaltlandeklappen über die gesamte Hinterkante und Bremsklappen auf der Oberseite, die nach dem Aufsetzen zum Vernichten des Restauftriebs automatisch ausfuhren und in der Luft von den Piloten zur Reduzierung der Fluggeschwindigkeit manuell ausgefahren werden konnten. Auf der Rumpfunterseite befand sich eine Luftbremse, die einen steileren Anflugwinkel ermöglichte und beim Ausrollen als aerodynamische Bremse wirkte. Wie ihr Ahne verfügte auch die Tu-124 über einen Bremsschirm im Heck, dank dem verbesserten Klappensystem mußte er allerdings nur selten benutzt werden. Angetrieben wurde das Flugzeug von zwei Solowjew D-20P, die einen großen Fortschritt gegenüber den Mikulin Turbojets der Tu-104 darstellten, denn die neuen Mantelstromtriebwerke waren leiser, raucharmer und vor allem erheblich sparsamer im Treibstoffverbrauch.

Seinen Jungfernflug absolvierte der Tu-124-Prototyp am 24. März 1960, und nach dem erfolgreichen Abschluß der Erprobung lief in der GAZ-135 in Charkow die Serienproduktion an. Am 2. Oktober 1962 übernahm Aeroflot die Maschine auf der Strecke Moskau-Tallinn in den Liniendienst, fünf Wochen später folgte als nächste Route Moskau-Uljanowsk. Die Tu-124 war nicht nur der erste strahlgetriebene Kurzstreckenairliner der UdSSR und das erste in der Sowjetunion gebaute Verkehrsflugzeug mit Mantelstromtriebwerken, das in den Liniendienst ging, sie schlug hierbei auch ihre westlichen Gegenstücke BAC 1-11 und Douglas DC-9 um rund zwei Jahre.

Zur meistverwendeten Ausführung wurde die 56sitzige Tu-124V, die in kleinen Stückzahlen auch ins Ausland verkauft werden konnte: Je drei Einheiten erwarben die tschechoslowakische CSA und die Luftstreitkräfte der DDR, wobei zwei dieser 1964/65 an die in Marxwalde stationierte Selbständige Transportfliegerstaffel 29 ausgelieferten Regierungsflugzeuge anfangs Interflug-Bemalung trugen. Als Reisemaschinen für hohe Militärs und Politiker fungierten auch die drei 36sitzigen Tu-124K, die die indische Luftwaffe 1966 beschaffte. Noch luxuriöser eingerichtet war die Version Tu-124K2, ihre Kabine wies nur 22 Sitze auf.

Einige der insgesamt 112 fertiggestellten Tu-124 gingen auch an die Luftstreitkräfte der UdSSR, des Iraks und der VR China, das Gros aber erhielt Aeroflot. Während die sowjetische Staatsfluggesellschaft die letzten Exemplare des beliebten Zweistrahlers erst am 21. Januar 1980 aus dem Linienverkehr nahm hatte CSA ihre beiden überlebenden Tu-124V bereits 1973 an Iraqi Airways verkauft. Zwei Tu-124 sollen zum Bau der beiden Prototypen des vom Modell 124 abgeleiteten Kurz- und Mittelstreckenjets Tu-134 verwendet worden sein.

Außerhalb der FSU sind drei Tu-124 erhalten geblieben, eine Tu-124K im Indian Air Force Museum und zwei Tu-124 der chinesischen Luftstreitkräfte im Museum von Datangshan. In den Nachfolgestaaten der Sowjetunion scheint es noch eine überraschend große Zahl von Tu-124 zu geben: Aus- oder abgestellte Maschinen kann man unter anderem in Astrachan, Charkow, Grodno, Kuadorowsk, Kubinka, Mineralnye Wody, Nowosibirsk, Omsk, Sawelowo und Uljanowsk finden, am einfachsten zu erreichen ist aber sicherlich die Aeroflot-Tu-124, die im Luftfahrtmuseum von Monino bei Moskau steht.

Daten

Spannweite: 25,55 m
Länge: 30,58 m
Motoren: Zwei 5.400 kg Solowjew D-20P Strahltriebwerke
Reisegeschwindigkeit: 770 km/h
Passagiere: 50

Obgleich sie volle Aeroflot-Bemalung trug soll diese Tu-124 für die sowjetischen Luftstreitkräfte geflogen sein, als sie im Juni 1980 die finnische Hauptstadt Helsinki besuchte. (Sammlung Autor)

Eine der drei 1966 an die indische Luftwaffe gelieferten Tu-124K war die V644 "Rajdoot". Seit einigen Jahren steht diese VIP-Maschine im Indian Air Force Museum in Palam bei Neu-Delhi, wo sie im Oktober 1997 Seite an Seite mit einer Fairchild C-119G, einer Iljuschin Il-14 und einer Antonow An-12B auf Film gebannt wurde. (Simon Watson)

Diese 1967 in Charkow gebaute und im April 1969 in London-Heathrow in der alten Bemalung aufgenommene Tu-134 stand lange Jahre im Dienst der Aeroflot, bevor sie 1991 in St. Petersburg verschrottet wurde. (Sammlung Colin Ballantine)

TUPOLEW Tu-134

Tupolew Joint Stock Company
15, Akademika Tupolewa,
Moskau 111250, Rußland

Wie berichtet wird hat der sowjetische Ministerpräsident Chruschtschow nach einem Flug mit einer Caravelle (siehe S. 136) Tupolew beauftragt, einen Passagierjet mit heckmontierten Triebwerken zu bauen, der einen ebenso niedrigen Geräuschpegel in der Kabine aufweisen sollte wie die französische Maschine. Drei Jahre später flog die Tu-134 (NATO-Codename Crusty) erstmals, und trotz ihres hohen Treibstoffverbrauchs und verhältnismäßig schlechter Leistungen fand sie großen Anklang: Der Zweistrahler wurde in der UdSSR und in Osteuropa zum Standardkurz- und Mittelstreckenverkehrsflugzeug, zwischen 1963 und 1984 verließen insgesamt 853 Einheiten die Montagehallen. Die meisten der 170 exportierten Exemplare gingen an die Nationalcarrier verschiedener Ostblockstaaten, darunter Balkan Bulgarian Airlines, CSA, Interflug, LOT und Malev. Als Grundlage für den neuen Airliner verwendete Tupolews Konstruktionsbrigade die ihrerseits von der Tu-104 abgeleitete Tu-124. Der Rumpf entsprach im Querschnitt dem der 104/124, war jedoch um 0,66 m länger und besaß modifizierte Cockpitfenster. Beibehalten wurde der verglaste Bug mit dem Arbeitsplatz des Navigators und die Wanne unter dem Vorderrumpf, die ein Wetterradar beherbergte, neu dagegen waren das T-Leitwerk, die Anordnung der Triebwerke am Heck und die größeren Tragflächen mit den für Tupolew typischen Hauptfahrwerksgondeln an der Flügelhinterkante. Das Endergebnis der Entwicklungsarbeiten unterschied sich letztlich so stark von der Tu-124, daß man das Modell 1963 von Tu-124A in Tu-134 umbenannte. Die in Charkow hergestellten Teile der beiden Prototypen wurden in das Tupolew-Werk im Zentrum Moskaus transportiert, dort zusammengebaut, geprüft, wieder zerlegt und anschließend in das Testzentrum Schukowskij gebracht, wo der als Tu-134-1 bezeichnete erste Prototyp am 29. Juli 1963 zu seinem Jungfernflug startete. Wie die in der Konfiguration ähnliche BAC 1-11 geriet die Tu-134 in bestimmten Fluglagen leicht in einen Deep Stall - ein gefährlicher Mangel, der zum Absturz von einem der Prototypen führte, durch die Vergrößerung des Höhenleitwerks aber behoben werden konnte. Im September 1964 wurde die neue Maschine der Öffentlichkeit vorgestellt, ihr Debüt im Westen gab sie auf dem Aérosalon von Le Bourget 1965, und im August 1967 übernahm die sowjetische Staatsfluggesellschaft die erste Tu-134 aus der Serienfertigung in den Passagierdienst. Eine überarbeitete Version, die Tu-134A, flog 1969 erstmals und ging 1970 bei Aeroflot in den Liniendienst. Der um 2,70 m längere Rumpf dieser Ausführung bot bis zu 80 Passagieren Platz, zu den zahlreichen Verbesserungen gehörten unter anderem der Einbau der leistungsfähigeren und mit einer Schubumkehranlage ausgestatteten Solowjew D-30-II Mantelstromtriebwerke, ein verstärktes Fahrwerk, stärkere Bremsen, eine modernere Funk- und Navigationsausrüstung sowie eine APU. Die Tu-134A blieb über viele Jahre in Produktion, Dutzende wurden an zivile und militärische Kunden aus dem Ausland verkauft. Als dritte Basisvariante erschien 1980 die Tu-134B. Ein modernisiertes Cockpit machte bei diesem Modell den Navigator überflüssig, der ein wenig bedrohlich erscheinende "Bombenschützen-Glasbug" war durch eine Bugspitze aus Kunststoff ersetzt und das Wetterradar in den Rumpfbug verlegt worden. Bestellt wurde die Tu-134B nicht nur von der Aeroflot, auch aus Bulgarien, Nordkorea, Syrien und Vietnam liefen Aufträge ein. Weitere Versionen des erfolgreichen Entwurfs sind die Tu-134A1/A2 sowie die Tu-134A3 und die 96sitzige Tu-134B3, beide von dem stärkeren Solowjew D-30-III angetrieben. Zu den Militärvarianten und Sonderumbauten zählen die Tu-134UBL zur Ausbildung von Besatzungen des Bombers Tu-160, der Navigationstrainer Tu-134BSh, die Tu-135 mit Heckstachel, der Kosmonautentrainer Tu-134LK sowie das für Überwachungs- und Beobachtungsaufgaben genutzte Landwirtschaftsflugzeug Tu-134SCh. Werksneue Tu-134A/B wurden in 13 Länder exportiert, erstaunlicherweise konnte aber keine einzige Maschine in die VR China verkauft werden. Rund 400 Tu-134 dürften heute noch aktiv sein, die meisten davon in der FSU. Die größten Flotten besitzen Air Ukraine/Kharkov Aviation Enterprise, Komiaviatrans, Pulkovo Aviation Enterprise, Tyumen Airlines und Voronezhavia, zu den Betreibern außerhalb der FSU gehören Air Koryo, Hemus Air sowie Syrianair.

Daten (der Tu-134A)

Spannweite: 29,00 m
Länge: 37,10 m
Motoren: Zwei 66,7 kN Solowjew D-30-II Strahltriebwerke
Reisegeschwindigkeit: 820 km/h
Passagiere: 76

Die 1985 in London-Gatwick fotografierte Tu-134A YU-AHX gehörte vom März 1971 bis Ende 1990 zur Flotte von Aviogenex. Nach der Ausmusterung durch die in Belgrad beheimatete Gesellschaft kehrte die Maschine in die Sowjetunion zurück und wurde 1992 an Aero Tumi aus Peru verkauft. Zuletzt flog der klassische Jet bei Imperial Air aus Lima, die ihn 1993 übernommen hatte. (Autor)

Als Aeroflot Russian International Airlines Flug Nr. AFL661 hebt eine Tu-134A3 der Pulkovo Aviation Enterprise im April 1998 von der Startbahn 26L des Flughafens London-Gatwick ab. Das Unternehmen aus St. Petersburg besaß Ende der neunziger Jahre noch zehn Tu-134A/A3. (Autor)

Auf dem Pariser Aérosalon 1971 gab der Prototyp der Tu-144 sein Debüt im Westen. Beachtenswert ist das auf das Jahr des Erstflugs verweisende Kennzeichen und das Seitenleitwerk, das sich in Form und Größe erheblich von dem der Serienmaschinen unterschied. (Harry Holmes)

TUPOLEW Tu-144

Tupolew Joint Stock Company
15, Akademika Tupolewa,
Moskau 111250, Rußland

In den frühen sechziger Jahren legte das OKB Tupolew erste Studien für einen überschallschnellen Passagierjet vor, und 1965 präsentierte man auf dem Aérosalon in Le Bourget ein Modell des neuen Airliners, der die Bezeichnung Tu-144 erhalten hatte. Eine besondere Herausforderung stellte die Konstruktion des Deltaflügels mit seinem komplizierten Profil dar, zu dessen Erprobung und Optimierung eine MiG-21 mit maßstäblich verkleinerten Tu-144-Tragflächen ausgerüstet wurde. Als erstes Überschallverkehrsflugzeug der Welt startete der Tu-144-Prototyp (CCCP-68001) mit Eduard Jeljan am Steuer am 31. Dezember 1968 in Schukowskij zu seinem Jungfernflug, zwei Monate vor der Concorde (siehe S. 10). Von diesem Triumph der Sowjets tief erschüttert erhoben die Hersteller des anglofranzösischen Jets den Vorwurf, in dem Bestreben, ihre Maschine als erste in die Luft zu bringen, habe sich die UdSSR der Spionage bedient. Die beiden Modelle scheinen jedoch unabhängig voneinander entwickelt worden zu sein, die Ähnlichkeit ihres Erscheinungsbilds resultierte aus ähnlichen Leistungsvorgaben. Näher betrachtet wiesen die Tu-144 und die Concorde erhebliche Unterschiede auf: Tupolews Entwurf verfügte beispielsweise über eine aerodynamisch einfachere Tragfläche, und die vier 17.500 kg Kusnetzow Mantelstromtriebwerke des Tu-144-Prototyps waren nebeneinander in einer einzigen kastenförmigen Gondel untergebracht. Beim Bau der "Charger" (NATO-Codename die Tu-144) wurde zudem in größerem Umfang Titan benutzt, ein fester und hitzebeständiger Werkstoff, dessen Verwendung die starke aerodynamische Erwärmung im Hochgeschwindigkeitsflug nötig machte. Das Problem der schlechten Sicht nach vorne bei Start und Landung hatten beide Konstruktionsteams durch eine absenkbare Rumpfnase gelöst. Die erste, in 12 Einheiten gefertigte Serienausführung der Tu-144 unterschied sich strukturell und aerodynamisch beträchtlich vom Prototyp: Sie besaß einen um 6,30 m längeren Rumpf, neue Doppeldeltaflügel mit größerer Spannweite, ein überarbeitetes Seitenleitwerk und ausschwenkbare Canards hinter dem Cockpit, die das Flugverhalten und die Steuerbarkeit bei niedrigen Geschwindigkeiten verbesserten. Das Hauptfahrwerk wurde vereinfacht, anstelle der Zwölfradschlitten des Prototyps kamen zweiachsige Achtradschlitten zum Einbau, und die stärkeren NK-144 Triebwerke waren nun ähnlich der Concorde paarweise in zwei getrennten Gondeln angeordnet. Eines der Serienflugzeuge stürzte im Juni 1973 aus bis heute nicht bekanntgegebenen Gründen während einer Vorführung auf dem Aérosalon ab. Am 26. Dezember 1975 übernahm Aeroflot die Tu-144 auf der Strecke Moskau-Alma-Ata in den regulären Fracht- und Postverkehr, und im November 1977 ging die Maschine auf derselben Route in den Passagierliniendienst. Die Einführung des neuen Jet wurde von zahlreichen Problemen begleitet: In seiner Kabine war es sehr laut, Treibstoffverbrauch und Betriebskosten waren enorm hoch und der Überschallknall erwies sich bei Flügen über Land als eine nicht zu unterschätzende Umweltbelastung. Wirtschaftliche Gründe und der Absturz eines Flugzeugs im Mai 1978 führten dazu, daß alle kommerziellen Dienste mit der Tu-144 schon im Juni 1978 wieder eingestellt wurden. Die zweite Serienversion, die Tu-144D, hatte mit 190.000 kg eine höhere Startmasse, eine vergrößerte Treibstoffkapazität und eine größere Reichweite. Da die meisten der mindestens fünf gebauten Einheiten erst nach 1978 fertiggestellt wurden flogen diese Maschinen nur wenig. Mitte der neunziger Jahre rüstete man eine Tu-144D im Auftrag der NASA mit neuen Triebwerken und moderner Avionik zum Forschungsflugzeug Tu-144LL um, das am 29. Oktober 1996 in Schukowskij seinen Erstflug absolvierte und bis zum Februar 1998 im Rahmen eines Entwicklungsprogramms für ein amerikanisches SST (Supersonic Transport) der zweiten Generation eine Reihe von Meß- und Testflügen durchführte. Heute sollen die Tu-144LL und eine weitere Maschine in flugfähigem Zustand in Schukowskij geparkt sein. Einige Tu-144 wurden inzwischen verschrottet, zwei der Überschalljets stehen in den Museen von Monino und Uljanowsk, und ein paar Exemplare sind auf verschiedenen russischen Flugplätzen abgestellt. Gegenwärtig ist außerhalb Rußlands nur eine einzige Tu-144 zu finden. Seit November 2000 kann die Tu-144D CCCP-77112 im Auto & Technik Museum Sinsheim bewundert werden.

Daten (der Tu-144)

Spannweite: 28,80 m
Länge: 65,70 m
Motoren: Vier 20.000 kg Kusnetzow NK-144 Strahltriebwerke mit Nachbrenner
Reisegeschwindigkeit: 2.300 km/h
Passagiere: 60-70, maximal 140

Umringt von Absperrgittern und umlagert von Besuchern, so präsentierte sich diese Tu-144 mit dem passenden Kennzeichen CCCP-77144 auf dem Aérosalon von Paris-Le Bourget 1975 - Verhältnisse, die engagierten Flugzeugfotografen auf vielen Veranstaltungen das Leben schwer machen... (Sammlung Autor)

Nach insgesamt 314 Flugstunden und 212 Landungen wurde diese Tu-144 im Jahr 1981 außer Dienst gestellt. Das Flugzeug befindet sich heute im Museum der zivilen Luftfahrt in Uljanowsk, am Vorderrumpf trägt es noch immer seine Ausstellungsnummer vom Aérosalon 1977. (Frank Tornow)

Der zweite Prototyp der VFW 614 flog am 14. Januar 1972 zum ersten Mal. Am Vorderrumpf trägt die in der Werksbemalung gehaltene D-BABB die Flagge von Bremen. (Sammlung Autor)

VFW-FOKKER VFW 614

VFW-Fokker GmbH
Bremen
Deutschland

Die Anordnung ihrer Triebwerke über den Tragflächen machte den Kurzstreckenpassagierjet VFW 614 zur Zielscheibe zahlreicher Kalauer, mit schöner Regelmäßigkeit kam die spöttische Frage, ob denn die Flügel nicht verkehrt herum anmontiert seien... Ob diese Witzeleien die Absatzchancen des Flugzeugs beeinträchtigt haben ist nicht bekannt, Tatsache aber ist, daß anstelle der veranschlagten 300-350 Exemplare nur 19 fertiggestellt wurden und das Programm in einem finanziellen Desaster für die beteiligten Unternehmen endete. In den frühen sechziger Jahren nahm die durch die Fusion einiger traditionsreicher deutscher Flugzeugfirmen entstandene Vereinigte Flugtechnische Werke GmbH (VFW) die Entwicklung einer als 614 bezeichneten zweistrahligen Regionalverkehrsmaschine auf. Nachdem die Bundesregierung die Übernahme eines höheren Anteils der Anlaufkosten zugesagt hatte wurde im Juni 1968 schließlich das Go-ahead für den Bau von drei Prototypen erteilt. Die Federführung lag bei VFW, die sich 1969 mit den niederländischen Fokker-Werken zur VFW-Fokker GmbH zusammenschloß, zu den risikobeteiligten Partnern zählten SIAT (1969 in MBB aufgegangen), Shorts sowie Fairey und SABCA aus Belgien. Die VFW 614 war das erste in der Bundesrepublik Deutschland entwickelte Passagierflugzeug mit Strahlantrieb, das in Serienproduktion ging. Als der erste Prototyp am 14. Juli 1971 in Lemwerder zu seinem Jungfernflug startete war bereits eine Reihe von Kaufabsichtserklärungen von Fluggesellschaften aus aller Welt eingelaufen, bekanntgegeben wurden Optionen von Bavaria, Cimber Air, Filipinas Orient Airways, General Air, STA-Société de Travail Aérien, Sterling Airways, Yemen Airlines und dem spanischen Luftfahrtministerium. Knapp acht Monate nach seinem Erstflug stürzte der Prototyp G-01 auf einem Routinetestflug am 1. Februar 1972 nahe dem Flughafen Bremen-Neuenland ab, wobei der Copilot ums Leben kam. Diese Katastrophe verzögerte die bis dahin erfolgreiche Flugerprobung und schmälerte möglicherweise die Verkaufsaussichten für das neue Modell. Der Unfallbericht führte den Absturz auf Flattern der Höhenruder zurück, ein Problem, das durch umfangreiche Änderungen an der Steuerung behoben werden konnte. Generell zeigte die VFW 614 jedoch ein hervorragendes Flugverhalten, und auch die ungewöhnliche Anordnung der beiden Rolls-Royce/SNECMA Turbofans auf Pylonen über den Flügeln bot einige Vorteile: Die Gefahr einer Beschädigung der Turbinen durch das Einsaugen von Fremdkörpern wurde verkleinert, es konnten ungeteilte und damit effizientere Landeklappen installiert werden, da keine Aussparungen für Triebwerksgondeln nötig waren, der Fluglärm am Boden wurde reduziert, denn die Tragflächen schirmten die Motoren nach unten hin ab, und das Fahrwerk konnte kurz gehalten werden, was einen einfacheren Zugang zum Rumpf und den Gebrauch einer nach unten öffnenden Kabinentür mit integrierter Treppe erlaubte. Im April 1973 begann VFW-Fokker mit der Produktion einer ersten Serie von zehn 614. Von den anfänglichen Interessenten war nur die dänische Cimber Air übriggeblieben, die im April 1974 zwei Einheiten fest bestellte, als einzige andere Luftverkehrsgesellschaften erteilten TAT (Touraine Air Transport) und Air Alsace aus Frankreich kleine Aufträge für den Jet. Die erste Serienmaschine flog am 28. April 1975 und wurde rund drei Monate später an Cimber Air übergeben. Ende 1977 war ersichtlich, daß keine weiteren Aufträge eingehen würden, und so schloß VFW-Fokker die Fertigungslinie in Bremen nach der Auslieferung des neunzehnten und letzten Exemplars, das an die deutsche Luftwaffe ging. Zu den letzten fliegenden VFW 614 gehören der in Bremen stationierte, inzwischen aber stillgelegte Erprobungsträger ATD (Advanced Technology Demonstrator) der EADS und das von der DLR (Deutsches Zentrum für Luft- und Raumfahrt) betriebene, heute noch aktive Forschungsflugzeug ATTAS, das unter anderem in einem Programm zur Erforschung der Emissionen von Strahltriebwerken und ihrer Auswirkungen Verwendung findet. Ideal für diese Aufgabe macht die Maschine die Möglichkeit, den Abgasstrahl ihrer Aggregate von der Kabine aus beobachten zu können. Die drei von der deutschen Luftwaffe ausgemusterten VFW 614 wurden 1998 verkauft und nach Schweden überführt. G-04, das erste Serienflugzeug, ist in Cimber Air-Farben im Technikmuseum Speyer ausgestellt.

Daten

Spannweite: 21,50 m
Länge: 20,60 m
Motoren: Zwei 33,8 kN Rolls-Royce/SNECMA M45H Strahltriebwerke
Maximale Reisegeschwindigkeit: 722 km/h
Passagiere: 40, maximal 44

Auf diesem am 23. Mai 1976 aufgenommenen Foto trägt die für Air Alsace bestimmte fünfte VFW 614 noch das deutsche Kennzeichen D-BABE, kurze Zeit später erhielt sie die französische Registrierung F-GATG. Zusammen mit einigen anderen VFW 614 wurde diese Maschine 1980 in Lemwerder verschrottet. (Sammlung Autor)

Die in Köln stationierte Flugbereitschaft des Bundesministeriums der Verteidigung übernahm die 17+01 im Mai 1977 werksneu von VFW-Fokker und legte sie am 31. März 1998 still. Alle drei VFW 614 der Luftwaffe wurden nach ihrer Ausmusterung verkauft, erhielten dänische Kennzeichen und wurden Ende 1998 nach Lidköping in Schweden überführt. (Sammlung Autor)

Diese Viking war früher einmal das erste Strahlverkehrsflugzeug der Welt! Mit zwei Rolls-Royce Nene ausgerüstet flog die G-AJPH im April 1948 erstmals, wurde nach der Erprobung zur Viking 1B mit Hercules Sternmotoren umgerüstet und 1953 an Eagle Airways verkauft. (Sammlung Tony Eastwood)

VICKERS VIKING

Vickers-Armstrong Ltd.
Brooklands und Wisley Aerodromes
Surrey, Großbritannien

Gemäß einer Vereinbarung mit den USA konzentrierte sich Großbritannien im Zweiten Weltkrieg auf den Bau von Jägern und Bombern, so daß es abgesehen von der Avro York kaum ein britisches Transportflugzeugmuster gab, das in der Zeit unmittelbar nach Kriegsende im Luftverkehr zum Einsatz kommen könnte. Die Behörden und die Industrie erkannten schnell, daß die auf die Empfehlungen des Brabazon Committees hin projektierte Generation von Verkehrsflugzeugen nicht beizeiten fertiggestellt werden würde und daher zur Überbrückung einige Airliner entwickelt werden müssen, die schnell und kostengünstig produziert werden können. Für die Ausschreibung für ein Kurz- und Mittelstreckenpassagierflugzeug untersuchte Vickers drei auf den Bombern Wellington, Warwick und Windsor basierende Modelle und wählte schließlich die "Wellington Continental" aus. Durch die Verwendung verschiedener Baugruppen des zweimotorigen Bombers konnte diese später als VC.1 (Vickers Commercial One) bezeichnete Maschine schnell zur Serienreife entwickelt werden. Von der Wellington stammten die in geodätischer Bauweise gefertigten stoffbespannten Außenflügel, das Leitwerk, die Triebwerksgondeln, die Bristol Hercules Sternmotoren und das Heckradfahrwerk, komplett neu war hingegen der geräumige Rumpf mit tragender Metallaußenhaut. Der ursprüngliche Vorschlag eines geodätischen Rumpfs mit Stoffbespannung war aufgrund der komplizierten Wartung abgelehnt worden. Der Prototyp der VC.1, die als zweiter Vickers-Entwurf nach einem Amphibienflugboot von 1919 den Namen Viking erhielt, startete am 22. Juni 1945 in Wisley zu seinem Erstflug. BOAC orderte 19 Type 498 Viking 1A für ihr europäisches Streckennetz, aber nur 11 gingen bei der im August 1946 aus der BOAC ausgegliederten BEA in Dienst, die übrigen wurden nach Westindien überstellt oder für militärische Versuche herangezogen. Im Jahr 1946 erschien die "langnasige" Viking 1B, deren um 0,71 m gestreckter Rumpf 24 anstatt 21 Passagieren Platz bot und die ein konventionelles metallbeplanktes Trag- und Leitwerk besaß, wie es bereits bei ihrer Vorgängerversion Viking 1 Verwendung gefunden hatte. Exportaufträge für werksneue Vikings liefen von Aer Lingus, BWIA, der Central African Airways Corporation, DDL, Indian National Airways, Iraqi Airways, South African Airways sowie Suidair International Airways ein. Zwischen 1946 und 1949 produzierte Vickers insgesamt 163 Vikings. Der Propliner wies generell recht gute Flugeigenschaften auf, seine Enteisungsanlage war jedoch unzureichend und er zeigte die Tendenz, bei der Landung mit leerer Kabine nach vorne auf den Bug zu kippen. Als die großen Nationalcarrier ihre Vikings in den fünfziger Jahre durch modernere Flugzeuge ablösten wurden viele Maschinen von unabhängigen Fluggesellschaften erworben und mit 32 Sitzen ausgerüstet im Charterverkehr in Europa eingesetzt. Zu den Betreibern gehörten Air Ferry, Autair, Channel Airways und Overseas Aviation aus Großbritannien, die Schweizerische Balair, Aero-Transport aus Österreich sowie verschiedene Gesellschaften aus der Bundesrepublik Deutschland, darunter die Deutsche Flugdienst, Condor Flugdienst GmbH und die Lufttransport-Union/LTU. Eine für die RAF bestimmte Militärausführung der Viking, die Valetta, flog im Juni 1947 erstmals, wurde in 263 Einheiten gebaut und fand als Transporter, Absetzmaschine für Fallschirmjäger, Navigations- und Radartrainer sowie Testträger Verwendung. Erhalten geblieben sind nur zwei Valettas, eine im Aerospace Museum Cosford und eine in Flixton. Letzter militärischer Sproß der Viking-Familie war die überarbeitete und vergrößerte Varsity aus dem Jahr 1949, die über ein Bugradfahrwerk verfügt. Im kommerziellen Luftverkehr flog keine der 163 fertiggestellten Maschinen. Die meisten Vikings wurden nach ihrer Ausmusterung in den sechziger und frühen siebziger Jahren verschrottet, nur sechs Flugzeuge haben bis heute überlebt: In Argentinien und Pakistan gibt es je ein Militärexemplar, eine Viking 1A ist am Flughafen Wien-Schwechat ausgestellt, und die Mk.1A ZS-DKH, die früher das Dach von "Vic`s Viking Garage" in Johannesburg zierte, gelangte 1987 in die Obhut des SAA Museums. Im Brooklands Museum wird derzeit die Viking 1A G-AGRU restauriert, während das MuséeNational d´Automobile aus Mulhouse seine Viking 1B zum Verkauf ausgeschrieben hat.

Daten (der Viking 1B)

Spannweite: 27,20 m
Länge: 19,86 m
Motoren: Zwei 1.260 kW Bristol Hercules 634 Sternmotoren
Reisegeschwindigkeit: 338 km/h
Passagiere: 24, später 32

Die Viking 1B G-AIVF wurde kurz nach ihrer Ausmusterung durch Invicta Airways im Februar 1969 auf ihrer Heimatbasis Manston fotografiert. Zu den Vorbesitzern der Maschine zählten BEA, die Deutsche Flugdienst GmbH und die Schweizerische Balair. (Sammlung Autor)

Leider entkam auch dieser seltene Airliner dem Schneidbrenner nicht: Diese 1946 als G-AHPB an BEA ausgelieferte Viking 1 war 1987 in LTU-Bemalung am Flughafen Düsseldorf ausgestellt, gelangte später in ein Museum in der Schweiz und wurde dann um 1992 verschrottet. (Autor)

Dieses Farbschema existierte nur für kurze Zeit, noch vor der Auslieferung als XW-TDN ließ Lao Air Lines die 1969 von BEA erworbene Viscount 806 G-APKF erneut umbemalen. 1975 ist diese Maschine in Kambodscha abgestürzt. (Sammlung Bernard King)

VICKERS VISCOUNT

British Aircraft Corporation, Ltd.
Brooklands Aerodrome, Byfleet, Surrey und
Hurn Airport, Bournemouth, Großbritannien

Ihre Entstehung verdankt die Viscount Gesprächen zwischen dem Brabazon Committee und Vickers-Armstrong (Aircraft) Ltd. im Jahr 1944 über die Entwicklung eines Kurz- und Mittelstreckenpassagierflugzeugs mit vier Propellerturbinen. Im März 1946 bestellte die britische Regierung zwei Prototypen des neuen Entwurfs, dessen Namen man nach der Entlassung Indiens in die Unabhängigkeit 1947 aus diplomatischen Gründen von Viceroy (Vizekönig) in Viscount änderte, und am 16. Juli 1948 startete der erste Prototyp V.630 G-AHRF auf der Graspiste des Flugplatzes Wisley zu seinem Jungfernflug. Als die leistungsstärkere Rolls-Royce Dart R.Da.3 Propellerturbine verfügbar wurde konstruierte Vickers die 32sitzige V.630 in eine größere Version um, die 1950 erschien und deren um 2,03 m längerer Rumpf 40 bis 53 Passagiere faßte. Von der Leistungsfähigkeit dieser verbesserten Ausführung überzeugt bestellte BEA eine große Flotte der Baureihe Viscount 701. Zahlreiche weitere Aufträge aus allen Teilen der Welt folgten, darunter auch aus Ländern wie den USA, die als schwieriges Terrain für ausländische Anbieter galten.

Insgesamt entstanden über 70 verschiedene Modelle der Viscount, und jede Version jedes Kunden erhielt eine eigene Typennummer, die die jeweiligen Flugzeuge beibehielten, bis sie umgebaut oder verschrottet wurden. Die erste für die BEA bestimmte Serienvariante trug beispielsweise die Bezeichnung V.701, die letzten 1964 an CAAC aus der VR China gelieferten Maschinen waren V.843. Zu den ersten Basisversionen der Viscount zählten die Series 700 und die schwerere, mit Dart R.Da.6 ausgerüstete 700D, welche verschiedene den Richtlinien der FAA entsprechende Modifikationen aufwies. Von der späteren Series 800 läßt sich die Modellreihe 700 äußerlich leicht durch ihre ovalen Kabinentüren unterscheiden. Der Prototyp der größeren Series 800 flog im Juli 1956 erstmals. Als letzte Basisvariante brachte Vickers die Series 810 heraus, die durch eine Bestellung von Continental Airlines im Dezember 1955 lanciert worden war und sich von der 800 hauptsächlich durch eine verstärkte Zelle, Dart R.Da.7 Triebwerke und eine höhere Startmasse unterschied.

Nicht erfüllt hat sich die Hoffnung, auch im Jahr 2000 noch Viscounts am Himmel über ihrem Geburtsland sehen zu können. British World Airlines aus Southend legte ihre kleine Viscount-Flotte in den späten neunziger Jahren still, und im Sommer 1999 wurden die beiden letzten flugfähigen Exemplare durchgecheckt, betankt und verließen dann die britischen Inseln in Richtung Afrika. Ein halbes Jahrhundert, nachdem sie als erste von vier Propellerturbinen angetriebene Passagierflugzeug in den Liniendienst ging, war die Viscount in Afrika noch im gewerblichen Luftverkehr zu finden. In den letzten Jahren flogen Viscounts bei Gesellschaften aus der Demokratischen Republik Kongo, Gabun und Südafrika, ihre Zukunftsaussichten dürften allerdings als alles andere als sicher gelten.

Nicht unerwähnt bleiben darf das Mid-Atlantic Air Museum aus Reading im US-Bundesstaat Pennsylvania, das die einzige Museums-Viscount in flugtüchtigem Zustand sein eigen nennt. Die Viscount 798D N7471, die zuletzt als Geschäftsreisemaschine bei diversen amerikanischen Firmen Verwendung gefunden hatte, wurde in der attraktiven rot-weißen Bemalung der Capital Airlines restauriert und ist ein regelmäßiger und gerngesehener Gast auf US-Airshows.

Aus den vielen in Großbritannien ausgestellten oder geparkten Viscounts ragt eine besonders hervor: Die Series 701 G-ALWF, die in BEA-Farben im Imperial War Museum Duxford steht, ist weltweit die älteste noch existierende Viscount und trägt die Werknummer 5. Abgestellte oder in Museen ausgestellte Viscounts gibt es außerdem in Belgien, Brasilien, der VR China, Frankreich, Indonesien, Italien, Kanada, Kolumbien, Simbabwe, der Türkei, in Schweden, Uruguay sowie in den USA, in Deutschland kann man eine Series 708 im Auto & Technik Museum Sinsheim und eine ehemalige Lufthansa Series 814D in der Flugausstellung Junior bei Hermeskeil bewundern.

Daten

Spannweite: 28,56 m (Series 700D und 810)
Länge: 24,91 m (Series 700D); 26,11 m (Series 810)
Motoren: Vier 1.193 kW RR Dart 510 Propellerturbinen (Series 700D); vier 1.566 kW RR Dart 541 (Series 810)
Reisegeschwindigkeit: 534 km/h (Series 700D); 640 km/h (Series 810)
Passagiere: 63 (Series 700D); 75 (Series 810)

Diese schöne Luftaufnahme von Guernsey Airlines Viscount 806 G-BLOA stammt aus dem Jahr 1986. (Autor)

Die Viscount 806 G-APEY wurde 1958 an BEA geliefert, gehörte später zur großen Viscount-Flotte von British Air Ferries/British World Airlines und flog Ende der neunziger Jahre in der Grundbemalung ihres Vorbesitzers British Air Ferries bei SAFT Gabon (Société Anonyme de Fret et de Transport) aus Libreville. (African Aviation Slide Service)

Diese faszinierende Nachtaufnahme entstand 1965 in London-Heathrow. Die V.953 Vanguard G-APEK wurde 1970 zur Merchantman umgebaut und im November 1979 von British Airways an Air Bridge Carriers verkauft. (Rolls-Royce)

VICKERS VANGUARD & MERCHANTMAN

Vickers Aviation
Brooklands Aerodrome
Surrey, Großbritannien

Nach Vorgesprächen mit BEA und Trans-Canada Air Lines nahm Vickers 1953 die Entwicklung eines größeren Nachfolgemusters für die Viscount (siehe S. 152) auf. Erhebliche Probleme bereiteten anfangs die unterschiedlichen Vorgaben der beiden Gesellschaften: BEA benötigte für innereuropäische Routen mit hohem Passagieraufkommen eine Maschine mit großer Kapazität und wünschte eine Auslegung als Schulterdecker, die man für attraktiver für die Fluggäste hielt, wohingegen TCA einen 60sitzigen Tiefdecker für Transkontinentalstrecken forderte! Über 60 verschiedene Konfigurationen wurden untersucht, darunter auch Entwürfe mit gepfeilten Tragflächen und Strahltriebwerken, bis schließlich 1955 ein Modell mit geraden, tief am Rumpf angesetzten Flügeln, vier Propellerturbinen und einem geräumigen "Double-bubble"-Rumpf (Doppelblasenquerschnitt) die Zustimmung beider Airlines fand. Die elliptische Form der Kabinenfenster und die ausgeprägte V-Stellung des Höhenleitwerks erinnerten stark an die Viscount, den kleineren Vorgänger dieses Flugzeugs, das auf Vorschlag der BEA den Namen Vanguard erhielt. BEA bestellte im Juli 1956 zwanzig Vickers Type 951, und sechs Monate später orderte TCA 20 Type 952, die eine verstärkte Zelle und eine größere Zuladung besaßen. Im Sommer 1958 entschied sich auch BEA für eine schwerere Version, den Type 953, der dank seiner höheren Nutzlast eine bessere Rentabilität versprach, und änderte ihren Auftrag in sechs V.951 und 14 V.953. Der Prototyp V.950, der sich von den Serienmaschinen äußerlich durch das Fehlen der Flosse vor dem Seitenleitwerk unterschied, absolvierte am 20. Januar 1959 in Weybridge seinen Jungfernflug. Am 2. Dezember 1960 übernahm BEA in London-Heathrow die erste V.951, und am 1. März 1961 ging die Vanguard auf der Strecke London-Paris offiziell in den Linienverkehr. Vor allem die harte Konkurrenz durch die neuen Strahlverkehrsflugzeuge trug dazu bei, daß die Produktionszahlen mit 44 Einheiten enttäuschend niedrig blieben. Im Betrieb erwies sich die mitunter als erster "Airbus" bezeichnete Maschine als sicher, zuverlässig und wirtschaftlich. Air Canada, 1964 aus TCA entstanden, rüstete 1966 eine ihrer Vanguards (oder "Mudguards", Schmutzfänger, wie ihr Spitzname in Kanada lautete) zum V.952F Cargoliner um: Man entfernte die gesamte Passagiereinrichtung und verkleidete die Fenster, behielt aber die Standardkabinentüren bei. Hauptaufgabe dieses Flugzeugs war es, Post in Küstenorte zu liefern und auf dem Rückflug frische Hummer in die Großstädte zu transportieren. BEA faßte zwei Jahre später den Beschluß, einige ihrer V.953 zu V.953C Merchantman Frachtern zu modifizieren. Die erste von zwei durch Aviation Traders Engineering Ltd. (ATEL) in Southend umgebauten Maschinen flog am 10. Oktober 1969, weitere sieben rüstete BEA mit von ATEL gelieferten Kits selbst um: Alle Kabinenfenster wurden verkleidet, der Kabinenboden verstärkt und mit einem Frachtladesystem ausgestattet, und im linken Vorderrumpf kam ein hydraulisch nach oben öffnendes, 2,03 m x 3,53 m messendes Ladetor zum Einbau. Viele der von den beiden Erstbetreibern ausgemusterten Exemplare fanden ein neues Leben bei kleineren Unternehmen. BEA/British Airways nahm die Vanguard im Juni 1974 aus dem Passagierverkehr, behielt die Merchantman aber noch bis 1979 im Einsatz. Die meisten Air Canada Vanguards erwarb Air Holdings aus Großbritannien und verkaufte oder vermietete sie an Gesellschaften wie Air Trader, Air Viking, Angkasa Civil Air Transport, Europe Aero Service (EAS), Invicta International Airlines und Thor Air Cargo. Merpati Nusantara Airlines beschaffte insgesamt acht Maschinen für Liniendienste in Indonesien und führte im Oktober 1987 den weltweit letzten Passagierflug mit einer Vanguard durch. Die Ehre des allerletzten Flugs eines Mitglieds der Vanguard-Familie fällt der Merchantman G-APEP der Hunting Cargo Airlines zu: Nachdem sie durch eine Lockheed L-188 Electra (siehe S. 120) ersetzt worden war überführten Captain Peter Moore und Copilot Gary West die "Echo Papa" am 17. Oktober 1996 zurück an ihren Entstehungsort Weybridge, wo sie einen Platz im Brooklands Museum gefunden hat. Die Bugsektionen der G-APEJ im Brooklands Museum und der G-APES am Flughafen East Midlands sind scheinbar die einzigen weiteren erhalten gebliebenen Überreste von Vickers letztem Propellerverkehrsflugzeug.

Daten (der V.953)

Spannweite: 36,15 m
Länge: 37,45 m
Motoren: Vier 3.765 kW Rolls-Royce Tyne R.Ty.1 Mk.512 Propellerturbinen
Reisegeschwindigkeit: 627 km/h
Passagiere: 139
Frachtzuladung: 18.500 kg (Merchantman)

London-Heathrow 1975: Die Besatzung der V.953 Vanguard PK-MVF, die die ursprüngliche Merpati-Bemalung trägt, bereitet sich auf den Start zum Überführungsflug nach Jakarta vor. Merpati Nusantara Airlines besaß insgesamt acht Vanguards und führte 1987 den weltweit letzten Passagierflug mit diesem Muster durch. (Sammlung Autor)

Das einzige Exemplar der Vanguard-Familie, dessen Propellerturbinen noch regelmäßig laufen, ist diese Hunting Cargo Airlines V.953C Merchantman, die ursprünglich bei BEA/British Airways flog und nun im Brooklands Museum auf dem ehemaligen Vickers-Flugplatz Weybridge steht. Die G-APEP war im Oktober 1996 dorthin überführt worden und sicher auf der kurzen Piste gelandet. (Autor)

Dieses aus einer Serie von Werbeaufnahmen der BOAC/Cunard Super VC-10 G-ASGD stammende Foto zeigt die eleganten Linien dieses Jetliners besonders gut. Die G-ASGD wurde im Mai 1981 von der RAF erworben und ausgeschlachtet. (Brooklands Museum Archives)

VICKERS VC-10 & SUPER VC-10

Vickers Aviation Ltd.
Brooklands und Wisley Aerodromes
Surrey, Großbritannien

Der Entwurf der VC-10 war von den Spezifikationen der BOAC bestimmt, die einen Langstreckenjet wollte, der für Flughäfen mit "Hot and high"-Bedingungen und kurzen Startbahnen tauglich sein sollte. Man schrieb daher vor, daß das neue Modell nicht nur eine hohe Reisegeschwindigkeit und eine große Reichweite aufweisen, sondern auch mit einer Zuladung von 34.000 lb (15.422 kg) auf den Airports von Kano, Nairobi und Johannesburg starten können muß. Die niedrigen Verkaufszahlen der VC-10 lassen sich hauptsächlich auf diese engen Anforderungen zurückführen und auf die Tatsache, daß, als die Maschine in Dienst ging, die meisten Flughäfen auf den Empire-Routen der BOAC nach Afrika und Asien ihre Startbahnen inzwischen auch für die Boeing 707 oder Douglas DC-8 ausreichende Länge ausgebaut hatten. Im Jahr 1955 mußte Vickers einen Rückschlag hinnehmen, als das Ministry of Supply seine Bestellung über das Strahlverkehrsflugzeug V.1000/VC.7 stornierte. Das Programm wurde daraufhin abgebrochen und der zu 80% fertiggestellte Prototyp verschrottet, aber nicht alle Arbeit war vergebens, denn verschiedene Entwurfsmerkmale konnten für das neue Projekt Type 1100 VC-10 adaptiert werden. Am 15. April 1962 fand das Roll-out des Prototyps der VC-10 statt, die im Gegensatz zu den früheren Vickers-Airlinern keinen Beinamen erhielt. Nach fast 11 Wochen voller Systemchecks und Triebwerksprobeläufen starteten Captain Jock Bryce und Copilot Brian Trubshaw am 29. Juni 1962 mit der G-ARTA auf der kurzen Piste von Weybridge zum Erstflug, der zum Flugversuchszentrum Wisley führte. BOAC gab im Mai 1957 eine Kaufabsichtserklärung über 35 VC-10 ab, die acht Monate später in eine Festbestellung umgewandelt wurde. Als die British Aircraft Corporation (BAC), in die Vickers 1960 aufgegangen war, 1961 die Super VC-10 ankündigte, änderte BOAC ihren Auftrag in 12 VC-10 und 30 "Supers", reduzierte deren Zahl allerdings letztendlich auf 17. "Try a little VC-10-derness", diesem BOAC-Werbeslogan folgen und in den Genuß des Komforts der VC-10 kommen konnten zahlende Passagiere erstmals am 29. April 1964 auf der Route von London nach Lagos. Die Type 1150 Super VC-10 war die Antwort auf eine Forderung der BOAC nach einem Flugzeug mit größerer Reichweite und höherer Passagierkapazität für den Einsatz nach Nordamerika, wo Startbahnen mit ausreichender Länge zur Verfügung standen. Von der Standardversion unterschied sich diese Ausführung hauptsächlich durch einen um 3,96 m gestreckten Rumpf, 98 kN leistende Conway R.Co.43 Triebwerke und einen zusätzlichen Treibstofftank in der Seitenflosse. Am 7. Mai 1964 flog die Super VC-10 zum ersten Mal, und am 1. April 1965 übernahm BOAC den Jet auf der Strecke London-New York in den Liniendienst. Freddie Laker, Chef der British United Airways (BUA), orderte 1961 zwei Type 1103 VC-10, die für Passagier- und Frachtoperationen genutzt werden konnten und über ein Ladetor im linken Vorderrumpf verfügten. Aufträge über Convertible-Varianten erteilten außerdem Ghana Airways, East African Airways, die fünf auf der Super VC-10 basierende Type 1154 kaufte, sowie die Royal Air Force, deren Bestellung über fünf Type 1106 vom September 1961 später auf 14 Einheiten erhöht wurde. Bei den britischen Luftstreitkräften finden diese als VC-10 C.1 bezeichneten Vierstrahler vor allem als Truppentransporter (150 nach hinten gerichtete Sitze), Ambulanzflugzeuge (78 Tragbahren) oder Frachter Verwendung. Als die Fluggesellschaften ihre VC-10-Flotten ausmusterten erwarb die RAF eine Reihe weiterer Exemplare aus den Beständen der Gulf Air (fünf Type 1101 VC-10), der British Airways (14 Type 1151 Super VC-10) und der East African Airways (vier Type 1154 Super VC-10) und ließ 14 der Jets von British Aerospace zu Tankflugzeugen VC-10 K.2 (VC-10) und K.3/K.4 (Super VC-10) umrüsten. Die Royal Air Force ist der letzte Betreiber der VC-10 und besitzt noch rund 20 aktive Maschinen. Vier VC-10 sind in Museen ausgestellt: Die Sultan von Oman V.1103 VC-10 A4O-AB steht im Brooklands Museum, die BOAC/British Airways V.1101 VC-10 G-ARVM im Aerospace Museum Cosford, die UAE V.1101 VC-10 G-ARVF in der Flugausstellung Junior und die V.1151 Super VC-10 G-ASGC im Imperial War Museum Duxford.

Daten (der VC-10)

Spannweite: 44,55 m
Länge: 48,36 m
Motoren: Vier 93,5 kN Rolls-Royce Conway R.Co.42 Mk.540 Strahltriebwerke
Reisegeschwindigkeit: 885 km/h
Passagiere: 135

British Airways vermietete ihre Type 1101 VC-10 G-ARVF von 1974 bis 1981 an die Regierung der Vereinigten Arabischen Emirate. Heute kann dieser VIP-Jet in der Flugausstellung Junior bei Hermeskeil südöstlich von Trier bewundert werden. (Sammlung Autor).

Die im Imperial War Museum Duxford in BOAC/Cunard-Farben ausgestellte G-ASGC ist weltweit die einzige in einem Museum erhaltene Super VC-10. Die Türen der Maschine werden regelmäßig geöffnet, um den Besuchern einen Blick in die Kabine zu ermöglichen. (Autor)

Dieses Foto der VS-44A N41881 entstand vor Santa Catalina Island. Unter dem Kommando von Wilton R "Dick" Probert, Präsident der Avalon Air Transport, flog die Maschine ab 1957 für zehn Jahre auf der Strecke Long Beach-Santa Catalina Island. (R. Probert, Aero Technology)

VOUGHT-SIKORSKY VS-44A

Vought-Sikorsky Aircraft Division
Stratford, Connecticut, USA

Aus dem für die U.S. Navy entwickelten und im August 1937 erstmals geflogenen Langstreckenpatrouillenflugboot XPBS-1 leitete Vought-Sikorsky eine als VS-44A bezeichnete Zivilversion ab, die das letzte viermotorige Passagierflugboot aus amerikanischer Produktion war. Gebaut wurden nur drei Exemplare, American Export Airlines hatte diese Maschinen im Juli 1940 für ihre geplanten Transatlantikdienste in Auftrag gegeben. Einen ersten Blick auf ein Mock-up des neuen Modells konnte die Öffentlichkeit 1939 auf der Weltausstellung in New York werfen.

Mit dem Chefpilot der American Export Airlines, Captain Charles Blair am Steuer startete die VS-44A am 18. Januar 1942 zu ihrem Jungfernflug. Da die USA inzwischen in den Zweiten Weltkrieg eingetreten waren requirierte die U.S. Navy die drei auf die Namen "Excalibur", "Exeter" und "Excambian" getauften VS-44A unverzüglich für Transportaufgaben. Die Maschinen erhielten die Militärbezeichnung JR2S-1 und Tarnbemalung, wurden jedoch unter Kontrakt des Naval Air Transport Services von American Export Airlines betrieben und von zivilen Besatzungen geflogen. Ab Juni 1942 überquerten die JR2S-1 auf der Route von New York nach Foynes am Shannon im Westen Irlands insgesamt vierhundertfünfmal den Atlantik. Überstanden haben den Krieg nur zwei Maschinen, die "Excalibur" war bereits im Oktober 1942 beim Start in Botwood, Neufundland verunglückt.

Nach dem Krieg fand die "Exeter" zeitweilig für Waffenschmuggelflüge nach Paraguay Verwendung und sank im August 1947 auf einer geheimen Versorgungsmission in Uruguay im Rio de la Plata. Die "Excambian" führte eine Reihe von Flügen nach Island durch, wurde dann aber 1948 in Baltimore wegen nichtbezahlter Gebühren beschlagnahmt. Der findige Plan, sie als fliegenden Handelsposten in Südamerika zu nutzen, konnte nicht verwirklicht werden, und so wurde die letzte überlebende VS-44A schließlich in der nördlich von Lima gelegenen Hafenstadt Ancón abgestellt.

Als die Nachfrage nach Passagierdiensten zwischen Long Beach und Santa Catalina Island in den späten fünfziger Jahren zunahm erwarb Dick Probert, Präsident der Avalon Air Transport aus Long Beach, das eingemottete Flugboot und ließ es wieder flugfähig machen. Mit 47 Sitzen ausgerüstet kam die "Excambian" ab 1957 für zehn Jahre auf dem zwölfminütigen Linienflug auf die beliebte Ferieninsel vor der kalifornischen Küste zum Einsatz, bevor sie an die auf den Jungferninseln ansässige Gesellschaft Antilles Air Boats verkauft wurde. Unter der Sonne der Karibik flog die Maschine allerdings nur kurze Zeit, im Januar 1969 legte man sie nach einem Landeunfall auf St. Thomas still.

1976 kehrte die einzige erhalten gebliebene VS-44A als Geschenk der Antilles Air Boats an das Naval Aviation Museum aus Pensacola, Florida in die USA zurück. Nachdem das seltene Flugboot sieben Jahre lang eingelagert war wurde es als Dauerleihgabe dem Bradley Air Museum (1984 in New England Air Museum umbenannt) aus Windsor Locks im US-Bundesstaat Connecticut überantwortet, zerlegt und im April 1983 auf dem See- und Landweg zurück an seinen Entstehungsort in Connecticut transportiert, wo eine gründliche Restaurierung begann. Sikorsky Aircraft und Dutzende weiterer Firmen unterstützten dieses Projekt, an dem auch einige pensionierte Sikorsky-Angestellte mitarbeiteten, die schon an der Entwicklung und dem Bau der VS-44A vor über vier Jahrzehnten mitgewirkt hatten. Im Oktober 1998 fand das zweite Roll-out der in ihren originalen American Export Airlines-Farben restaurierten "Excambian" statt, heute ist das majestätische Flugboot vor Wind und Wetter geschützt in einer der großen Hallen des New England Air Museums ausgestellt.

Daten

Spannweite: 37,80 m
Länge: 23,21 m
Motoren: Vier 895 kW Pratt & Whitney R-1830-S1C3G Twin Wasp Sternmotoren
Reisegeschwindigkeit: 282 km/h
Passagiere: 26, später 47, oder 16 in Schlafkojen

Eine weitere Aufnahme der N41881, die die Maschine in einem neuen Farbschema an ihrem Pier in Long Beach, Kalifornien zeigt. 1967 wurde die VS-44A an Charles Blair verkauft, den Besitzer der Antilles Air Boats, der sie "Mother Goose" nannte, da die übrige Flotte seiner Gesellschaft damals aus Grumman G-21 Goose Amphibienflugbooten bestand. (Aviation Hobby Shop)

Und so präsentiert sich die N41881 heute: Restauriert in der Bemalung der American Export Airlines, die sie Mitte der vierziger Jahre trug, hat die "Excambian" einen Ehrenplatz in einer der Hallen des New England Air Museums in Windsor Locks, Connecticut gefunden. (New England Air Museum)